김수행,
자본론으로
한국경제를
말하다

김수행, 자본론으로 한국경제를 말하다

지은이 | 김수행
인터뷰 | 지승호
펴낸이 | 김성실
편집기획 | 최인수·여미숙·한계영
마케팅 | 곽홍규·김남숙·이유진
디자인·편집 | (주)하람커뮤니케이션(02-322-5405)
제작 | 삼광프린팅
펴낸곳 | 시대의창
출판등록 | 제10-1756호(1999. 5. 11.)

1판 1쇄 펴냄 | 2009년 1월 15일
2판 3쇄 펴냄 | 2011년 2월 21일

주소 | 121-816 서울시 마포구 동교동 113-81 4층
전화 | 편집부 (02) 335-6125, 영업부 (02) 335-6121
팩스 | (02) 325-5607
이메일 | sidaebooks@hanmail.net

ISBN 978-89-5940-139-0 (03300)
책값은 뒤표지에 있습니다.

지승호
인터뷰

김수행, 자본론으로 한국경제를 말하다

시대의창

김수행, 새로운 사회로 가는 **상상력**을 말하다

자본주의의 경제 위기가 심각한 상황에 이르렀다. 미국 5위의 금융 회사였던 리먼 브라더스가 파산했고, AIG는 공적자금을 투입받아 겨우 회생했지만, 미래를 예측할 수 없는 상황이다. 게다가 세계 최고의 자동차 회사였던 제너럴 모터스가 3주안에 망할 수도 있다는 말까지 나오고 있다.

'바보야, 문제는 경제야'라는 말은 얼마 전 끝난 미국 대선의 캠페인 구호 중 하나였다. 영국에서 시작되어 미국으로 건너가서 지난 30년간 세계를 지배했던 신자유주의 경제가 사실상 깡패 자본주의, 투기 자본주의였다는 위기의식은 경제에 대한 생각 자체를 재고하게 만들었고, 그런 위기감은 미국 최초의 흑인 대통령을 탄생시켰다.

서브프라임 모기지론 사태로 촉발된 미국발 금융 위기는 한국에도 큰 타격을 주어 주가는 폭락하고, 환율은 급등하고 있다. 무역 의존도가 높은 우리로서는 큰 충격이 아닐 수 없다. 이런 상황은 흡사 1930년의 세계 대공황을 연상시킨다. '자본주의는 완성되었다. 자본주의적 생산의 한계는 없다. 모든 것을 시장에 맡기기만 하면 된다'면서 흥청망청 부동산과 금융 투기를 하다가 대공황이 닥치자 많은 금융 자산가들과 관련 종사자들이 뉴욕 중심가의 빌딩에 있는 자신의 사무실에서 몸을 던지기도 했다. 지금 미국과 한국에서도 그런 일이 벌어지고 있다. 폭락하는 주가 때문에 투자를 했던 고객들의 항의에 시달리던 증권사 직원들과 펀드 매니저들이 자살하는 일이 벌어지고 있는 것이다.

'자본주의적 생산은 일정한 시기가 되면 공황에 직면할 수밖에 없다'는 마르크스의 '공황이론'은 역사를 통해 증명된 바 있다. 주류경제학자들과 신자유주의자들은 주기적으로 오는 작은 공황에 대해서는 단순한 경기 순환이라고 설명했고, 신자유주의적 모순은 더 철저한 자본주의를 통해 극복할 수 있다고 얘기했다. 그러나 그것이 허구임은 1930년 대공황을 맞아 케인스식 수정자본주의(자본주의의 틀을 유지하되, 경제에 대한 국가의 계획과 개입을 어느 정도 인정하는)를 채택해 위기를 극복한 것을 통해 증명되었다.

미국을 제외한 대부분의 나라는 어느 정도의 복지 모델을 만들어냈다. 신자유주의의 원조라고 하는 영국은 '요람에서 무덤까지'라고 하는 복지 모델을 만들어낸 나라다. 제도라는 것은 한번 만들어지면 좀처럼 무너지지 않는다. 사회적 상황은 많이 변했지만 영국은 아직도 무상의료시스템을 제공하고 있다. 여행을 하다가 몸이 아플 경우 그냥 아무 병원에 들어가 진료를 받으면 되는 것이다. 한국의 보수 언론들이 '북유럽의 복지국가 시스템이 무너지고 있다'고 선동하고 있지만, 사실 그곳의 우파와 좌파간의 논쟁을 보면 '세금을 몇 퍼센트 올리느냐, 복지 예산을 몇 퍼센트 깎느냐'는 정도의 싸움에 불과하다. 영국의 예를 보더라도 복지제도가 잘 되어 있는 북유럽 국민의 삶의 안전망은 쉽게 무너지지 않는다는 점을 분명히 알 수 있다. 이렇게 보면 '복지정책을 통해 일자리를 만들어내고, 내수 시장을 진작시켜서 경제를 살리는 방안을 마련해보자'는 김수행 교수의 제안은 지극히 상식적이다.

새로운 사회를 만들기 위해 우리에겐 이제 다른 상상력이 필요하다. 사람들은 '세계를 운영하는 미국식 금융 시스템이 무너지면 다 죽는 것 아니냐?'라는 공포감을 가지고 있다. 그러나 늦은 것을 뻔히 안다면 가능한 빨리 빠져나오는 것이 상책이다. 가장 늦었다고 생각할 때가 가장 빠른 것이다. AIG에 대한 금융구제법안을 미의회에서 한 번 거부한 바 있다. 오바마까지

나서서 '대마불사'를 외치며 가결을 해달라고 호소했지만, 분노한 유권자들의 표를 의식한 의원들이 부결시켰기 때문이다. 그만큼 '월스트리트 투기자본가들의 탐욕으로 인한 실책을 언제까지 국민의 세금과 국가의 돈으로 메워줄 것인가?'라는 불만이 미국 국민 사이에서도 팽배해 있는 셈이다. 새로운 사회를 원한다면 이제는 다른 상상을 해야 할 때고, 다른 방법을 진지하게 모색해야 할 때다. 불안한 삶으로 인해 고시원에 불을 지르고 자신과 비슷한 처지에 있는 사람들을 몰살하는 사건을 언제까지 봐야 할 것인가?

'우리는 수출 의존도가 높기 때문에 어쩔 수 없다'는 말만 되풀이할 것이 아니라 수출 의존도를 낮추고, 다른 방식의 경제를 운용할 수 없는지를 고민해야 할 시점이다. 해외 시장의 동향에만 목을 매달고 있을 수만은 없지 않은가? 환율 폭등 문제에 대해 장하준 교수는 이렇게 말한다. "이제 개입해봤자 다시 옛날 수준으로 되돌릴 수도 없을 거고, 제 생각에는 차라리 이걸 계기로 해서 장기적으로 우리 자본시장을 과연 이렇게 열어놓아도 되는가, 그 문제에 대해서 고민하는 기회로 삼으면 좋겠습니다."

미국, 유럽, 일본과 같이 자기네 통화가 기축통화인 나라는 자본시장을 열어놓아도 상관없지만, 우리나라는 입장이 다르기 때문에 외국의 투기자본을 정리하는 것이 좋다는 말이다. 김수행 교수 역시 "금융이 새로운 가치를 창출하지 못하고 실물경제와 따로 움직이고 있다. 미국 월가나 서울 여의도에서 만들어낸 파생 금융상품이라는 것은 노름이나 사기, 투기에 불과하다. 미국의 산업은 1980년대 이후 사실상 사망선고가 내려졌다. 미국경제는 생산은 하지 않고 다른 나라가 생산한 것을 빼앗는 구조이며, 이번 금융 위기는 미국식 '깡패 자본주의'가 낳은 당연한 결과라고 할 수 있다"고 강조하고 있다.

이런 상황에서 우리가 미국에 기생해서 무엇을 얻을 수 있단 말인가? 우리는 기축통화도 가지고 있지 못하고, 세계 최고의 군대도 가지고 있지 못하고(침략해서 뭔가를 뜯어올 수도 없고), 다른 나라의 생산을 빼앗는 구조의 상위층에 있지도 않은데 말이다.

김수행 교수는 한국의 대표적인 마르크스경제학자로 마르크스경제학의 핵심 이론인 《자본론》을 국내 최초로 완역한 바 있다. 어린 시절, 가정 형편이 어려워 모교인 대구상고에서 주는 장학금으로 서울대학교 경제학과를 다녔다. 가난했던 시절의 경험이 어려운 사람들을 위해서 살아야겠다는 결심을 하게 만들었다. 서울대학교 대학원에서 석사 학위를 받고 조교 생활을 하다가 1968년 통일혁명당 사건으로 그만두고, 외환은행 조사부에 들어가 런던 지점으로 파견되면서 영국 생활을 시작했다. 그곳에서 영국의 사회보장제도와 석유파동으로 시작된 경제 위기가 가져온 사회 변화에 관심을 가져 경제학 공부를 시작했다. '마르크스의 공황이론'을 전공한 김수행 교수는 주류경제학에는 공황이론 자체가 없다고 강조한다. 왜 그렇지 않겠는가? 시장에 맡기기만 하면 다 해결된다고 믿는 사람들인데……. 귀국 후 한신대학교에서 강연하던 김수행 교수는 학내 분규로 인해 정운영 교수 등과 같이 해임되었고, 민주화가 되면서 그 열기에 도움을 입어 1989년 서울대학교 경제학과 교수가 되었다. 서울대에서 유일한 정치경제학, 마르크스경제학 교수였던 그가 올 2월 퇴임하자 학교 당국은 후임 교수로 마르크스경제학자를 뽑지 않음으로 마르크스경제학에 대한 주류 사회의 편견을 여실히 보여주었다.

김수행 교수는 이에 대해 "마르크스경제학이 사라진다면 자본주의가 가진 문제에 대한 분석이나 지적이 전혀 이뤄지지 않을 것이고 이는 경제학 전체가 한걸음 퇴보하는 일"이라고 지적한 바 있다. '학문의 다양성'과 같은 거창한 이야기를 하지 않더라도 서울대학교 경제학과에 속한 교수 33명 모두가 주류경제학자라는 사실은 건강하지 못한 우리 학계의 풍토를 반영하고 있는 것이 아닐까? 김수행 교수는 현재 성공회대학교 석좌

교수로 재직 중이며, 사회과학대학원 등을 통해 학생들과 일반 시민들에게 '알기 쉬운 경제학'을 강의하고 있다.

'마르크스와 마르크스경제학'은 한국에서 오해와 편견의 역사로 점철되어 있다. 1948년 대한민국 정부가 수립되면서 불법화되었던 마르크스경제학은 군사독재 시절 형성된 민주화운동과 노동운동으로 인해 1970, 80년대 한국 사회에서 설득력을 얻고 영향을 끼치기 시작했지만, 1990년대 민주화(사실은 신자유주의적 자본화였던) 이후 오히려 그 영향력이 감소하기 시작한다. 현실사회주의의 몰락도 큰 영향을 주었을 것이다. 그러나 김수행 교수의 말대로 그런 변화는 새로운 사회를 만드는 하나의 과정이었을 뿐, 마르크스경제학을 제대로 실천했던 결과는 아니다. 김수행 교수는 이에 대해 "소련식 사회주의가 지나치게 미화되고 있었는데, 이것은 극심한 탄압 하에서 동지적 유대를 강화하기 위한 이념과 대오의 통일을 위해 필요했을 것이다. 그렇지만 지금 되돌아보면 이러한 경직된 사고방식 때문에 소련 사회의 몰락과 더불어 마르크스주의가 우리 사회에서 크게 쇠퇴했다"라고 말하고 있다.

왜 세상의 경제를 몇몇의 악당들이 주무르고 있을까? 팀 하포드가 쓴 《경제학 콘서트》를 보면 '합리적 무시 이론'이 나온다. '사회적 공적 기금을 몇몇 악당들이 아무 제재도 받지 않고 눈먼 돈 취급을 할 수 있느냐는 의문에 대해서 합리적 무시 이론이 쉽게 설명해준다'는 것이다. 그러면서 다음과 같이 덧붙인다. "가령 어떤 정책이 자신들에게 10억 원의 이익을 가져다준다면 그로 인해 1000만 명의 국민이 입는 피해가 100억에 이른다 해도 서슴지 않고 정치인이나 관료들에게 로비를 한다는 것이다. 하지만 국민 개개인은 자신에게 돌아올 피해가 워낙 작으므로 특수이익집단의 사람들이 부당하게 누릴 혜택을 개의치 않는다. 맨커 올슨은 민주화된 사회만이 신뢰받을 수 있는 법의 제정과 집행, 그리고 재산권을 보장하는 독립된 사법 및 법률제도를 가질 수 있다고 주장한다. 민주주의를 적절하게 활용한다면 보다 큰 번영을 가져오게 된다는 것이다"라고.

지금 우리에게는 더 강력한 자본주의가 아니라 더 폭넓은 민주주의가 필요하다. 악당들(누군지 다들 짐작하겠지만)을 감시할 여러 가지 장치도 만들어야 한다. 영국 속담 중에 '애국심은 악당들의 가장 훌륭한 도피처'라는 말이 있다. 악당들은 늘 애국심이라는 이름으로 자신의 사리사욕을 채운다. 그것에 대한 문제제기는 음모론이라는 한마디로 일축해버린다.

그런 분들에게 나폴레옹이 좋아했다는 이 말을 전해드리고 싶다.

"무능력으로 설명할 수 있는 것을 음모로 생각하지 마라."

우리는 무능력할 뿐만 아니라 '욕심'이 아니면 설명할 수 없는 지배세력들을 보고 있다. 그분들에게 꼭 이 책을 선물하고 싶다.

오바마 대통령이 당선되자 한국의 어떤 기관(?)이 '변화와 개혁이라는 점에서 그분과 우리는 닮았다'는 논평을 해서 웃음을 잃은 우리 국민에게 오랜만에 큰 웃음을 선사했다. 이런 것을 요즘 버라이어티 프로그램에서는 '빅 재미'라고 하던가? 변화와 개혁이라는 말은 가치중립적인 말이니까 인정할 수도 있겠다. 하지만 변화에는 좋은 변화도 있고, 나쁜 변화도 있을 것이며, 개혁도 마찬가지 아닐까? 그리고 무엇보다 그것이 과연 누구를 위한 변화와 개혁인지를 꼭 따져봐야 할 듯하다. 어느 네티즌이 쓴 촌철살인 댓글이 생각나서 여기에 옮겨본다.

"둘이 닮긴 닮았다. 하나는 겉이 검고, 하나는 속이 검다."

막상 써놓고 보니 조금 미안하긴 하다. 그분들이(이것은 꼭 지금의 정권 담당자들에게만 하는 얘기는 아니다. 민주화 정권에서도 서민들의 삶은 고통스러웠으니까) 우리 국민을 고통 속으로 몰아넣고 있는 것을 보면 이런 정도 얘긴 해도 될 텐데 말이다. 우린 정말 이렇게 착해빠져서 탈이다.

김수행 교수는 "양극화의 해소 → 내수기반의 확충 → 경제의 안정적 성장 → 인권유린과 증오의 해소 → 사회적 타협의 확대로 나아가는 것이 바로 유럽의 선진국들이 걸어온 길이다. 유럽의 선진국들은 1945년에 이미 사회보장제도를 확대, 개선하여 복지국가를 건설했는데, 한국은 60년이 지난 지금도 자살, 범죄, 인권유린이 판치는 야만상태에 있다는 것은 매우 부끄러운 일이 아닌가"라고 개탄한다. 한번쯤 그렇게 시도해보는 것이 왜 이토록 어려울까? 도대체 얼마나 더 성장해야 분배를 하겠다는 것일까? 양극화 해소를 말로만 할 것이 아니라 좀 실천적인 정책을 마련해서 국민에게 희망을 좀 줘야 하지 않겠나?

자, 이제 김수행 교수의 말을 귀기울여 들어보자. 암울한 상황에서 한줄기 희망의 메시지를 발견할 수 있기를 기대한다. 그러기 위해서는 다른 사람이 변하기를 기다리기보다 나부터 생각이 변해야 하지 않을까 싶긴 하지만 말이다.

2008년 11월 22일

모든 것이 불안한 지승호가 쓰다

CONTENTS

The Korean Economy
Examined in the Light of Das Kapital Soo-Haeng Kim

마르크스는 새로운 사회로 가는 과정에서 자본주의를 일시적이라고 얘기했지만,

자본주의는 오래전부터 있어 왔고, 앞으로도 영구히 지속하지 않겠느냐고

생각하는 사람들이 사회의 다수인 것 같구요. 더구나 이제 다른 상상을 하는 분들도

많이 없어진 상태인데, 이런 한국 사회에서 새로운 사회를 만들어간다는 것은 힘들

것 같은데요.

우리 사회에서는 마르크스가 이야기하는 새로운 사회에 대한 개념이 제대로

전달되지 않았다고 생각합니다. 새로운 사회로 간다는 것을 모든 국민이나 개인이

실제로 봐야 합니다. 우리 사회는 지금 한쪽에는 부가 넘쳐나고, 다른 한쪽은

가난하잖아요? 사회 전체의 생산능력을 사용해서 나눠가지면 모두가 행복하게 살

수 있음에도 불구하고 그렇게 되지 않는다는 것에 대한 자각, 그런 인식에서 시작해

이 사회를 변화시켜야 한다는 이야기가 나와야 진짜라는 말입니다.

CHAPTer 01

새로운 사회를
여는 **상상력**

마르크스경제학을
다시 돌아보는 이유

신자유주의 시대 한국경제의 위기와 전망

지승호(이하 **지**)　　2월에 정년퇴임하시고 여전히 바쁘게 지내시는 걸로 알고 있는데요. 그동안 어떻게 지내셨습니까?

김수행(이하 **김**)　　요즘 토요일마다 사회과학아카데미에서 2시간 반 정도 '자본론의 현대적 해석'이라는 강의를 하고 있어요. 가끔 다른 곳에서 강연 부탁을 받으면 가서 해주죠. 또 앤드류 그린이 쓴 《고삐 풀린 자본주의》번역하는 일을 마무리 하는 작업도 하고 있습니다.

지　　주류경제학은 한국 사회나 경제를 분석하는데 적절하지 않은 것 같은데요. 정치경제학 특강에서 "이제부터 차근차근 다시 마르크스주의를 학문적으로, 실천적으로 재건해 내는 작업이 필요하다고 생각한다. 왜냐하면 우리 사회는 자본주의적으로 발달하고 있으며, 따라서 자본과 임금노동 사이의 대립을 제대로 분석하지 못한다면 우리 사회의 발전과정을 과학적으로 파악할 수 없기 때문이다. 논리적인 정밀성과 현실적인 타당성에서 주류경제학을 능가하기 위해서는 아주 큰 노력을 하지 않으면 안 될 것이다"라고 말씀하셨어요. 마르크스경제학과 주류경제학의 가장 큰 차이는 무엇인가요?

김   주류경제학에는 방법론적 개인주의라는 게 있어요. 주류경제학은 분석을 사람, 즉 개인에서 시작합니다. 개인에게 이러이러한 속성이 있는데 그 개인들의 합계가 곧 사회다, 이렇게 보는 거죠. 하지만 마르크스경제학에서는 이미 분석 대상으로 어떤 사회가 주어져 있습니다. 자본주의 사회가 그 안에 있는 개인의 행동이나 인식 등을 일정하게 규정한다고 본다는 점에서 마르크스경제학의 시각은 주류경제학과는 근본적인 차이가 있습니다. 주류경제학에서 말하는 데로 개인의 합이 사회가 된다고 보면 이론적으로 원자로서의 개인, 그러니까 로빈손 크루소 같은 개인을 상정해야 합니다. 남한테 전혀 의존하지 않고, 영향을 받지 않는 그런 개인들이 모여서 사회를 만든다는 얘기죠. 하지만 이런 개인은 역사성이 없는 비현실적인 존재입니다. 더구나 주류경제학에서 하는 얘기는 '개인들의 이익의 합이 사회의 이익이다', 이런 거잖아요. 사실 이러한 주장을 합리화하는 논리가 애덤 스미스가 말하는(사실은 주류경제학자들이 말했다고 주장하는) 보이지 않는 손입니다. 다시 말해 '개인들이 자기의 이익을 추구하는 과정에서 보이지 않는 손에 이끌려 사회의 이익을 증진하게 된다'는 식의 얘기가 되는 거죠. 개인이 자기의 이익을 추구하도록 내버려두라는 생각은 자유방임사상으로 이어지고, 더 나아가 모든 것을 시장에 맡기자는 이야기가 됩니다. 이것은 요즘 주류경제학에서도 잘못되었다고 인정하고 있습니다.

매연을 배출하는 공장이 있다고 생각해 보죠. 공장의 이익만 생각하면 매연을 마음대로 배출하면 되잖아요. 하지만 그렇게 하면 사회의 이익이 증진되는 것이 아니라 엄청난 피해를 주게 되잖아요. 이처럼 개인의 이익의 합이 곧 사회의 이익이 되는 것이 아니라는 점은 주류경제학에서도 얘기하고 있어요. 문제는 이런 것이 늘 예외적인 사건으로 취급된다는 사실이죠. 이것은 외부비경제라는 개념으로 발달되어 있습니다.

케인스도 주류경제학을 비판할 때 구성의 모순이라는 이야기를 합니다. 모든 사람이 저축을 하려고 하면 사회 전체적으로는 저축이 오히려 없어진다는 이야기를 하고 있어요. 모든 사람이 물건을 사지 않고 저축만 한다면 물건이 팔리겠어요? 안 팔리잖아요. 결국 공장은 문을 닫아 버린다구요. 그러니까 소득이 생기지 않고, 저축도 늘지 않지요. 이런 것을 개인과 전체의 구성의 모순이라고 표현합니다. 주류경제학에는 생산에 대한 이론이 없어요. 생산에 대한 이론, 생산함수라는 것은 기계, 원료, 사람을 합쳐서 생산이 얼마가 된다는 식의 얘기란 말이에요. 완전히 기술적으로만 생각하는 거죠. 현실적으로 생산을 하려면 자본가들이 생산수단을 소유하고 있어야 하고, 거기에 노동자들이 들어가서 일을 하고, 자본가들이 그 생산을 규율하고 통제하고 노동자를 억압하는 과정에 대한 개념이 있어야 합니다. 그런데 주류경제학에는 그런 개념이 없잖아요. 자본주의 사회의 특징이라고 하는 것은 한쪽에는 노동을 안 해도 살 수 있는 자본가계급이 있구요. 반대쪽에는 자기의 노동력을 팔아야 먹고 살 수 있는 노동자계급, 이렇게 두 부류로 나뉘어 있습니다. 주류경제학에서는 이런 개념이 없기 때문에 생산에 대한 논의 없이 교환부터 시작한다구요.

교환을 어떻게 다루나 살펴보면 모든 사람이 아침에 일어나니까 자기 집 앞에 하느님이 일용할 양식을 갖다줬다고 해요. 어떤 사람은 배보다는 사과를 좋아해서 배를 다른 사람한테 주고 사과를 얻으려고 하고, 어떤 사람은 배를 더 좋아하기 때문에 사과를 주고 배를 얻으려고 한다는 식으로 교환이 이뤄진다고 얘기합니다. 교환 과정에서 모두가 자유롭고, 자기가 가진 것만을 교환하니 평등하다는 개념이 생기는 겁니다. 결국 경제학은 '평등하다, 자유롭다, 자기의 것만 소유한다', 이런 개념으로 쭉 가버립니다. 하지만 이런 식으로는 자본주의 사회의 현실을 전혀 파악할 수 없어요. 철학적이랄까, 그 밑바탕에 깔린 문제가 굉장히 많다고 생각합니다. 주류경제학에서는 인류 역사가 전부 자본주의라구요. 처음부터 끝까지. 모두가 자기 자신의 이익을 위해서 어떻게 한다는 식으로만 되어 있지, 원시 공산주의가 어떻고, 노예제가 어떻고, 봉건제가 어떻고, 자본주의가 어떻고, 그 다음 사회는 어떻고, 이런 역사의 단계 구분이라는 것이 있을 수가 없게 됩니다. 그런 문제점이 있죠.

지　'교육의 문제라든지 그런 것 때문에 사람들의 선택에는 분명히 제약이 있는데, 그것을 무시하고 사회구성원으로서 개인이 선택한 이 사회는 정당한 거 아니냐'고 주장한다는 말씀이시죠?

김　그렇게 주장하죠. 애초에 잘사는 사람, 못사는 사람이 없었다고 생각한다구요. 이런 사회가 만들어진 것은 개인이 선택한 결과라고 얘기합니다.

지　개인이 노력하지 않았기 때문이라는 건데요. "마르크스경제학이 사라진다면 자본주의가 가진 문제에 대한 분석이나 지적이 전혀 이뤄지지 않을 것이고, 이는 경제학 전체가 한걸음 퇴보하는 일"이라는 지적을 하시지 않았습니까? 그런데 선생님께서 정년퇴직하시고 나니까 서울대에서 마르크스경제학자를 뽑지 않을 가능성이 있어서 마르크스경제학을 연구하는 환경이 지금보다 더 나빠질 수도 있을 것 같은데요.

김　서울대학교가 한국 사회에서 가지고 있는 위치라고 할까, 그런 게 있는데요. 만약 서울대학교에서 마르크스경제학이 사라진다고 하면 '서울대학교도 없앴으니까 우리 대학도 없애자'고 하는 흐름이 나타날 수 있는 상황입니다. 지금 신자유주의자들, 이명박이나 부시, 영국에 있는 토니 블레어나 고든 브라운은 다 마찬가지로 사회가 개인의 삶에 전혀 책임이 없다고 생각한다구요. 전부 개인의 책임이라고 생각하는 것이 신자유주의의 기본적인 생각입니다. 개인의 실업문제에 대해 사회가 도와준다는 개념이 없고, 모든 것을 개인의 책임이라고 생각하는 거죠.

지 노무현 대통령의 정치적 샴쌍둥이라고 불리던 유시민 의원도 '국가가 청년실업을 책임질 수는 없다'는 말을 한 적이 있지 않습니까? 지금 말씀하신 신자유주의자들과 크게 다르지 않았던 것 같다는 생각도 드는데요.

김 틀리지 않아요. 사실은 그런 게 큰 문제예요. 영국의 옛날 노동당을 올드 레이버라고 얘기하는데요, 이게 뉴 레이버와 다른 점이 있어요. 뉴 레이버는 교육을 무료로 실시하는 것까지는 국가가 책임을 져요. 하지만 교육을 받은 사람이 나중에 좋은 직장을 얻든지 나쁜 직장을 얻든지, 거기서 불평등이 커지는 것은 사회가 책임을 지지 않는다고 얘기합니다. 그 점이 마가렛 대처 같은 극단적인 신보수주의자와는 조금 다릅니다. 어쨌든 기회는 주자고 하니까요. 그런데 올드 레이버는 어떻게 했냐면 교육을 무료로 해서 기회를 주고 난 다음, 학생들이 자기 집안의 내력이나 신체적인 조건이나 능력이 부족해서 소득불평등이 일어났다고 하면 2차적 소득불평등까지 어느 정도는 제거해주는 것을 사회의 의무라고 생각하는 겁니다. 거기까지 가야 한다는 거죠. 올드 레이버가 사회민주주의인데요. 사민주의적인 사고가 뉴 레이버에 와서 기회균등까지만 얘기하더니, 마가렛 대처에 이르면 기회균등까지도 없어지는 거예요. '개인이 알아서 하는 거지, 어떻게 사회가 그런 것까지 해주냐'고 나오는 거죠.

지 서울대 교수라는 직함이 갖는 상징적인 혜택이 많지 않습니까? 그 안에서 비주류경제학을 가르치면서 받았던 혜택과 그 당시에 마르크스경제학을 가르친다는 부담이 복합적으로 있었을 것 같은데요.

김 서울대학교에 들어간 때가 89년 2월인데요. 제가 1942년생이니까 47살에 들어간 거 아닙니까? 물론 선배도 많이 있었지만, 그 나이에 들어간 걸로 따지면 다른 선생들에게 영향을 받기는 이미 늦은 나이였어요. 결국 저 혼자 공부하고 발표하면 되는 상황이 되어 있었단 말이죠. 그래도 처음 학교에 들어갔을 때는 수강하는 학생들이 1000명까지 될 정도로 굉장히 많았으니까, 소외를 당한다든지 섭섭하다든지 그런 생각은 전혀 없었어요. 다행히 제가 몸도 튼튼하고 굉장히 부지런한 사람이거든요. 책 내고 논문 쓰고 바쁘게 사는 과정에서 개인적으로나 공적으로 소외나 차별을 당했다는 생각은 별로 없었습니다. 오히려 서울대학교에 마르크스를 공부하는 사람이 있다는 소문이 나서 좋은 점이 많았죠. 다른 대학에서 '우리도 이제 마르크스경제학자를 뽑아도 되겠구나' 하고 생각해서 많이 충원했다고 생각합니다.

지   마르크스경제학을 하시는 분들 사이에서 존경과 선망의 대상이 되셨을 것 같은데요. 부담은 없으셨나요?

김   그런 것은 없어요. 한국사회경제학회라는 게 있는데, 한국에서 마르크스를 공부하는 사람들은 거기 다 모여 있다고 보면 됩니다. 제가 거기서 회장도 하고, 마르크스를 공부한 사람으로 치면 연장자였지만 같이 잘 지내고, 술도 잘 먹으니까 오히려 단합이 잘됐다고 봐야죠.

지   "내가 '불온사상'인 마르크스경제학을 전공하게 된 것은, 첫째로 중학교와 고등학교 시절에 겪었던 가난 때문이었고, 둘째로 영국 유학 시절에 느꼈던 영국 사회의 진보성 때문이었다"라고 말씀하셨는데요.

김   제가 마르크스를 알기 시작한 것은 쿠바 혁명이 일어났을 때 나온 책 《들어라 양키들아》를 통해서였어요. 카스트로를 얘기하면서 마르크스가 나와요. 저는 그 책을 보면서 굉장히 좋아했어요. '못사는 사람들이 부패한 놈들, 잘사는 놈들을 다 추방하고 새로운 사회를 만드는구나' 하는 생각이 들어서 좋아했죠. 저도 클 때 살기가 굉장히 어려웠거든요. 경북중학교를 나와서 대구상고에 간 것도 취직 때문이었어요. 경북중학교에서 1등을 했는데, 대구상고를 가니까 모두 의아해했어요. 대구상고에 가보니까 서울상대를 들어가면 입학금을 면제해준다는 제도가 있어서 열심히 공부해야겠다고 마음먹고, 고2 때부터 공부하기 시작했는데요. 그때 이미 가난에 대한 개념이 좀 있었어요. 중학교 때 돈이 없어서 고등학교를 못 가고 그만두는 친구들이 있어서 이건 좀 문제가 있다는 생각을 많이 했거든요. 그렇지만 그런 상황과 마르크스를 접목하는 것은 쉽지 않았어요.

지 가난하다고 다 마르크스에 관심을 가지게 되는 것은 아닐 테니까요.

김 대학에 들어가서 나름대로 책을 읽었지만, 우리나라에는 그런 문제를 다룬 책이 별로 없었다구요. 서울대 상과대학에 들어갔을 때 경우회라는 게 있었어요. 제가 6기인가 그래요. 거기서 선배들과 친구들한테 귀동냥하면서 배우는 거예요. 그러면서 책을 빌려보기 시작했는데, 우리나라 책이 없으니까 일본어로 된 책을 봐야 했거든요. 일본어 학원을 다니며 3개월 동안 배우고 책을 읽기 시작하니까 비로소 마르크스가 더 분명히 나타난 거죠. 경제학 쪽에서 마르크스라는 사람이 사회 문제를 많이 다루고 있다보니 저도 자연스럽게 그쪽으로 가게 됐다고 생각할 수 있을 겁니다. 신영복 선생도 경우회 회원이었어요. 제 2년 선배예요.

지 영국에서 경제학을 전공하셨는데요. 특별한 이유가 있으셨나요?

김 국내에서는 《자본론》을 못 봤어요. 그런데 1972년 2월에 영국에 가니까 놀랍게도 서점에 《자본론》이 쫙 깔려 있더라구요. 마르크스주의가 부활한다고 해서 야단이 났을 때였거든요. 그때 책을 사서 보기 시작했죠. 1973년 10월에 오일 쇼크가 나고, 1974년부터 공황이 터졌어요. 주류경제학에는 공황이론이 없어요. 시장에 맡겨놓으면 모든 것이 잘 해결된다고 얘기하니까요. 반면에 마르크스경제학에서는 공황이론이 가장 핵심적인 이론이라고 볼 수 있어요. 그래서 이것을 공부해봐야겠다고 생각해서 마르크스를 공부하게 된 거죠.

지 역사적으로 자본주의 사회에서 큰 공황이 몇 번 있었는데, 주류경제학은 왜 공황에 대해 다루지 않는 겁니까?

김 주류경제학은 시장에 맡기면 가격 변동을 통해서 수요와 공급이 일치된다, 거대한 규모의 과잉생산이 이루어질 수 없다, 이렇게 생각하는 겁니다. 1930년대 대공황을 설명할 때도 자본주의 체제의 문제 같은 것을 다루는 게 아니라, 그 당시 연방준비이사회FRB가 통화정책을 잘못해서 그렇게 됐다고 설명하는 거죠. 생각하는 방식이 전혀 다릅니다.

지 지금도 상당 부분은 전 회장인 그린스펀의 책임이라고 생각하고 본인도 정책 실패를 어느 정도 인정하지만, 이 상황의 원인은 전혀 이해하지 못하고 있습니다. 집값이 떨어진 이유조차 모르고 있는 것 같은데요.

김 그렇죠. 그들은 그런 부분에 대해 깊이 생각해본 적이 없을 테니까요.

지　마르크스경제학에 대해 한국에서는 오해가 많지 않습니까? 소련식의 계획경제로 오해하기도 하고, 모든 사회 현상을 경제적 원인과 계급적 갈등으로만 설명하는 게 아니냐고 생각하는 사람들이 많은데요.

김　우리나라는 《자본론》이나 마르크스 이론을 제대로 설명한 게 아니라 마르크스를 비판하는 사고부터 들여왔어요. 마르크스를 비판하려고 하는데, 마르크스를 읽어본 사람이 아니다 보니까 국민윤리에서 다루는 식으로 간단하게 비판하는 겁니다. 사실 《자본론》을 한 번만이라도 읽어본 사람이라면 그런 이야기를 할 수 없어요. '캐피탈capital'은 '자본'이란 뜻 아닙니까? 그렇기 때문에 《자본론》은 자본주의에 관한 이야기예요. 마르크스는 자본주의 사회의 운동법칙을 밝힌다고 늘 생각하고 있었기 때문에 거기에 한정이 되는 거구요. 제1인터내셔널과 노동운동에 관여하기도 했지만, 그런 운동 자체가 자본주의 사회를 타도한다든가 이렇게 나아갈 수 있는 여력은 없었다구요. 다시 말해 《자본론》은 주로 자본주의 사회에 대한 이야기였어요. 물론 《자본론》에 자본주의 이후의 새로운 사회에 대한 얘기도 조금씩 나옵니다. 예를 들면 '자본주의 이후의 사회는 자유로운 생산자들이 연합한 사회다', 이런 식의 얘기를 하고 있어요. 실제로 자본주의가 그런 사회로 어떻게 발전해갈까에 대한 이야기는 하나도 하지 않고 그냥 새로운 사회에 대한 상을 추측한다고 할까, 그 정도만 이야기하는 겁니다. '자본주의 사회라는 것은 매우 특수한 사회다, 자본가계급이 노동자계급을 착취하는 사회인데, 새로운 사회에 가면 모든 사람들이 공동으로 소유하고, 공동으로 노동하고, 평등하게 분배받는 새로운 사회가 있을 수 있다'는 것을 이야기하고 있어요. 이것은 자본주의 사회라는 것이 역사적으로 특수한 사회라는 것을 강조하기 위해서 새로운 사회에 대해서 언급했을 뿐이라고 봐야 합니다. 그렇기 때문에 마르크스의 주장에서 새로운 사회에 대한 구조나 발전과 같은 내용은 엉성하기 짝이 없어요. 다만 그 이후에 엥겔스가 마르크스의 논리를 연장해서 자본주의에서 사회주의와 같은 새로운 사회로 어떻게 갈 것이냐, 그런 이야기를 좀 더 했다고 보면 됩니다. 자본주의에서 사회주의로 넘어가는 이야기는 엥겔스에게서 구체적으로 나온 거죠.

지금은 이렇게 봐야 합니다. 자본주의 사회는 현재 자기 발로 서 있지요. 그러면 새로운 사회도 자기 발로 서야 합니다. 예를 들면 '공동소유를 한다, 계급이 없다, 공동노동을 한다, 노동에 따라서 분배를 하거나 필요에 따라서 분배를 한다'고 하면 그 사회는 그런 기본 특성을 유지하면서 움직여야 합니다. 그래야 새로운 사회가 유지되는 거죠. 그걸 '자기 발로 서는 사회'라고 하잖아요. 자본주의 사회도 그렇잖아요. 자본가가 노동자를 착취하면서도 계속 유지되고 있잖아요. 그렇기 때문에 어떻게 자본주의 사회에서 새로운 사회(마르크스는 그렇게 얘기하지 않았지만), 이것을 공산주의 사회라고 하면, 자본주의 사회를 타도하고 새로운 사회를 건설할 것인가에 대한 이론이 굉장히 중요한 거라구요. 레닌은 혁명 과정에서 이것을 실행하려고 했지만, 소련 사회가 그것을 완수하지 못해서 새로운 사회를 완성하지 못하고 뒤로 되돌아온 겁니다. 그래도 그런 과정이 중요하다고 생각합니다. 이것을 이행기라고 해도 되구요.

봉건사회가 자기 발로 서 있었는데, 봉건사회로부터 자본주의 사회로 올라가는 이행기를 마르크스는 시초축적始初蓄積이라고 했어요. 시초축적이 뭐냐면, 대량의 생산수단과 생활수단을 소유한 자본가가 나타나는 과정을 의미해요. 이 과정에서 부가 일부 사람들에게 집중됩니다. 부를 가진 사람들이 자본가가 되는 거죠. 다른 대다수의 사람들은 토지를 점유하고 있다가 빼앗겨서 아무 것도 가지지 못하고 알몸으로 도시로 나오게 되는데, 이들은 노동자계급이 됩니다. 이렇게 계급이 나뉘면서 자본주의 사회는 자기 발로 서게 됩니다. 노동자는 자본가 밑에서 일하지 않으면 먹고 살지 못하니까요.

자본주의 사회에서 새로운 사회로 가려면 자본가계급을 제거하고, 모든 생산수단을 공유하는 편이 자본주의보다 훨씬 더 낫다는 것을 보장해야 합니다. 그래야 사람들이 그리로 갈 것 아닙니까? 독재하면 안 되죠. 자본주의로부터 사회주의로 가는 이행기에 대한 연구가 많이 필요한데, 그것에 관해서는 마르크스가 얘기한 게 없어요.

지 마르크스는 1800년대 영국을 보면서 연구한 것인데요. 그 이후로 예상 못한 자본주의 현상들이 나타났습니다. 선생님께선 지금도 마르크스의 이론이 유효하다고 생각하십니까?

김 마르크스가 주로 《자본론》의 예로 드는 것은 1850년대의 영국입니다. 우리가 알다시피 마르크스는 자본주의적 생산양식이라고 하는 개념을 만들어냈는데, 그것은 자본가계급이 노동자계급을 착취하는 구조입니다. 《자본론》 자체는 이 구조가 어떻게 유지되면서 발전하느냐에 대한 연구입니다. 오늘날의 자본주의도 기본적으로 자본가계급이 노동자계급을 착취하는 구조잖아요. 그런 의미에서 저는 마르크스의 《자본론》에 있는 이론이 핵심을 찌른다고 보고 있습니다. 자본주의라는 것이 기본적으로 자본가계급이 노동자계급을 착취하는 것이니까요. 예를 들어 볼까요. 자본주의가 발달할 때 독점이 생겼습니다. 국가가 개입을 했고, 다른 나라를 제국주의적으로 침탈하기도 했구요. 이런 사실을 잘 살피면서 자본가계급과 노동자계급의 기본구조(본질적인 변화가 아니고), 그 형태적인 변화가 앞으로 어떻게 될 것인지 더 연구해야 한다고 생각합니다.

지 자기가 사는 사회를 어떻게 구성할 것인지를 사회 구성원 다수가 선택한다면 그렇게 갈 수도 있을 텐데요. 결국은 우리에게 이런 사회가 가능하다는 상상력이 필요한 게 아닐까요? 소련이 무너지면서 그런 상상력을 가졌던 사람들이 한동안 자포자기하고 있다가 신자유주의에 휩쓸려가고 있는 것 같습니다.

마르크스는 새로운 사회로 가는 과정에서 자본주의를 일시적이라고 얘기했지만, 자본주의는 오래전부터 있어 왔고, 앞으로도 영구히 지속하지 않겠느냐고 생각하는 사람들이 사회의 다수인 것 같구요. 더구나 이제 다른 상상을 하는 분들도 많이 없어진 상태인데, 이런 한국 사회에서 새로운 사회를 만들어간 다는 것은 힘들 것 같은데요.

김　우리가 학문적으로 미성숙했다고 할까, 학문적으로 일천 했다고 할까요. 우리 사회에서는 마르크스가 이야기하는 새로 운 사회에 대한 개념이 제대로 전달되지 않았다고 생각합니 다. 그러니까 소련 사회를 마르크스가 얘기하는 새로운 사회 라고 생각해버린 거죠. 그런데 소련이 넘어지니까 '어, 새로운 사회는 없네.' 하고 생각해버린 겁니다. 소련 사회는 마르크스 가 얘기하는 새로운 사회가 아니었는데 말이죠. 앞으로 우리 에겐 새로운 사회에 대한 연구를 많이 하는 게 중요한 과제인 것 같아요.

그 다음에 새로운 사회로 간다는 것을 모든 국민이나 개인이 실제로 봐야 합니다. 우리 사회는 지금 한쪽에는 부가 넘쳐나고, 다른 한쪽은 가난하잖아요? 사회 전체의 생산능력을 사용해서 나눠가지면 모두가 행복하게 살 수 있음에도 불구하고 그렇게 되지 않는다는 것에 대한 자각, 그런 인식에서 시작해 이 사회를 변화시켜야 한다는 이야기가 나와야 진짜라는 말입니다. 누가 이데올로기를 주입해서 그런 것이 아니라, 현실에서 자발적으로 그런 인식의 변화가 일어나야 하는 거죠. 이 사회에 빈부격차, 양극화 문제, 환경 문제가 생겼을 때 새로운 사회에 대한 욕구나 열망은 더 커지리라고 생각합니다. 그 과정에서 모두가 함께 새 로운 사회에 대한 비전을 토론하고 제시할 필요가 있습니다.

지   1945~1951년 사이 영국 노동당 애틀리 정부는 세계에서 가장 선진적인 사회보장제도를 만들었다고 하셨는데요. 이때 만들어진 국민보험법으로 완전 무료인 의료 서비스가 만들어졌구요. 이런 게 바로 새로운 사회로 가는 길이 아닐까 싶습니다. 북유럽의 사회민주주의가 비교적 그런 것 같은데요.

김   지금 세계적으로 신자유주의가 유행하면서 만들어놓은 선진국들의 유형을 앤드류 그린은 이렇게 분류했어요. 자유주의적인 경제라고 해서 미국, 영국, 캐나다, 호주, 뉴질랜드, 아일랜드를 꼽았구요. 다음으로 북유럽 모델이라고 해서 스웨덴, 덴마크, 노르웨이, 핀란드를 분류했어요. 그 중간으로 독일, 이탈리아, 프랑스가 속한 유럽대륙 모델, 이렇게 크게 세 그룹으로 나눴습니다. 그린의 얘기로는 이 세 그룹 중에서 경제성장률이 가장 높은 것은 북구 모델이라는 겁니다. 생활수준의 향상에 있어서도 북구가 높은 것으로 되어 있어요. 빈부격차가 적은 것도 북구죠. 여러 측면에서 북구 모델이 좀 낫다는 겁니다. 1974~1975년 공황 이후의 불경기를 극복하는 과정에서 가장 훌륭한 실적을 올린 나라들도 북유럽이라고 얘기하거든요. 저도 그렇게 생각해요.

결국 자본주의에서 새로운 사회로 간다고 하면 사적 영역이나 민간 영역, 다시 말해 민간이 이윤을 추구하는 영역이 점점 줄어들고, 공적 영역이 자꾸 커지는 것이 하나의 길이라구요. 우리는 지금까지 신자유주의라고 해서 이윤추구하는 영역이 모든 부분에서 확대되었어요. 그러면 오히려 새로운 사회로

새로운 사회를 여는 상상력

가기 어려워져요. 공적 영역이 확장되는 게 맞다고 생각해요.

　스웨덴에서 실험했던 것 중에 임노동자기금이라는 것이 있어요. 스웨덴은 분배를 통해서 복지사회를 만들었는데, 거기에도 어느 정도 한계가 있다고 노동자계급이 생각하기 시작했어요. 그래서 소유 자체도 사회화해야 한다는 얘기가 나온 겁니다. 1978년인가 노동조합에서 임노동자기금이라는 아이디어를 냈잖아요. 스웨덴도 사실 재벌 중심적인 경제체제인데요. 연대 임금정책에 따르면 동일 노동에 대해서 동일 임금을 주기 때문에 이윤이 많이 나는 회사는 사실상 다른 회사에 비해 이윤이 훨씬 많이 나버린다구요. 노동자들은 이 정책 때문에 오히려 거대 기업하고 부자들이 경제력을 더 축적했다, 이것은 문제가 있는 것 아니냐 하는 의식이 생겼어요. 결국 큰 기업들에 대해서 매년 이윤의 10퍼센트 정도를 떼서 그 기업의 신주를 발행해 임노동자기금을 관리하는 단체에 (이것을 주로 지역적인 노동조합이라고 생각하면 되는데) 줍니다. 20~30년이 지나면 임노동자기금이 스웨덴의 최대주주가 되는 거죠. 그렇게 되면 소유 문제에 있어서도 자본가계급이 마음대로 투자하는 것을 극복할 수 있다고 생각했어요. 생각해보면 그런 안이 가능하다는 겁니다. 자본가계급이 소유를 함으로써 자기 맘대로 투자하고, 계획을 세우고, 노동자를 해고하던 형태에서 벗어나 사회 전체가 그것을 같이 하자는 건데요. 형태로서는 사민주의를 넘어서는 하나의 새로운 안이 될 수 있다고 봐요.

지 참여정부 초기에 이정우 교수 등이 스웨덴 모델을 검토했던 것 같은데요. 몇 군데 검토하던 유럽 모델들을 버리고 한미 FTA를 통해 미국식으로 가자고 결정한 것 아닙니까? 유럽식이 우리 현실에 맞지 않는다는 얘기도 있었던 것 같구요. '스웨덴하고 우리는 인구 차이가 많이 난다, 스웨덴식 사회적 대타협을 하기에는 우리 재벌들이 악독하다' 이런 의견들도 있었던 것 같습니다. 거기에 대해 장하준 교수는 '스웨덴이라고 해서 재벌들이 처음부터 착했던 것은 아니'라고 말하면서 자본과 어느 정도 타협을 할 필요가 있다는 얘기를 했는데요.

김 우리는 전통 자체가 미국 쪽이거든요. 미국하고 정치적으로, 경제적으로 매우 가깝습니다. 그렇기 때문에 스웨덴적인 발상이라고 할까, 스웨덴식 복지사회나 복지국가라는 발상을 내기가 어렵습니다. 학계도 미국 출신들이 다 잡고 있어요. 미국은 선진국 중에서 사회보장제도를 제일 엉터리로 하는 나라 잖아요. 요즘은 그렇지 않지만, 1990년대쯤 됐을 때 신경제라고 해서 미국이 세계적으로 가장 높은 성장을 하던 시기가 있었기 때문에 그런 영향을 자꾸 받는 겁니다. 미국 제도가 최고라는 생각을 자꾸 하다보면 다른 상상을 하기가 어렵습니다. 전체적인 사상의 흐름에 변화가 와야 되는데 그것이 안 되고 있다는 게 문제라고 생각합니다.

지 미국은 세계에서 가장 강한 나라이지만 의료보장제도가 제대로 안 되어 있어요. 〈식코〉 같은 영화를 봐도 참 한심한데요. 미국은 모순이 많기 때문에 그런 제도를 취할 수도 있겠지만, 소수민족이나 하층민에 대한 특혜나 정책들을 일부 취하고 있지 않습니까? 지금 소위 한국 사회의 주류들이 가지고 있는 생각은 개인이 모두 알아서 해야 한다는 쪽으로 가고 있고, 학교에서도 기부금입학을 허용해야 한다는 식으로 가고 있는데요. 이런 상황에서 미국의 시스템을 받아들이게 되면 서민들의 삶은 엄청나게 더 어려워질 것 같은데요.

김 사실 그건 당연하죠. 요새 그렇게 하려고 하잖아요. 국방부에서 불온서적 운운하는 것도 민주주의를 엄청나게 후퇴시킨다구요. 민주주의를 후퇴시킨다는 것은 양심의 자유를 후퇴시키는 것이고, 학문의 자유를 후퇴시키는 것이죠. 그런 우려스러운 일이 사회 곳곳에 상당히 많이 나타나고 있습니다. 우리가 하는 싸움의 큰 대상이 민주주의의 확대라는 부분인데요. 그것은 굉장히 중요한 기본이죠. 마르크스경제학을 각 대학에 도입하는 문제도 학문의 자유에 속하는 것이니까, 결국 이것도 민주주의의 확대라는 싸움에 속하는 것이 아닐까 싶어요. 자꾸 토론하고 반대하고, 데모를 하든지 해서 민주주의를 확대해 나가야죠. 이명박 정부에서 건전한 시민의식을 막으려고 하면 더 큰 문제에 봉착할 겁니다.

지 '마르크스 사상이 영국에서 매우 분명한 형태로 증명되고 있었다'고 하셨는데, 한국 사회의 일반적인 시각과는 다른 얘기입니다. 예전에 우리가 '요람에서 무덤까지'라는 영국식 복지에 관한 이야기를 학교에서 배우긴 했지만, 지금은 신자유주의 정책을 가장 먼저 단행한 나라가 되어버렸잖아요. 북유럽 같은 경우 보수정권이 들어서더라도 복지국가의 근간이 그렇게 크게 흔들리는 것 같지는 않습니다. 그런데 영국은 생각보다 좀 많이 흔들린 것 같아요. 그렇게 된 원인은 뭐라고 생각하십니까?

김 사실은 저도 잘 모르겠어요. 보수당이 18년을 집권했는데요. 그동안 신자유주의적인 정책을 많이 썼잖아요. 그러면서도 집권을 계속 했어요. 한 가지 분명한 것은 그 사이에 노동당이 분명한 자신의 정책을 낸 적이 없다는 겁니다. 신자유주의적인 정책이 아닌 것을 낸 적이 없어요. 노동당 자체가 지리멸렬했다는 문제가 하나 있고, 97년에 노동당의 토니 블레어가 선거에 이겼지만, 그때도 보수당이 스스로 무너진 측면이 많았습니다. 장기집권을 하다보니까 부정부패가 엄청 나타났어요. 도덕 불감증도 나타났구요. 두 번째는 유로를 채택하느냐 마느냐 하는 문제로 자기들끼리 엄청나게 싸웠습니다. 이런 데서 표를 많이 잃었죠. 블레어는 총선에서 공약을 낼 때, 자기가 수상이 되면 보수당이 세웠던 예산을 2년 동안 그대로 하겠다고 했어요. 노동당은 돈을 많이 쓰는 당이라고 국민이 인식하고 있다고 생각해서 그런 식으로 얘기해버렸다구요. 그건 보수당 정책과 똑같은 거지만 블레어는 그렇게 했습니다. 사실은 그게 저한테도 수수께끼예요. 하지만 어쨌거나 북구에서 사민주의 정책이 어떻게 계속 유지됐는가를 보면 국민투표의 결과를 통해 알 수 있습니다. 국민이 경제적인 효율성을 따지고 그런 것보다는 평등하고 자유롭게 사는 길을 선택한다고 주장한 거죠. 우리는 경제성장이 목표가 아니라 자유롭고 평등하게 사는 것이 좋다, 이렇게 해버리니까 그런 정당이 정권을 잡게 되고, 그 정당은 당연히 유권자들이 원하는 정책을 쓰게 된 거죠. 가만히 보면 영국의 유권자들이 그 사이에 많이 변했다고 봐야 합니다. 우리도 마찬가지 아닙니까? 결국 이 정권도 우리 유권자들이 선택한 거잖아요.

지 결국 그 나라 국민 수준의 정치인을 갖는다는 말씀이군요. (웃음) 우리 국민도 그것을 원하게 되었다는 거 아닙니까? 우리가 변한 것도 많이 분석해봐야 할 텐데요. 어쨌든 이유는 있지 않겠습니까? 영국 사회의 변화에 대해서 의견을 내는 학자들은 없습니까?

김 1945년 이후 1970년까지의 사회적 합의는 복지국가, 완전고용, 노동조합의 권리 옹호였고 혼합경제라고 해서 정부가 개입하는 건데요. 마가렛 대처가 들어오자마자 예전의 사회적 합의를 깡그리 바꿔버렸습니다. 민영화를 많이 했어요. 민영화한 것을 다시 국유화하려면 돈이 엄청나게 듭니다. 못해요. 이미 바꿔버렸기 때문에 그 다음 정권이 이것을 되돌리기가 굉장히 어려운 측면이 있어요. 또 대처는 부자들과 대기업의 세금을 깎아줬어요. 그런 상황에서 다음 정권이 들어서서 부자와 대기업의 세금을 올리기는 정치적으로 만만치 않다구요.

지 지금 이명박 정권이 하려는 것과 같군요. 내리기는 쉬워도 올리기는 어렵겠죠. (웃음)

김 정책이나 시스템을 완전히 바꿔놓았을 때, 그 다음 정권이 그것을 되돌리기 어려운 측면은 분명히 있어요.

지 영국의 경우 철도에서 대형 사고가 난다든지 해서 회사가 파산하게 되면 다시 공적인 가치를 추구하는 회사로 되돌릴 수도 있을 텐데요. 그 과정에서 굉장히 많은 사회적 비용이 들지 않습니까?

김 그렇죠.

자본주의 체제의 모순을 넘어서

지 선생님께서는 97년 IMF 구제금융 사태에 대해 '자본주의 경제에 내재하는 정상적인, 주기적인 공황이라고 이해한다'고 하셨는데요. 그때 사회적으로 논란이 많지 않았습니까? 아시아적 모델이었기 때문에 그렇다고도 하고, 비아시아적 모델이었기 때문이라고도 했구요. 또 '과잉투자 때문에 그렇다, 국제투기자본의 장난이었다' 같은 여러 가지 분석이 있었는데, 선생님의 의견은 조금 달랐던 것 같습니다.

김 우리는 자본주의 경제이기 때문에 경기변동, 경기순환을 쭉 해왔습니다. 고도성장을 계속했다고 하는데 사실은 그렇지 않아요. 중간에 확 떨어지고, 구조조정을 한 적도 많아요. 저는 자본주의 경제라고 하면 경기순환이 있는 것인데, 왜 하필 1997년에 크게 증폭이 되어 버렸느냐 하는 점을 밝히는 게 중요하다고 생각했어요. 우리나라는 88년에 올림픽을 해서 경기가 굉장히 좋았어요. 그러다 90년대 중반쯤 되면 재벌들이 자기가 나아갈 길이 어디인가를 상당히 고민하게 됩니다. 노동집약적인 산업은 동남아와 중국에 밀리고, 기술집약적인 산업은 독일, 미국, 일본에 눌리거든요. 그래서 돌파구를 전자산업, 석유화학, 조선, 자동차 이런 분야로 잡아서 투자를 엄청나게 했어요. 주로 수출을 하는 것이 목표였죠. 그러니 수출 시장이 확대되지 않으면 투자에 대한 수익을 내지 못하니까 전부 손해가 난다구요. 돈을 빌려 왔기 때문에 이자도 못 갚고, 원리금도 갚지 못하게 되는 겁니다.

1996년 말에 설비가 거의 완성되어서 제품이 출하되기 시작했는데, 그때는 반도체 같은 상품의 값이 엄청나게 떨어졌단 말입니다. 과잉생산이 일어난 거죠. 한국이 저렇게 생산능력을 많이 늘리면 세계적인 과잉생산이 일어난다고 이미 이야기하고 있었어요. 수출 양도 그렇고 가격도 그러니, 옛날에 투자한 것이 결국 과잉투자였다는 것을 알 수밖에 없는 상황에 빠졌어요. 그러면서 한보철강부터 부도가 나기 시작했어요. 아시다시피 1997년 1월에 한보사태가 났잖아요. 또 이런 면도 있는 것 같아요. 김영삼 정권 때 안기부법, 구조조정법, 대량해고법 이런 게 통과됐잖아요.

지 날치기 통과가 됐죠.

김 그렇죠. 그 전해에 날치기 통과를 해서 야단이 났고, 김현철이 한보에 돈을 먹었다느니 그런 얘기도 나오고 했잖아요. 한보가 첫 케이스예요. 한보사태가 났을 때 보통 상황이었다면 김영삼 전 대통령이 한국은행에서 돈을 주든지, 산업은행에서 돈을 빌려주든지 해줬을 거예요. 그랬더라면 문제는 남아 있겠지만 1997년의 큰 파동은 조금 약한 형태로 넘어갈 수 있었던 게 아니냐, 저는 그런 생각을 좀 해본다구요. 그런데 김영삼이 빼도 박도 못하게 되어버렸잖아요. 거기에 돈을 대라고 이야기할 수가 없게 되어버렸습니다. 다른 산업도 그런 게 많아서 결국 터진 거죠. 문제는 부도가 나버리면 기업이 망하는 게 아니라 은행이 망하는 겁니다. 외국 자본이 우리 은행에 돈을 대주고 기업에도 돈을 대줬는데, 부도나는 것을 보면 어떻게 하겠어요. 외국 은행과 외국 기업들이 대출기한을 연장해주지 않는 거예요. '무조건 갚아라', 이렇게 하니까 새로운 외자가 들어오지 않잖아요. 외환 부도가 날 형편이 되니까 결국 IMF에 특별융자를 요청하는 상황이 온 겁니다. IMF 사태는 특별히 연줄자본주의라든지 도덕적 해이라든지 그런 이야기가 들어갈 게 별로 없어요. 이론으로 이야기할 때, 선진국에도 공황이 일어나지만 거기에 대해서 연줄자본주의나 도덕적 해이는 얘기하지 않습니다.

지 우리나라의 특별한 문제가 아니라 결국 자본주의 체제 자체의 모순이라는 말씀이군요.

김 그렇게 보는 편이 오히려 맞다는 거죠. '특별히 한국의 재벌이 잘못했다고 하기보다는, 자본주의라는 것에 초점을 맞추면 오히려 이해가 잘 된다'는 얘기인데요. 좌우간 1997년 중간쯤 되니까 외환 보유고가 20억 달러인가 30억 달러인가밖에 없었다는 거예요. 그런데 자꾸 환율이 올라간단 말입니다. 환율이 떨어져야 하는데 말이죠. 사실은 김영삼 때 국민소득 1만 달러인가가 목표였습니다. 1달러에 그때는 900원까지 갔는데, 1달러를 600원 정도로 맞추면 1만 달러는 금방 되잖아요. 그것 때문에 환율을 방어하려고 엄청나게 노력하면서 외환보유고를 너무 써버렸던 거라구요. 그런 것을 보면 김영삼이 제정신이 아니라는 생각을 하는데요. (웃음) 환율을 유지하기 위해서 왜 그렇게 외환보유고를 썼는지는 알 수가 없습니다.

지 선생님께서는 그때 '외채상환 문제를 금융기관과 기업들이 스스로 해결하도록 내버려둬야 했다'고 진단하셨는데요.

김 제 이야기는 그때 재경부가 IMF한테 손을 벌리면서 기업과 은행의 책임을 국가가 다 짊어진다고 했다는 거죠. 그것은 잘못되었다고 생각합니다. 1982년에 멕시코가 우리와 같이 외환 위기를 당했어요. 멕시코가 시티은행, IMF, 미국 정부에 '못 갚겠다고 선언을 하겠다, 디폴트(공사채나 은행융자 등에 대해 원리금을 지불할 수 없는 상황 _편집자) 선언을 해버리겠다'고 한 겁니다. 시티그룹에서 만약 100억을 빌려왔다고 하면, 멕시코가 디폴트를 선언해버리면 시티은행은 망하는 거예요. 금방 손실

계정이 올라가기 때문에 사람들은 시티은행이 망하겠다고 생각해서 거래를 하지 않고 예금을 다 빼버리거든요. 만일 시티은행이 망한다면 세계 전체의 금융시장이 흔들려요. 그러니까 시티은행과 IMF와 미국 정부가 멕시코 정부에 대해서 '디폴트 선언을 하지 말고 재조정하자. 이자를 얼마 탕감해주겠다. 금리도 낮춰주겠다. 상환기간을 연장해주겠다'고 했어요. 우리도 마찬가지잖아요. 이런 식으로 협상을 해야 했다구요. 우리가 채무를 진 것은 사실이지만, 외국 은행이나 외국 기업 역시 우리가 잘될 줄 알고 빌려준 책임은 있는 거예요. 그러면 자기들도 얼마쯤은 돈을 떼여야 된다구요.

지   잘못된 투자를 했으니까요. 카드도 상환 불능이 되면 원금까지도 대폭 깎아주는 경우가 있잖아요. (웃음)

김   그렇죠. 그런데 우리는 왜 요구 조건을 낼름 다 받아들이냐구요. IMF는 미국이 지배하는 거고, 우리한테 돈을 꿔준 것 중에서 상당히 많은 부분이 미국 은행에서 꿔온 거잖아요. 결국 미국한테 꼼짝 못했기 때문에 그런 현상이 나타났다는 얘깁니다. 좀 자주적인 태도를 취해서 협상을 했더라면 좋았다는 거죠. IMF가 차관을 제공하는 문제에 대해서 97년 한국 대통령 입후보자에게 전부 서명을 받았잖아요. 말이 안 되는 얘기예요.

지   그게 채무자와 채권자가 동시에 책임지는 방법이라는 건데요. "사실상 그것이 주류경제학자들이 말하는 시장에 맡기는 것이고, 채무자와 채권자가 동시에 책임지는 방법이다. 그리고 그런 의사를 정부가 흘렸다면 외국 은행들이 제발 그렇게 하지 말라고 빌었을 것" 이라고 예전에도 말씀하셨는데요. 'IMF를 불러들인 것이 사대주의'라는 진단이 바로 그거 아닙니까? 미국한테 잘못 보이면 큰일 난다는 사고방식이 몸에 배어있다고 할까요? 한미FTA 협상도 그런 것 같은데요. 그런 것을 극복하지 못하면 안 될 것 같아요. 미국은 자국의 이익을 위해서 움직이는 나란데, '한국전쟁 때 우리를 도왔다'는 식의 옛날이야기를 하면서 미국 입장에서 생각하는 경향이 많은 것 같습니다. 우리 사회에 미국에서 공부한 주류경제학자들이 많아서 그 사람들하고 비슷하게 생각하는 경향도 있는 것 같구요.

김 맞습니다. 학문과 사상이 미국 한쪽으로 편향되어 있어요. 미국의 주장이라든지 미국의 사상이 세계 최고라는 생각이 많다구요. 미국의 기준을 따라야 한다고 생각하는 사람도 꽝장히 많습니다. 미국에서 학위를 따 온 사람이 많다 보니 아무래도 그런 사람들은 다른 나라보다는 미국하고 친해질 수밖에 없고, 기업하는 사람들도 미국과 거래를 많이 하니까 점점 미국하고 더 친해질 수밖에 없어요. 유럽에서 공부한 사람이나, 일본에서 공부한 사람이 늘어나서 학계나 사회 전체가 더 다양해지고, 그런 힘이 밑바탕이 되어서 여러 가지 이야기를 만들어내야 한다고 생각합니다.

지 장하준 교수의 학문적 성과에 대한 논란은 차치하더라도 한국에서 세계적인 경제학자가 나온 셈이잖아요. 그런데 그분이 교수가 되기 위해 서울대에 신청을 했다가 세 번이나 떨어졌다고 하던데요. 선생님만 찬성하고 나머지는 다 반대했다는 후문을 들었습니다.

김 맞습니다.

지 반대한 사람들의 이유는 뭔가요?

김 주류경제학 쪽에서 이야기하는 패러다임은 계량입니다. 계량경제학적인 거라구요. 사실 우리나라 학생들이 미국에 가서 박사 학위를 따는 가장 빠른 방법도 계량경제학을 하는 거예요. 우리나라 학생들은 영어를 잘 못하니까 영어로 써서 뭘 증명하는 걸 힘들어합니다. 그런데 장하준 교수는 그런 걸 하는 사람이잖아요. 장 교수를 반대하는 친구들은 수식 풀어서 따지는 방법밖에 못 배웠습니다. 그것이 경제학의 전부라고 생각하다보니 장하준처럼 말로 하고, 역사를 따지고, 논리를 따지는 것은 경제학이 아니라고 생각하는 거죠. 마르크스경제학에 대해서도 마찬가지로 생각해요. 그런 이상한 풍토가 있어요.

지 장하준 교수의 연구방법이라는 것은 여러 가지 사례를 분석해서 그 사례를 어떤 부분에 접목하고, 적용할 수 있을까를 제기하는 실증경제학이라고 할 수 있을 것 같은데요. 주류경제학에서는 왜 지저분하게 현실을 가지고 얘기하느냐고 하는 사람도 있는 것 같습니다. (웃음)

김 이 친구들은 모든 것을 수식으로 증명하는 것을 좋아합니다. 하지만 세상의 모든 현상을 어떻게 수식으로, 숫자로만 나 타냅니까? 말이 안 되죠. 주류경제학은 개인에서 출발하기 때 문에 개인의 행동을 수식으로 표시하기 위해서 '개인은 이와 같이 행동한다'고 가정을 해버려요. 그 가정을 수식으로 표시 되도록 또 무리하게 가정해버립니다. 무리한 가정에서 나오는 결과가 합리적일 수가 없죠. 그런 흠이 있어요. 또 주류경제학 은 사상적으로 논리적으로 설명하는 부분이 굉장히 약해요.

지 숫자로 장난친다고 할까요? 통계의 왜곡을 많이 사용하는 것 같은데요. 그것을 지적해야할 언론들도 무관심하거나 동조 하고 있지 않습니까?

김 언론이 제대로 분석하지 않고 있죠. 지금 베네수엘라가 일 인당 국민소득이 1만 달러입니다. 석유 때문에 그렇잖아요. 아 까 얘기했지만 그 나라 빈민이 60~70퍼센트인데, 그 사람들이 어떻게 1만 달러를 법니까? 말이 안 되는 소리죠. 경제성장률이 라는 것을 따질 때도 여러 가지 요인을 분석해야 할 거 아닙니 까? 투자도 있고 물가도 있고 노동자 수도 있을 텐데, 이것을 몇 년도부터 숫자를 넣어서 돌린 다음 어느 것이 가장 상관관계가 있나, 이런 방법으로 주류경제학의 이론을 만드는 겁니다.

지 베네수엘라의 차베스 혁명에 대해 높이 평가하시는 것 같 은데요. 이번에《알기 쉬운 정치경제학》개정판 마지막 장에 그 얘기를 쓰셨더라구요. 베네수엘라를 새로운 사회의 한 모델로 생각하시는 것 같은데요. 우리가 거기에서 무엇을 배워야 한다고 생각하십니까?

김　차베스 혁명에서 가장 본받아야 할 것은 60~70퍼센트의 빈민들을 정치의 전면에 내세운다는 점입니다. 빈민들에게 희망을 주고 스스로 일을 해나가게 하는 식으로 사람을 계발한다는 겁니다. 이게 굉장히 참신한 아이디어예요. 새로운 사회를 이루려면 모든 사람들에게 능력이 있어야 하잖아요. 육체적으로 능력이 있거나 사상적, 지적, 정서적으로도 능력이 있어야 하는데, 빈민들을 정치의 무대에 올리는 것을 보면서 참여민주주의의 개념에 맞다고 생각했어요. 우리는 투표를 하고 나면 누가 되든 간에 그것으로 관심이 끝나잖아요. 그런데 이 친구들은 자기 동네, 도시 안에 있는 사람 중에서 200~400명을 뽑아서 주민자치위원회를 구성합니다. 그것을 통해서 자기 동네에 필요한 상수도, 하수도, 전기, 주택, 교육, 병원, 운동장 등 온갖 것들에 관해 모여서 토의를 합니다. 지금 상황에서 무엇이 우선적으로 필요한지를 토론하고 정해서 그것을 하는데 얼마가 들지도 미리 조사해서 정부에 제출해요. 그것만 전담하는 부서가 있습니다. 그 부서에 있는 담당자가 안을 만들어 올려 승인이 나면 주민자치위원회 구좌로 돈이 들어와요. 그 돈을 지출하면서 주민들은 또 일을 만들어냅니다. 이처럼 부지런하게 머리를 쓰고, 토론도 많이 하는 모습을 보니까 살아 있다는 생각이 드는 거예요. 그래서 '여기에 새로운 사회의 큰 동력이 생기고 있다'고 봤어요. 물론 아직도 해결해야 할 문제는 많아요. 자본주의에서 새로운 사회로 가는 과정인데 아직도 언론, 출판 등을 전부 우파가 잡고 있다구요. 베네수엘라가 앞으로 어떻게 나아갈지에 대해서는 불안한 점이 많아요.

지 지금까지는 차베스가 국민의 지지로 버텨왔다고 볼 수 있는데요. 지난번 개헌을 위한 국민투표가 (아주 적은 차이긴 하지만) 부결되지 않았습니까? 차베스가 독재를 하려는 것 아니냐는 우려도 있는데요. 차베스 혁명이 그런 점에서 어려움에 봉착했다고 보십니까?

김 일단은 어려움에 봉착했다고 봐야죠. 언론은 차베스가 영구집권을 한다, 독재를 한다는 말을 계속 했을 거 아녜요. 큰 방송국의 경우 외국 자본이 지원하는 것도 있고, 전부 반차베스 세력이라고 생각하면 됩니다. 그런데 그것을 가만히 두더라니까요. 나 같으면 몇 개를 폐쇄했을 텐데. 차베스는 그냥 그렇게 두더라구요. (웃음) 1998년부터 10년 됐고, 10년 사이에 차베스를 좋아하는 세력뿐만 아니라 차베스 집단 안에서도 차베스에게 반대하는 세력이 나타났다는 겁니다. 지금 통합사회당이라는 것을 만들고 있는데, 원래 계획대로 하면 2007년 12월에 만들어졌어야 해요. 그런데 아직 못 만들었어요. 자기들끼리 토론이 많아요. 늘 그렇지만 새로운 사회를 만드는 길이라는 게 쉽지가 않습니다. 다행인 점은 미국이 아직까지 손을 안 대고 있는 건데요(2009년 2월 15일 국민투표에서 베네수엘라 국민은 대통령을 비롯해 선거로 선출된 일부 관리들의 임기 제한을 철폐하는 개헌안을 승인했다. _편집자).

지　이라크에 신경을 쓰기 때문에 그럴까요?

김　미국과 베네수엘라의 관계 때문이죠. 미국은 석유 수입량의 4분의 1인 25퍼센트를 베네수엘라에서 가져가요. 반면에 베네수엘라의 수입품, 특히 기계류 같은 것은 50퍼센트가 미국에서 옵니다. 경제적으로는 두 나라가 굉장히 교류가 많고, 의존이 상당하다고 할 수 있습니다.

지　그런 부분 때문에 차베스 혁명의 한계를 지적하는 사람도 많은데요. '사회주의의 탈을 쓴 자본주의 혁명'이라고 하는 사람도 있구요. 말로는 차베스가 반미적인 발언을 하지만, 사실상 미국에 경제적으로 지나치게 의존하고 있다는 건데요.

김　단순히 그렇게 볼 게 아니라 베네수엘라가 이 상황에서 앞으로 새로운 사회로 나아갈 때 어떻게 해야 하느냐를 봐야 합니다. 60~70퍼센트나 되는 빈민을 새로운 주체로 만들어내는 것, 이것이 굉장히 중요하다고 생각합니다. 그러면서 개혁을 하고 점진적으로 사회를 바꿔야 될 것 아닙니까? 어떻게 한꺼번에 다 할 수 있겠어요? 그렇게는 못 하죠.

지　노무현 전 대통령에게 차베스 같은 모습을 기대하는 사람들도 있었는데요. 참여정부는 조중동을 포함한 기득권 세력 때문에 개혁을 못 했다는 핑계를 대지 않았습니까? 상황이 꼭 똑같다고는 할 수 없지만 베네수엘라의 기득권은 한국의 기득권보다 훨씬 더 악랄하고 강한 것 같은데요. 차베스가 그것을 극복하고 하나하나 만들어나가는 것을 보면 참여정부의 경우는 능력이나 의지가 부족했다는 생각이 듭니다. 특히 능력보다는 의지가 부족하지 않았나 싶어요.

김 노무현이 자기는 좌파 신자유주의자라고 했는데, 왜 그렇게 얘기하는지 생각해봤어요. 일단 기득권이 자기를 싫어하니까 좌파라고 생각하고, 양심적 진보 세력이 싫어하니까 자기를 신자유주의라고 생각하는 것 같아요. 그것은 결국 자신을 지지하는 편이 하나도 없다고 얘기하는 거나 똑같잖아요. 처음 걸렸던 것이 국가보안법이란 말이죠. 국가보안법을 폐지하자고 연말에 나와서 모두 난리를 쳤는데요. 그것은 당연히 없애야 하는 것 아닙니까? 그것을 왜 못 없애요. 그걸 보면 여당이었던 열린우리당이 개혁적이지 못했다는 점도 있지만, 노 대통령도 판단을 잘못한 거라구요. 아니면 애초부터 거기까지 가려는 마음이 없었던 거죠.

지 말로는 '국가보안법은 박물관에 가야 할 구시대적 유물'이라고 해서 정치적인 논란을 불러일으키지 않았습니까?

김 그렇죠.

지 그게 면피용이었을까요?

김 그럴지도 모르지만, 그때는 여당과 사이도 나쁘지 않았어요. 당대표를 불러서 압력을 넣을 수도 있었죠. 어쨌든 그때부터 노무현은 진보주의자들한테는 적이 됐잖아요. 아파트 값도 마찬가지라구요. 건설회사에게 원가를 공개하라고 하니까 시장경제에서 건설회사에게 왜 그러냐고, 열 배 남는 장사도 있다고 그랬잖아요. 만일 그때 아파트 원가를 공개해서 값을 내렸으면 그 뒤에 몇 년 동안 값 올라가고, 법으로 세금 올리는 일은 없어졌을 거라구요. 노무현 정부는 처음부터 기득권자들이 싫어했잖아요. 그러면 운동권 아니면 진보파들의 힘이라도 얻어야 했는데, 그걸 안 하고 자기 멋대로 뭘 해보려다가 제대로 안 된 거란 생각이 듭니다.

국가경쟁력 강화, 무엇이 문제인가

지 IMF 때 얘기로 돌아가 보죠. 선생님이 지적하시기로는 "정부나 엘리트가 서민 대중의 이익에 관심이 없었기 때문이다. 라틴아메리카의 경험을 통해 IMF 신탁통치가 부유층이나 기득권에게는 큰 피해를 입히지 않는다는 것을 알았기 때문"이라고 하셨는데요. 당시 금모으기를 하고, 해외여행 같은 과소비를 자제하자고 서민들에게 뒤집어씌우는 기득권들의 태도는 지금도 여전히 변함이 없는 것 같습니다.

김 IMF하고 나서 구조조정한다고 해서 투자신탁에 예금을 해가지고 투자신탁회사가 망한 것을 전부 정부가 다 물어줬거든요. 은행의 부실을 예금자가 물어줬다구요. 이래서 생긴 게 공적자금이라는 겁니다. 여기에 큰 문제가 있다고 봐요. 물론 그거하고 나서 예금보험법도 만들고 그랬지만, 실제로는 기득권의 잘못을 정부가 세금으로 물어주는 거란 말이죠. 미국도 그런 얘기가 나오잖아요. JP 모건에서 인수했던 은행이 망했을 때 정부가 엄청나게 돈을 대줬잖아요. 국민의 세금으로 정부가 살려내는 거라구요. 그러면서 왜 못사는 사람들이나 신용불량자에게는 돈을 안 줘요? 신용불량자라고 하는 사람들이 사실은 생계 때문에 그렇게 된 사람들이 많을 텐데……. 그런 것이 굉장히 많아요. 비합리적이고 불평등한 태도를 취하는 게 엄청나게 많다는 거죠.

지 '당시 구조조정을 통해 한국경제를 미국의 금융자본가한테 팔아먹은 것'이라고 하셨는데, 그게 지금까지 한국에 부담을 주고 있는 것일 텐데요.

김 그렇죠.

지 개혁을 하거나 뭔가 새로운 시도를 해보려고 해도 외국 자본이 워낙 지배를 하고 있으니까요. 이런 상황을 개혁하기 위해서 노력을 해야 할 텐데요, 어떻게 해야 할까요?

김 잘 모르겠네요. (웃음) 외국 자본이 들어와서 주식을 많이 가지고 있다는 것하고 한국 자본이 많이 가지고 있는 것하고 그렇게 큰 차이는 없다고 생각해요. 한국 자본이든, 외국 자본이든 법에 저촉되는 것, 범법하는 일이 없도록 해야 하는 것은 똑같습니다. 우리가 외국 자본에 대해서 걱정해야 할 것은 갑자기 경제가 나빠졌다든지 하는 이유 때문에 외국 자본이 한꺼번에 빠져버리는 겁니다. 우리가 몇백 억을 팔아서 원화로 달러를 내야한다면 원화가 폭락할 수밖에 없습니다. 당연히 외환 보유고도 사라지겠죠. 이런 국가적 위기 상황을 막을 수 있는 제도적인 장치를 우리가 미리 가지고 있어야 한다구요. 외환 보유고가 요새 천 얼마라고 하는데, 그것 가지곤 턱도 없습니다.

지 그런 통제력을 우리가 가지지 못하고 있지 않습니까?

김 한국 자본은 다른 데 갈 수 없으니까 국내에서 놀 텐데, 외국 자본이 해외로 이동을 했을 때 발생하는 부작용을 어떻게 막을 수 있는지를 생각해야죠. 그런데 그렇게 생각하지 않고 있는 것 같아요.

지 다국적기업이라고 해도 모국이라는 게 있잖아요. 삼성은 한국에서 통제하기가 쉬운 부분이 있지 않습니까? 이번에도 이건희 회장을 사법처리하지는 못했지만, 청문회에 불러내서 '범법자일 수도 있구나' 하는 시각을 국민에게 심어준 것 같은데요.

김 어떤 기업이나 본부는 특정한 나라에 있는 거예요. 그 나라에서 등록을 취소할 수도 있고 하기 때문에 그 나라의 법은 그 기업에게는 통한다고 봐도 되죠. 그런데 우리는 다국적기업 같은 경우는 규제할 수 없다고 생각해요. 그게 아니라는 거죠. 선진국 몇 개 정부가 나서서 다국적기업에 대한 규제를 마련하자고 하면 되거든요. '금융 위기가 터져서 안 되겠다, 활동하는 모든 보고서를 내라'고 하든지, 외환거래를 할 때 토빈세(국제투기자본이 드나들면서 발생하는 외환 위기를 관리하고자 단기적인 외환거래에 불이익을 주려고 낮은 세율로 부과하는 세금 _편집자)를 내도록 결정해버리면 그것을 따르지 않을 수가 없다구요. 정부들이 합의를 하면 기업이 따르지 않을 수 없으니, 그런 사고가 중요하다는 것을 배워야 하는 거죠.

지 '초국적 금융자본은 어떤 정부의 금융정책을 실패하게 할 수 있다'고 하셨는데요. 그것을 극복할 방법은 무엇이 있습니까? 그 금융자본의 눈치를 보지 않고는 산업투자를 늘릴 수 없다는 말씀이신데요. 금융자본의 힘이 너무 커져서 그것을 제어할 방법을 찾아야 할 것 같은데요.

김 그렇게 해야 하는데 규제를 하면 외국 자본이 들어오지 않는다는 거잖아요. 그렇다고 규제를 안 하면 또 문제가 생기구요. 어느 정도 규제를 하면서 외국 자본이 들어오게 하는 방법을 찾을 수밖에 없는 거죠. 물론 그것을 기술적으로 어떻게 해야 할지 방법을 찾는 것이 쉽지는 않죠.

지 '초국적 산업자본은 정부의 고임금 정책을 실패하게 할 수 있다'고도 하셨는데, 수출 위주의 경제정책이라는 것은 노동자에게 불리할 수밖에 없잖아요. 그렇다면 제3세계 사람들은 늘 착취당하고 살 수밖에 없는 건가요? 임금이 올라가면 싼 곳으로 공장을 이동할 수도 있구요.

김　저는 이런 얘기를 많이 하는데요. '한번쯤은 내수 중심의 경제를 해보라'는 겁니다. 수출 위주의 경제정책을 하다 보면, 세계경제가 어려워 수출이 잘 안 될 때 금방 타격을 입잖아요. 내수 시장을 키운다는 것은 사실은 복지국가를 만드는 것과 같아요. 사회보장제도를 확장해서 서로 나눠가지는 식으로 정책을 바꾸면 내수 시장이 확 커진다구요. 돈이 하나도 없는 실업자라면 실업수당을 받게 한다든지, 가난한 사람들의 소득을 보조해준다든지, 병원 못 가는 사람들에게 의료 혜택을 준다든지, 이런 식으로 바뀌가면 내수가 튼튼해지고, 이를 통해서 수출 산업이 아니라 내수에 기반을 둔 산업이 하나씩 일어납니다. 저는 우리 사회가 나갈 방향은 이런 게 아닌가 하고 생각합니다. 아까도 이야기했지만, 원가 절감하자고 해서 임금을 낮추고, 비정규직을 만들어내고, 자꾸 이렇게 나가는데요. 그렇더라도 조금은 균형을 잡아서 새로운 방향을 잡아나가야 합니다. 이명박 대통령도 내수 이야기를 하긴 하지만, 좀 더 깊게 생각해보는 것이 중요하다는 얘깁니다.

지　수출 위주의 경제를 하는 것이나, 국가경쟁력을 강화해서 경제를 성장시키는 방법으로 사회구성원들을 행복하게 할 수 없다는 말씀이신데요. 어떻게 보면 단순할 수 있는데, 이런 내수 시장을 육성하는 정책들을 왜 많은 나라에서 채택하고 있지 않을까요?

김 아까 이야기했던 북구 쪽에는 그런 정책을 이미 채택하고 있지요. 그런데 시장을 중심으로 하는 곳에서는 모든 게 능력 위주고, 개인 위주로 돌아갑니다. 이렇게 하기 때문에 빈부 격차가 많이 생기죠. 사장하고 밑에 있는 생산직 노동자의 월급 차이가 평균 570배가 됐다는 얘기도 나오고 있잖아요. 그리고 점점 그 차이가 늘어나잖아요.

지 '주식이 상품으로 등장한 것은 자본주의의 발전에 큰 역할을 했다'고 하셨는데요. 대규모 사업에 대한 투자가 주식시장 때문에 가능해졌다는 건데, 지금은 오히려 주주들의 눈치를 보느라 대규모 투자가 불가능하다는 지적도 나오고 있지 않습니까?

김 기업의 주식을 금융기관이나 기관투자가들이 많이 가지고 있습니다. 그들이 원하는 게 뭡니까? 배당을 많이 받고 주식 가격 올라갔을 때 팔아서 수익을 내는 거잖아요. 이들은 기업을 장기적으로 키워야 한다는 생각이나 의도가 전혀 없다구요. 보는 시계가 아주 단기적이죠. 지속적인 투자가 되지 못하니까 기업도 뭘 장기적으로 어떻게 한다든지 하는 개념이 없어집니다. 수익이 나도 전부 배당으로 돌리라고 하니까 사내유보(기업이 당기 말 처분이익금을 모두 주식배당이나 임원상여금으로 사외에 유출하지 않고 그 일정 부분을 각종 적립금 또는 준비금으로 사내에 유보시키는 것 _편집자)가 적어지고, 자꾸 그렇게 되는 거죠. 그게 큰 문제라구요. 지금 미국에서는 주주자본주의를 최고라고 이야기하지만, 얼마 전만 하더라도 일본이나 독일에서는 주주뿐만 아니라 소비자를 위하고, 그 동네의 주변 환경도 위하는 식으로 기업의 이윤이 사회의 이익이 되는 하나의 틀을 제시하며 미국의 지배구조를 굉장히 비판하기도 했어요. 지금은 그렇지 않지만요. 어쨌거나 저는 장기적인 전망을 가지고 기업을 중심으로 모든 사람이 이익을 보는 체제를 만들어 가는 것이 올바른 방향이라 생각합니다.

지 말씀하신대로 지금 주식시장을 보면 기관투자가들이나 금융기관들은 단기간에 이익을 빨리 내는 기업을 선호하잖아요. 회사에서도 단기간에 이익을 낼 수 있는 경영자를 선호하고, 그런 경영자에게 막대한 연봉을 지급하고 있지 않습니까? 그러면 기업들은 장기적으로 존속하기 어려울 텐데요. 원래 기업은 영구적으로 존속하고자 하는 속성이 있지 않습니까? 어디선가 그 균형을 찾아야 할 텐데요.

김 노사정위원회가 어떻게 운영되어야 할지를 생각해보죠. 우선 노측에서는 민주노총이나 대한노총이나 한국노총 대표가 나올 거 아닙니까? 사측에서는 경총이 나오든지 전경련이 나올 거구요, 정부에서는 재정기획부 장관이 나와야 한다구요. 노동조합에서는 금년의 임금을 얼마까지 하겠다고 하면, 경총에서는 우리는 배당을 얼마 정도만 하겠다는 이야기를 해야 하고,

정부는 물가를 얼마만큼만 인상시키겠다고 해서 서로 합의를 봐야 합니다. 그게 소득정책이라는 거죠. 이렇게 하는 게 사실은 굉장히 합리적이라구요. 누구한테 일방적으로 희생을 강요하지 않아도 되잖아요. 저는 기업회계 감사를 철저히 할 필요가 있다고 생각해요. 지금 기업들이 경영자들, CEO들한테 스톡옵션을 얼마나 많이 줍니까? 그런 것을 줬기 때문에 경영자도 배당을 많이 받으려 하고, 주식가격을 올리려는 주주들과 입장이 일치하는 겁니다. 그래서 회계를 조작할 가능성이 엄청나게 생겨요. 기업을 운영하면서 비용이 많이 들었지만 그 비용을 다른 항목으로 둔갑을 시킨다든지 해서 이윤을 많이 남겨요. 그런 이윤은 엉터리 이윤이지만 그게 배당이 되고, 주식가격을 올리고 결국 나중에는 망한다구요. 엔론이나 월드콤이 망한 것도 그런 거예요. 이런 위험이 굉장히 많이 상존해요. 금융관계처에서 철저하게 관리하는 게 굉장히 필요한데, 요즘 추세는 규제완화다 뭐다 해서 그걸 하지 말자고 주장하거든요.

지 미국조차 분식회계를 하면 '걸리면 죽는다'고 하는데요.

김 그럼요. 이윤 냈다고 하면서 나눠먹는 것은 기업을 망하게 하는 거라구요. 장기적으로 보면 기업에 엄청나게 손해를 입힐 가능성이 큽니다.

지 기업들에게 맡겨둘 수만은 없는 것 같습니다. 한국이나 동아시아 기업들에게는 유교적인 전통이 있어서 '내 식구는 많이는 못 먹이더라도 조금은 먹여야 하지 않겠냐?' 하는 생각이 있었던 것 같은데, 지금은 그런 생각마저 거의 없어진 것 같습니다.

김 지금 경영하는 사람들은 노동자들을 억누르고, 임금을 깎고, 해고한다고 위협하면 더 좋은 아이디어를 내고 더 열심히 일할 거라고 생각합니다. (웃음) 하지만 그렇게 하면 상호 간의 연대를 통해서 나오는 새로운 힘, 창의력이라든가 헌신을 전혀 기대할 수가 없어요.

지 '신용화폐는 화폐 사용을 절약할 뿐 아니라 금융공황을 야기하기도 한다'고 하셨구요. '자본주의 경제에서 화폐의 사용은 필연적이며, 화폐의 기능 때문에 공황이 발생할 씨앗이 있다'고 설명하셨는데요. 지금은 신용카드도 많아졌고, 인터넷을 통해 자금이 숫자로만 왔다갔다하는 세상이 되어버렸는데요. 예전보다 공황을 일으킬 가능성이 더 높은 상황이 된 것 아닙니까?

김 대출을 많이 받았는데 나중에 못 갚으면 자기만 망하는 게 아니고, 협력업체나 물건을 대줬던 사람들도 동시에 다 망하기 때문에 공항의 가능성이 있다는 얘기거든요. 돈 빌린 사람 한 사람만 망하는 게 아니죠.

지 기업들이 공황이나 경기 침체에 대비하기 위해서 노동자들을 더 열심히 일하게 하는 방편으로 실업자들을 어느 정도 유지하는 것에 대해서도 언급하셨는데요. 호황일 때는 언제든지 데려다 쓸 수 있는 인력이 되는 것이고, 불황일 때는 언제든지 잘려서 또 다른 실업자가 된다는 불안감 때문에 노동자들이 더 열심히 일한다는 논리 아닙니까? 호황일 때는 하청업체의 하도급을 이용하고, 불황일 때는 하청업체만 망하게 하는 것이 독점자본의 행태일 텐데요. 그게 독점자본이 비독점자본을 착취하는 형태이고, 경기변동에서 입을 손실을 전가해서 비독점자본만 도산하게 만들고, 비독점자본을 하청계열화해 이윤을 탈취하는 방식을 쓰는 거잖아요. 정규직, 비정규직 노동자들과 실업자들까지 단결하고, 비독점자본들이 단결해야 이런 착취의 고리를 끊을 수 있지 않겠습니까? 어떤 방법이 있을까요?

김   그건…….

지   쉽지 않으니까 잘 안 되는 거겠지만요.

김   정규직이 비정규직과 연대를 하지 않으면 정규직이 비정규직으로 갈 가능성이 많아요. 지금까지 그렇게 되어왔고, 자본가는 그것을 원하니까요. 그러니까 정규직과 비정규직이 연대해서 비정규직화를 막고, 비정규직을 정규직으로 만드는 그런 운동을 해야 합니다. 물론 노동자계급도 단순하지 않지요. 하나의 구조가 아니라든지, 분열이 있다는 것도 사실이거든요. 그렇더라도 그런 부분을 통합해내지 않으면 노동자의 힘은 약할 수밖에 없어요. 지금처럼 한국노총, 민주노총 이런 식으로 나뉘어서 선거 때처럼 이명박 편을 들고 이러면 안 되는 거죠.

지　노무현 정권에서 이명박 정권으로 넘어가면서 나타난 현상일 텐데요. 나중에 철회하긴 했지만, 노동조합의 이름을 건 사람들이 이명박을 지지한다고 했을 때 어떤 생각이 드셨나요?

김　뭐라고 할까, 우리 노동운동이 지금까지 상당한 굴곡을 겪었지만, 이런 식으로 나오는 것은 정말 깜짝 놀랄 일이라고 생각했어요.

지　보수와 진보가 뒤섞여버린 상황에서 진보는 멸종 상태가 돼버린 게 아닌가 하는 생각도 듭니다.

김　노무현 정권 하에서 진보가 진보로서 목소리를 제대로 내지 못했다고 생각합니다. 대부분 한나라당보다는 나으니까 노무현을 일단 지지하자는 생각을 했겠죠. 그러다보니 노무현 정권을 맘대로 속 시원하게 비판하지 못하고, 그런 과정에서 좌파들의 색깔이 분명하게 드러나지 않았다고 생각합니다. 진보 쪽에서 좀 더 긴장을 해야 했어요.

지　반대쪽에 대한 공포감이 너무 커서 이 사람을 보호해야 한다는 생각에 노무현을 비판하는 진보적인 목소리를 내지 못하지 않았나 하는 생각도 드는데, 지금 돌이켜보니 그게 아주 잘못된 생각이었던 것 같습니다.

김　그때 끝까지 밀어붙여서 노무현 정권의 나쁜 점을 자꾸 드러내야 했는데, 그걸 덜 했다는 생각이 들어요. 노무현 정부는 우리나라의 자본을 세계 시장에 더 많이 수출하고, 외국 자본이 한국에 더 많이 투자하면 한국경제가 회복된다고 믿고 있었던 것 같은데요. 그래서 보수대연합과 부르주아 민족주의를 통해 노동자, 민중을 제압할 수 있는 헤게모니를 구축하고자 했고, 보수대연합과 부르주아 민족주의는 한국계 초국적자본인 재벌이 국내와 국외에서 외국계 초국적자본과의 치열한 경쟁에서 승리하는 것을 열렬히 응원했던 겁니다. 이 맥락에서 노동자와 민중은 '국가의 이익'을 위해 재벌의 요구 사항에 복종하지 않으면 안 된다는 친재벌적이고 파시즘적인 이데올로기가 강화됐던 거구요. 결국 그 토대에서 이명박 정권이 들어선 거죠.

지　지금 한국경제에 IMF보다 더 큰 공황이 올 가능성이 있다고 보는 시각도 있는데요.

김　미국에서 시작된 금융 위기가 쉽게 마무리 되지 않을 것 같다는 생각이 들어요. 미국경제는 사실 침체를 계속하고 있습니다. 1~2년 더 침체를 계속한다면 우리도 새로운 길을 찾아야 합니다. 우리는 미국에 수출을 많이 하고 있잖아요. 물론 중국에도 많이 하고 있지만, 중국 역시 미국에 수출을 많이 하고 있어서 대미 수출이 잘되지 않으면 결과적으로 상당히 큰 경제적 혼란이 올 거라고 생각해요. '혼란이 왔을 때 어떤 식으로 극복할 것이냐?'에 대한 고민이 있는데요. 못살게 되면 국민이 현 정부에 대해서 상당한 비판을 가하게 될 텐데, 그때 이 정부가 상당히 파시즘적으로 전환할 가능성이 있는 것이 아니냐는 우려가 있습니다. 우리나라는 무역 의존도가 높잖아요. 특히 미국과 중국에 대한 의존도가 높아요. 미국 시장에 대한 수출은 항상 미국의 국가 이익에 따른 보복 조치에 시달리게 되고, 중국의 경우에도 미국의 견제 내지는 중국 국내의 사회적, 정치적 혼란 가능성 때문에 늘 불안하죠. 우리 경제는 세계적인 공황이 오면 파탄에 직면하지 않을 수 없어요.

지　파시즘이란 게 어느 정도는 국민의 동의가 있어야 하잖아요. 그런 의미에서 이미 토대가 상당히 만들어진 게 아닌가 하는 생각이 들어서 무서운데요.

김　그렇죠. 여러 징후들이 나타나고 있습니다.

지　자본주의 체제는 공황을 가져올 수밖에 없다고 하셨는데요. 세계공황으로 미국경제가 붕괴될 가능성도 언급하시지 않았습니까?

김　지금 미국경제가 세계를 지배하거나 이끌어가는 힘은 많이 없어진 것 같아요. 이것을 보완하려고 군사적인 태도를 취하고 있잖아요. 침략을 많이 하고 있는데, 그걸로 경제적인 문제가 해결되느냐 하면 그렇지도 않거든요. 정부의 적자 재정은 계속 되고, 무기를 생산한다고 해봐야 국제경쟁력하고는 아무 관계도 없고, 어떻게 보면 낭비잖아요. 세금 거둬서 전투기, 탱크 만드는데 쓰는 건 국가적 낭비죠. 미국경제 전체로서는 뒤로 물러나는 현상이 벌어지거든요. 이런 상황이 자꾸 계속되고 있으니 그것을 메우기 위해서 전쟁을 하더라도 이제는 미국이 다른 나라에게 전쟁 경비를 떠넘기고 있지 않습니까? 사실은 조공형식인데, 이것도 한계가 있는 것 아니겠어요. 다른 나라도 버티기 어려운데 언제까지나 미국을 계속 떠받쳐주지는 않을 것 아닙니까? 이럴 때 전 세계적인 개편이라고 할까, 어떤 변화가 올 수 있겠다는 생각을 합니다.

지 이라크전을 통해서 미국의 한계를 본 것 같기도 합니다. 미국의 군사력이 세긴 하지만, 한 나라를 호락호락하게 굴복시킬 정도는 아니라는 게 밝혀진 셈인데요. 거기에 붙잡혀 있다 보니까 북한이나 이란에 대해서도 적절한 대응을 하지 못하고 있지 않습니까? 그런데 우리는 미국에 묶여 있는 부분이 많다 보니 미국이 갑자기 무너지거나 연착륙하지 못하면 우리도 매우 어려워질 수밖에 없다는 생각을 하게 되는데요.

김 미국이 연착륙하지 못하면 우리한테 여러 가지를 요구할 거예요. 예를 들면 한국에 미군이 주둔하는 비용을 내라거나 아니면 군인을 빼서 다른 나라 침략하는데 투입하라거나, 미국산 쇠고기를 수입하라는 등 온갖 요구를 많이 하겠죠. 그것뿐만 아니라 남북 관계도 개선은커녕 긴장을 강화해서 안보를 빌미로 무기를 사라고 하겠죠. 미국과의 관계는 정말 조심해서 여러 가지 복안을 가지고 조율해야 한다고 생각합니다. 친미, 반미를 넘어 용미를 하자는 얘기도 나오는데, 우선 미국의 실체를 정확하게 알고 대처해야겠죠.

지 "전쟁을 통해 군수산업을 확대함으로써 경제를 부흥시킬 수 있다는 생각이나 저소득층을 위한 사회복지비의 증대를 통해 경제를 부흥시킬 수 있다는 생각은 모두가 케인스의 유효수요이론에 의거하고 있는데, 미국의 최고위층이 전자를 지지하고 있다는 사실은 미국의 야만성을 드러내는 것이다"라는 글을 쓰신 적도 있으신데요. 두 가지 정책을 다 고민해볼 수 있을 텐데, 미국은 전자의 늪에 빠져서 계속 그렇게 돌아갈 수밖에 없는 상황이 되어버린 것 같습니다. 우리도 잘못하면 그 늪에 빠질 수밖에 없지 않습니까?

김 자꾸 그리로 가고 있어요.

지 꼭 물리적인 전쟁이 아니라고 하더라도 여러 형태의 전쟁이 있을 수 있으니까요. 무역전쟁도 있지만 우리는 무기를 팔아먹을 형편도 못 되는데요. 어떻게 대처해야 할까요? 그걸 가리켜서 우석훈 박사는 '촌놈들의 제국주의'라고 표현하던데요. 우리가 제국이 될 능력도 없으면서 식민지를 필요로 하는 경제체제를 만들었다는 비판 아닙니까?

김 무엇보다 민중이 단결해야 합니다. 실업자들이 연합을 만들든지 해서 직장을 달라고 데모를 전국적으로 한번 해야 돼요. 그런 식으로 자꾸 압력을 가해야 한다니까요. 그런데 그런 요구를 하지 않고 있어요. 자살하는 사람을 보면 안타까워요. 물론 이유가 있겠지만, 자살이라는 극단적인 선택보다는 데모라고 해서 권리를 주장하는 편이 훨씬 낫다고 생각해요. 개인의 힘으로 부족하면 단체를 만들어서 이 문제가 개인의 문제가 아니라 사회 전체의 문제니까 정부가 해결하라고 요구해야 합니다. 대학생들도 마찬가지예요. 직장 없는 대학생들이 나와서 '이게 무슨 짓이냐? 청년실업을 해결해라' 하고 떠들어야 뭔가 대책이 나온다구요. 그래야 정부의 정책이 다른 방향이 아니라 사회 복지나 그런 쪽으로 갈 수 있지 않을까 생각합니다.

제가 이야기하고 싶은 것은 '이 사회에서 천대받고 있다든지 소외당하고 있다고 생각하는 사람들은 함께 힘을 모아서 이 사회에 대해서 요구를 해야 하고, 그것을 지식인들과 다른 사람들이 많이 도와줘야 한다'는 겁니다. 그런데 요즘에는 그런 것도 잘 안 하더라구요. 학생들도 잘 안 하고. 이런 요구하는 문화를 더 개발해야 할 것 같아요.

지   우석훈 박사가 《88만원 세대》에서 주장하는 것도 경쟁에 내몰려서 토플 책만 볼 게 아니라 저항을 해야 한다는 것 아닙니까? 요구하지 않으면 들어주지 않는다는 건데요. 지금 젊은 이들은 파편화되어 있는 것 같습니다. 선택할 수 있는 정치 세력이 많지 않다는 것도 이해가 되지만, 그들의 투표율이 떨어지는 것을 보면 정치에 대한 관심이 거의 없어진 것 같거든요. 예전에는 학생운동이 사회 변화의 동력이 됐는데요. 지금은 학생운동이 죽었잖아요? 그들이 투표를 한다고 해도 보수정당을 찍을 것 같습니다. 예전에 교수님께서 가르치던 대학생과 요즘 대학생이 어떻게 다른가요?

김   옛날에는 학생들이 운동을 하면서 공부를 했기 때문에 운동하는 것하고 공부하는 것을 제법 잘 연결했어요. 그런데 요새 학생들은 운동을 안 하기 때문에 삶과 연결되지 않는 공부만 하는 거죠. 그러니까 자기 머리에 쏙쏙 안 들어가는 것 같아요. 답안 쓴 것을 가만히 보면 학생들이 그저 이론만 외우고 있다는 생각이 자꾸 들더라구요. 물론 옛날이나 지금이나 학생들은 공부는 열심히 해요. 제가 사회과학아카데미에서 강의를 하잖아요. 70명의 학생이 와서 공부를 하는데, 보니까 60명이 사회인이에요. 학생이 10명에 불과한 걸 보면 사회인들이 굉장히 열심히 하고 있다는 것을 알 수 있어요. 마르크스 사상에 대해서 관심이 아주 많아요. 뭐라고 할까, 자기들도 살다가 보니까 이 세상이 뭔가 잘못됐다든지, 부족하다든지 새로운 뭔가가 있는 게 아닌가 그런 생각을 많이 하는 것 같아요. 저는 '이 사회가 변할 수 있는 가능성이 바로 여기에 있겠구나' 하고 생각합니다. 앞으로 사회의 변화는 직장인들이 앞장서야지, 학생들만으로는 안 될 거예요. 학생은 대학에서 열심히 공부하고 나와서 직장을 얻고, 거기서부터 자기가 생각하는 새로운 사회를 만들기 위해서 자신의 인생관, 세계관을 펼치는 것이 맞다고 생각합니다.

지   젊은이들이 《88만원 세대》를 읽으면서 자기 현실에 분노하고 386까지 우리를 착취하고 있구나 하는 생각을 하는 데까지는 왔는데, 서로 연대를 한다든지 운동을 만들어내는 단계까

066
067
새로운 사회를 여는 상상력

지는 도달하지 못한 것 같은데요. 결국 그들 스스로 그것을 만들어내야 하지 않겠습니까? 그걸 누가 만들어줄 수는 없는 거니까요.

김   그럼요. 자기들이 만들어야죠.

한국경제, 변화를 향한 첫걸음 떼기

개발과 독재의 공생관계를 끊어라

지　제2차 세계대전을 거치며 미국이 장기불황을 극복했고, 한국전쟁으로 미국과 일본이 덕을 봤고, 베트남전을 통해 한국경제가 일어난 측면이 있지 않습니까? 전쟁으로 이득을 본 경험이 있다 보니 유혹이라고 할까요, 그런 것을 느낄 수도 있을 것 같은데요.

김　전쟁이라는 것은 정부가 앞장서서 그 사회에 있는 인적, 물적 자원을 완전고용해서 경제를 움직이는 가장 극단적인 형태일 겁니다. 노동당이 1945년에 영국에서 집권을 하면서 이런 얘기를 했습니다. 왜 전쟁 때만 인적, 물적 자원을 그런 식으로 동원하느냐, 평상시에도 국가가 개입을 하라구요. 그래서 많은 부분을 국유화하고, 사민주의적인 정책을 썼어요.

지　1970년대 중반에 석유가격 폭등으로 2차 세계공황이 일어난 이후 아직 극복하지 못하는 이유에 대해 "선진자본주의국가들이 국내의 저성장과 실업증대를 해결하기 위해 '국가경쟁력'을 강화하고 수출을 증진하려고 노력하기 때문"이라고 지적하셨는데요. 다른 나라들도 똑같이 배워서 수출을 많이 하는 것으로 개선을 해보자는 식으로 생각할 수도 있지 않습니까? 누구나 1등을 할 수는 없는 것이고, 그 방법은 입시경쟁 비슷하게 1등도 불안하고, 나머지 역시 다 불행해지는 그런 방식 같은데요.

김　스웨덴 같은 곳을 보면 정부가 직장을 많이 만들어내거든요. 예컨대 산림보호 요원이나, 폐수관리나 환경관리하는사람을 쓰는 것도 다 일자리라구요. 그걸 안 하면 환경오염으로 엄청난 문제가 생길 테니까요. 돈을 아끼려고 그런 일을 소홀히하면 나중에 환경이 파괴되어 막대한 비용이 들기도 하고, 결국 돈으로 환산할 수 없는 피해를 입는 경우도 생기지 않습니까? 우리나라에서 시민의 발이라고 할 수 있는 전철을 보면 한사람이 운전한다구요. 이건 굉장히 위험한 거예요. 적어도 두사람이 해야죠. 기차도 마찬가지예요. 전부 돈 아낀다고 그러는데, 늘 큰 사고 터진 다음에 후회하잖아요. 우리 사회가 정상적으로 잘살 수 있는 사회가 되려면 안전이라든가 사회보장과 같은 문제에 신경을 써야죠. 자꾸 어떻게 하면 돈을 벌 수 있느냐 하는 쪽으로만 생각이 치우쳐 있으니까 각종 문제가 생기는 거잖아요. 사람들의 상상력이 다 그쪽으로 가버리니까 인간성계발이 안 되는 겁니다. 이래가지고 무슨 좋은 문학작품이 나올 것이며, 문화예술이 발달하겠습니까?

지   맞습니다. 확률이 낮다고 하더라도 운전사가 갑자기 쓰러질 수도 있는 거잖아요. 문화재 관리에 드는 돈이 아깝더라도 평소에 관리를 잘했더라면 숭례문 복구비용 같이 어마어마한 돈이 필요하지는 않을 텐데요. 왜 예방 차원에서 쓰는 돈을 아깝다고 생각할까요?

김   그런 문제가 많아요. 정책이 다 그렇습니다.

지   태안반도 기름유출 사고 같은 문제도 징벌적 손해배상제도 같은 것을 만들면 기업들이 조심할 텐데요. 그걸 하자고 하면 오히려 국민이 나서서 '왜 삼성을 괴롭히냐? 삼성이 망하면 어떻게 하려고 하느냐?'라고 얘기하지 않습니까? 온 국민이 가서 기름 닦고 봉사하는 일도 아름답지만 그런 것이 근본적인 해결책이 되는 것은 아닐 테니까요.

김   맞습니다. 재발방지를 위한 근본적인 대책을 마련해야죠.

지   박정희 모델이 한국 자본주의의 틀을 만들었다고 지적하셨는데요. 박정희 정권에 대해 '일정한 경제적 성과를 올렸다. 매우 유능했고, 민족주의적이었고, 청렴결백했다'고 새롭게 해석하는 시각도 있지 않습니까? 우리 국민이 가장 존경하는 사람에 관해 설문조사를 하면 박정희, 이순신, 세종대왕 대충 이런 순서로 나가는데요.

김 박정희가 사실은 독재를 했잖아요. 독재로 전권을 행사한 사람입니다. 그 사람한테 그 당시엔 반대할 방법이 없잖아요. 그 시절에 관한 기록도 남은 게 없다구요. 그렇기 때문에 자꾸 박정희가 잘못한 게 없다는 식으로 이야기를 한다고 봅니다. 이영훈 같은 역사학자들이 늘상 사료가 없다고 하듯이 정말 사료가 없어요. 하지만 그런 식으로 권력을 다 누린 사람이 부정부패 안 했다고 주장할 수는 없어요. 프랑스에 가서 죽은 김형욱이 쓰고 다닌 돈이 중앙정보부장하면서 받은 돈이지, 무슨 돈이겠어요? 박정희도 숨겨놓은 돈이 많이 있을 가능성도 있고, 부산일보 김지태 사건(박정희 정권이 중앙정보부에 지시하여 부산일보·한국문화방송·부산문화방송 등 언론사를 소유하고 있던 김지태를 구속한 뒤, 처벌을 면해주는 조건으로 언론 3사의 주식과, 부일장학회 기본재산 명목의 토지 10만여 평을 강제로 헌납하게 한 사건 _편집자)이 터져 나오는 것을 봐도 박정희가 양심적이거나 깨끗하다는 것은 믿을 수 없다고 봐요.

지 스위스에 비밀계좌가 있지 않느냐는 루머도 있었지만, 권좌에서 내려올 생각이 없었기 때문에 그렇게 하지 않았을 가능성도 많은 것 같습니다. 왕이 부정축재를 할 필요는 없지 않습니까? (웃음)

김 그렇죠. (웃음)

지 한국 국민은 정치인의 위선에 대해서 혐오감이랄까요, 그런 게 있는 것 같거든요. 박정희 같은 경우 '내 무덤에 침을 뱉어라'라고 하기도 했는데, 국민이 박정희의 추악한 면을 모르는 게 아니라 '그래도 우리를 잘살게 해준 것 아니냐, 보릿고개는 넘긴 것 아니냐, 그런 면에서 평가한다'는 시각이 많은 것 같습니다. 이회창 같은 경우는 기득권 치고는 굉장히 사소한 문제들 때문에 대통령이 못 됐지만, 이명박 같은 경우는 '더티하다'는 것을 누구나 알지만 '그래도 경제를 살려줄 거야' 하는 기대심리로 선택을 받은 셈인데요. 한국 사람들은 까놓고 나쁘게 구는 정치인에 대해서 오히려 관대했던 것 같습니다. 사실 이회창의 발목을 잡았던 것은 대쪽 이미지 아니었습니까?

김 그런 부분에 대해서는 어떻게 봐야 할지 잘 모르겠어요.

지 일종의 이중잣대라고 봅니다. 이회창에 들이댔던 잣대를 이명박한테 들이댔으면 이명박은 명함도 못 내밀었을 텐데요. 이명박은 민주화 정권에 실망한 부분들에 대한 반사이익을 얻었던 것도 같구요. 노무현 정권 하에서는 부패가 없을 거라고 생각했는데, 아주 없었던 것도 아니었고, 무능했다는 낙인을 벗기 어려웠던 것 같습니다.

김 그래요.

지 박정희 정권 아래서의 '개발과 독재의 공생관계'를 지적하셨는데요. 박정희 정권의 연장선상으로 전두환 정권이 들어섰는데요. 겉으로 드러난 건설업의 비중 같은 경우 전두환 시절에 오히려 더 떨어지지 않았습니까? 그 다음에 노태우, 김대중 정권에서 건설업 비중이 올라갔고, 노무현 정권에서 더 올라갔는데요. 그런 부분은 어떻게 해석하십니까?

김 진보 진영에서 백낙청 씨나 이병천 씨도 그렇고, 개발하고 독재를 얘기할 때 '죄는 밉지만 개발은 잘했다'고 하거든요. 그런데 제 얘기는 '독재를 안 했으면 개발을 못 했다. 그 둘은 딱 붙어있다'는 거거든요. 저는 이것을 강조해요. 개발과 독재를 떼놓고 생각할 수가 없습니다. 독재를 했기 때문에 그런 개발이 가능했던 거니까요.

지 '그 공생관계 체제가 1987년 6월 민주화 투쟁과 7~9월의 노동자대투쟁에 의해 붕괴되었다'는 표현을 하셨는데요. 그 이후에도 정치권, 자본과 개발의 공생관계는 깨지지 않은 것 같습니다. 오히려 신개발주의로 강화되고 있는 상황 아닙니까?

김 정치권하고 경제, 정치권하고 재계의 야합이랄까 그런 문제가 생겼는데, 사실은 계속 유지되고 있었다고 봐야죠.

지 이미 그런 카르텔이라든가 커넥션이 생겼기 때문에 새로운 민주 정부가 들어섰다고 해도 그것을 깨기가 어려웠을 거란 말씀이신가요?

김 이명박은 기본적으로 대운하를 하든 어떻게 하든 경제를 살리겠다는 생각을 하고 있잖아요. 자본가들에게 특혜를 주든지 뭘 하더라도 개발을 하겠다는 생각을 하고 있으니까 더 어려워지는 거죠. 특수한 집단에게 특권을 주는 거 아닙니까? 이런 식으로 해서는 경제가 좋아지기 어렵습니다.

지 OECD 가입국 평균을 봐도 그렇고, 토건의 비중이 너무 높아지면 대다수 국민의 삶은 더 어려워지지 않습니까? 가용할 수 있는 예산은 한정되어 있는데, 그게 한군데 잠겨버리는 문제가 생기는데요. 민주화 정권이라면 그런 문제를 조금씩 극복했어야 하지 않습니까? 노무현 대통령도 처음에는 부동산과 관련해서 불로소득을 막아보려는 생각은 있었던 것 같은데요. 어쨌든 민주화 정권들이 그것을 극복하지 못했고, 이명박 정권이 들어서서 훨씬 더 개발주의로 가게 됐는데요.

김 한쪽으로 보면 나라 경제 전체를 운영하는 안목이랄까, 비전이 부족하다는 이야기를 할 수 있구요. 이권하고 관련이 되어 있을 가능성도 생각할 수 있지만, 실제로는 어떻게 되어 있는지는 잘 모르겠네요. 수도를 지방으로 옮긴다든지 균형개발을 하자는 아이디어는 좋았지만, 지금 혁신도시니 뭐니 해서 만들어놓다 보니까 이명박이 있을 때는 오히려 안 하겠다는 이야기도 나올 것 같아요.

지 이미 많이 벌려놔서 더 이상 안 벌려도 될 것 같구요. 대운하는 뭔가 정치적인 의도가 있는 것 같습니다. 선생님께서는 박정희 정권을 '국제적, 국내적 계급관계의 관점'으로 분석하셨는데요. '자본가계급의 독재를 유지, 확대하려는 자본주의 진영과 노동자계급의 독재를 추구, 확산하려는 공산주의 사이의 투쟁', 즉 국제적인 냉전체제의 발전과 국내의 계급투쟁의 전개에 의해서만 올바르게 분석할 수 있기 때문이라고 하셨는데요.

김　어떤 이들은 박정희가 천재적인 생각이 있어서 그런 식의 개발정책을 추구했다고 하는데요. 실제로 따져 보면 미국이 대북 관계 때문에 남한을 (사실 미국이 다른 나라에서도 늘 그랬듯이) 자본주의의 쇼윈도로 만들겠다고 했다구요. 그래서 남한에 그런 체제를 이식하고자 했던 거죠. 국내적으로 보면 농촌에서 전부 도시로 오고 있는데 그들에게 직장을 마련해줘야 할 거 아닙니까? 그러니 어떻게 할 방법이 없었고, 어떻게든 개발정책을 밀어붙일 수밖에 없었던 거죠. 그때 미국도 엄청나게 많이 도와줬어요. 가발이나 이런 시장은 굉장히 개방을 많이 해줬거든요. 또 차관을 통해 많이 도와줬구요. 그런 복합적인 부분이 맞물려 개발이 이루어진 것이라 봐야죠. 박정희는 자기 머리가 좋았다고 하지만, 그때는 미국 사람들이 와서 모든 경제정책을 주무르고 있을 때잖아요. 그 개발이 전체 민중이나 국민의 이익과 직결되었는가 하는 점은 별개의 문제입니다.

지　보통 '계급투쟁' 하면 아래쪽 계급이 위쪽 계급을 인정하지 않고, 그 사람들이 가진 것을 조금이라도 빼앗거나 가져오기 위해서 하는 것이라고 생각하는데요. 선생님 책을 보면서 위쪽 계급도 아래쪽 계급에게 무엇인가를 빼앗기지 않기 위해, 또는 더 많은 것을 착취하기 위해 계급투쟁을 하고 있다는 사실을 깨달았습니다. 계급투쟁을 상호적인 것이라고 한다면 지난 선거에서 국민의 선택은 거칠게 분류하면 민주화 진영이 자본가 진영에 패배한 것이 될 텐데요. 그 원인은 뭐라고 생각하십니까?

김 노무현 정부에 대한 실망이라고 생각해요. 좌파들은 실망이라고 하지만, 우파들은 노무현 정부가 실제로는 좌파 정권이 아닌데, 좌파적으로 갔다고 믿는 것 아닙니까? 양쪽 모두에게 표를 잃었으니 결과적으로 실패한 것 아니겠습니까?

지 실제로 좌파적인 정책을 취한 것은 거의 없지 않습니까?

김 없죠.

지 민주노동당을 비롯한 진보 진영이 들을 때는 화가 나는 얘기일 텐데요. 노무현 정권에 대해 한국 사회에서 친북적, 좌파적이라는 딱지를 붙이니까 그 왼쪽에 있는 사람들은 유령 비슷하게 되어 버렸잖아요. 더 왼쪽의 정치 세력이나 정책들은 상상하기 힘들게 되지 않았습니까?

김 2002년 대선 때 제 친구들, 그 당시에 60살 정도 먹고 상과대학 나와 웬만큼 공부했다고 하는 친구들이 "노무현은 빨갱이"라고 하는데, 깜짝 놀랐어요. 이것만 봐도 우리나라는 사상의 폭이라든가 자유라는 게 엄청나게 좁고 적은 거예요. 하나의 반공노선이 있어서 그걸 조금만 벗어나거나 넘어가면 빨갱이라고 하니까요.

지 "60년대의 개발독재가 압도적 자본 우위의 계급 역관계에서 '위로부터의 계급투쟁'에 의해 성립되었다"고 하셨는데요. 자본가계급의 투쟁수단은 어떤 것이 있나요?

김 정부하고 힘을 합쳐서 노동운동을 탄압하는 것부터 시작해서 노동강도 강화, 산업재해 무시, 노동시간 연장과 같이 계속 노동자계급에 대한 착취를 엄청나게 강화하는 거죠. 그러니 박정희 시대 때 재벌들이 완전히 확립된다고 할까, 힘을 얻었다고 봐야 합니다. 중요한 정책 사업을 재벌한테 다 맡겨버리고 국내와 국외의 돈을 다 대주는 특혜까지 줘버렸으니까요.

지 "자본축적의 효율성을 최우선 기준으로 삼을 수밖에 없는 수출지향 산업화는 '규모의 경제'를 추구하게 되었고, 따라서 계획적으로 독점자본을 육성한 결과가 바로 재벌체제였다"고 김정렴 씨가 말했는데요. 당시에는 재벌체제의 효율성이나 중화학공업 육성 같은 것을 높게 평가하는 시각도 있지 않았습니까? 그게 고도성장의 한 조건이기도 했고, 장하준 교수도 유치산업을 보호했기 때문에 우리가 이만한 경제성장을 이뤘다고 얘기하고 있지 않습니까?

김 그런 것은 사실이죠.

지 자본주의 체제를 선택한 것이나 수출 중심의 대기업 위주의 자본주의를 선택한 것이 민중을 위한 경제가 아니었다고 보시는 건가요? 그게 내수 위주의 경제를 만들지 못하는 요인이 되었다고 생각하세요?

김　제가 역사를 바라보는 시각은 박정희 체제의 내용이 뭐냐 이런 이야기지, '그 사람이 잘못했다, 잘했다'고 얘기하는 것이 아닙니다. 왜 그 체제가 그런 식으로 나갈 수밖에 없었느냐, 오히려 그런 것을 이해하는 게 중요해요. '안 그랬으면 어떻게 됐을까' 하는 부분은 우리가 알 수 없는 이야기예요. 박정희란 사람이 개인적으로 할 수 있는 게 뻔하고, 미국이나 북한과의 관계 속에서 할 수 있는 게 뻔한데, 어떻게 하겠어요. 움직일 수 있는 폭이란 게 이미 딱 주어져 있는데요.

지　국가의 개입이라는 측면에서 보면 박정희의 경제정책을 좌파적인 정책이었다고 주장하는 시각도 있습니다. 특히 8.3사채동결조치(기업들이 떠안고 있는 사채를 동결해 일정 기간 갚지 않아도 된다는 박정희 대통령의 긴급명령으로 정경유착의 기틀을 마련하는 계기가 되었다. _편집자) 같은 것을 그렇게 보는 시각이 있는데요. 선생님께서는 그것도 대기업을 보호하기 위한 친기업적인 조치였고, 오히려 우파적인 정책이었다고 보시는 거죠? 최용호는 "기업의 채무를 전 국민이 공동분담하는 식의 특혜적 지원을 통해 대기업에게 숨통을 틔워 주는 역할"을 했다고 비판적으로 지적하지 않았습니까?

김　사채동결을 살펴보면, 사장이라는 작자가 자기 돈을 자기 회사에 사채로 준 경우도 있어요. 상식적으로 이해할 수 없는 행태가 많았습니다. 사채동결을 한 것도 실제로는 산업자본을 키우는 방법이었던 거죠.

지 어떻게 보면 굉장히 초법적인 조치였는데요. 그런 조치까
지 취했던 이유가 뭘까요?
김 특수한 상황이 있었던 게 아닌가 싶어요. 경기가 굉장히
나빴던지. 박정희가 1961년에 쿠데타를 했고, 61년에 제가 대
학 1학년이 됐는데요. 말하자면 같이 커온 건데, 하루도 편안한
날이 없었다구요. 계속 뭐가 터져서. (웃음)

지 격동의 세월이었으니까요. (웃음)
김 유신 체제를 만들어내고, 온갖 독서회 사건과 간첩단 사
건을 만들고, 정신없었죠. (웃음)

민중의 이익을 위한 정치적 민주주의의 확장

지 대학 시절에 고초를 겪으신 것으로 알고 있는데요.
김 저는 데모를 많이 했던 운동권은 아닙니다. 정부에 반대
하는 생각은 가지고 있었고, 기회가 되면 글도 쓰고 그랬지만,
잡혀간 것은 그 문제하고는 달라요.

지 "박정희 정권이 1960년대 중반 수입대체 산업화 전략에서
수출지향 산업화 전략으로 전환한 것이 미국의 외압에 의한 것

인가 아닌가가 박정희 체제의 성립을 둘러싼 중요한 쟁점의 하나였다"고 하셨고, "박정희 정권은 군사정권이라는 이유 때문에 더욱 급속한 자본주의적 발전으로 내몰렸던 것이다"라고 하셨는데요.

김 국제적인 요인 때문에 그렇게 갈 수밖에 없었을 거예요. 그리고 정통성이 없는 정권이다 보니까 한계가 있었겠죠.

지 외부의 영향 때문에 박정희가 그렇게 갈 수밖에 없었다고 한다면, 내부의 힘을 과소평가한 것이 아니냐는 비판도 나올 수 있는데요.

김 내부라는 것은 농촌에서 서울로 올라온 사람들이죠. 농업이 파괴되니까 일자리를 찾아서 다 도시로 올라오잖아요. 이 사람들을 어쨌거나 먹여 살려야 할 것 아녜요? 모두가 직장 내놓으라고 하는데 어떻게 할 거예요. 그리고 남북관계에 있어서는 미국이 자본주의의 쇼윈도를 요구하는데 어떻게든 해내야 할 것 아닙니까? 미국이 원조해주고, 여러 가지 계획을 주는 과정에서 그렇게 간 거예요. 박정희도 오랫동안 정권을 잡고 있으려면 어떻게든 눈에 보이는 경제발전을 해야 할 것 아닙니까? 물론 그렇게 독재하는 것도 미국이 동의하지 않으면 절대 못 하는 거였어요.

지 "'발전국가론'에서 말하는 박정희 정권의 자율성이라는 것이 미국, 재벌과의 관계에서 매우 제한적이었다"는 지적도 하셨는데요. 어떻게 보면 그런 것이 미국의 의도에 의해서 성립됐겠지만, 박정희라는 인물의 추진력이라고 할까요, 그게 없었으면 다른 방향으로 가지 않았을까 하는 생각도 드는데요.

김 경제개발계획이라는 것은 이전 정권에서 만든 것을 받아온 거구요. 박정희라는 사람은 특수한 역사적 상황에서 거기에 맞게 행동할 수밖에 없는 것 아니겠어요. 무능해서 그것조차 하지 못했다면 권좌에 앉아 있을 수는 없었겠죠.

지 "일인독재의 박정희 체제를 타도한 주체가 바로 학생, 노동자, 종교인, 농민, 실업자, 지식인들이었는데, 지금과 같은 불평등한 계급사회를 타도할 수 있는 주체도 바로 이들이다"라고 하셨는데요. 학생운동, 노동운동, 농민운동 등의 저항운동이 모두 동력을 잃었고, 지식인의 죽음을 말하는 시대가 되었습니다. 그렇다면 이런 불평등한 계급사회를 타도할 수 있는 주체가 없어진 걸까요?

김 아뇨. 사람들은 있는데, 아직 각성을 못 하고 있어요. 하지만 특수한 상황이라든지 계기가 오면 각성할 수밖에 없는 게 아닌가 싶어요. 빤하죠. 노동자들이 실업 당하고 임금을 못 받거나, 터무니없이 적게 받고, 비정규직이 되면 어떻게 가만히 있겠어요. 그게 쌓이면 동력으로 작용한다고 봐야죠. 기복은 좀 있는 것 같아요. 노무현 밑에서 더 그렇게 되어 버린 것 같아요.

지 예전엔 움츠러들 때는 있었어도 '역사는 발전한다'는 믿음이 있었는데, 지금은 그런 믿음마저 사라져버린 듯도 한데요. 특수한 계기가 저항의 동력이 될 수도 있지만, 약한 사람들을 괴롭히는 파시즘으로 갈 계기로 작용할 우려도 있지 않습니까?

김　아까도 말씀드렸듯이 그렇게 우려할 요소를 많이 가지고 있어요.

지　"1970년대에 걸쳐 가장 열악한 노동 조건을 지닌 섬유산업을 중심으로 경공업 수출산업의 여성노동자들이 자주적 민주노조운동, 즉 남한 노동자계급의 주체 형성을 주도했다"는 글도 나오는데요. YH무역여공 사건이라든지, 동일방직 사건 등이 부마항쟁 등을 촉발하기도 한 것을 보면 '가장 낮은 자들로부터 혁명이 시작될 수 있는 동력이 나온다'는 말이 맞는 것 같습니다. 그런데 지금은 소위 무기력한 10대들이 모일 수 있는 장소도 없고, 희망도 없고, 연대가 뭔지도 모르는 상황이 된 것 같아요. 예전에는 누군가가 분신을 하면 억압받는 사람들이 계급적 각성을 하는 계기가 되기도 했는데요. 지금은 '자신의 계급적 이익을 위해 분신했다'고 비난하지 않습니까? 열사도 나오기 힘든 시대가 되어 버렸습니다. 여기서 뭘 해야 할지 난감한 것 같은데요.

김　그래도 투쟁은 계속 이어지는 것 같아요. 이랜드 비정규직 파업이 300일이나 됐다고 아까 나오던데요. KTX 승무원도 계속 저항하고 있는 것으로 알고 있구요. 서울대학교 강사노조도 야단이구요(2007년 6월 17일 비정규직 근로자 해고에서 촉발된 이랜드 파업 사태는 514일만에 종지부를 찍었다. 노조는 회사의 빠른 경영 정상화를 위해 3년 동안 무분규 등을 약속했고, 해고자 중 일반 조합원을 복직시키고 지도부는 그간의 사태에 책임을 지고 물러났다. 하지만 이랜 드 사태는 정규직과 똑같은 일을 하는 비정규직의 월급과 처우는 왜 다른 것인지, 상근 일자리를 비정규직으로 채우는 꼼수를 부리는 기업들의 행태에 대한 근본적인 문제를 사회적 숙제로 남겨놓았다. _편집자).

지   국민과 노동자가 자발적으로 동의하고, 헌신했다고 말하는 개발독재론과 관련해 "이병천은 개발이 독재와 관련을 가질 필연성은 없었다고 주장한다"고 지적하셨는데요. '개발독재론'은 정치와 경제를 분리해서 생각하는 태도도 있는 것 같습니다. 이에 대해서는 어떻게 생각하십니까?

김   박정희가 독재를 하는데 국민이 동의했다고 자꾸 그러는데, 그것을 어떻게 받아들여야 할지 모르겠어요. 서양사를 연구하는 친구들이나 히틀러를 연구한 친구들은 자꾸 그렇게 얘기하는 것 같더라구요. 왜 그것에 동의를 했다고 생각하는지.

지   어떤 분들은 그것을 대중독재라고 표현하는데, 그런 말에는 동의하지 않으신다는 거죠?

김   네.

지   "정치와 경제를 완전히 분리해서 파악할 뿐 아니라 정치적 독재와 대결적 분단체제가 성공적인 산업화의 전제였다는 사실을 전혀 이해하지 못하고 있다"는 문장이 나오는데요. 역으로 생각하면 성공적인 산업화를 위해서 정치적 독재를 할 수밖에 없었다고 받아들일 수 있다는 말씀인가요?

김 그렇게 봐야죠. 두 개가 물려있는 거죠.

지 이명박 정권에 대한 국민의 선택을 보면서 '이런 자본주의 체제가 어쩔 수 없는 것 아니냐?'고 어느 정도 동의를 하거나 자포자기하는 게 아닌가 싶기도 합니다.

김 이명박이 기업가였다고 하니까 사장으로서 어떤 기술이나 재능 같은 것을 가지고 경제를 발전시켜서 잘살게 해줄 수 있을 거라는 막연한 기대를 품었던 게 아닐까요? 회사를 운영하는 것과 국가를 운영하는 것은 전혀 다른데 말이죠.

지 회사는 이윤만 추구하면 되지만 정치는 수많은 집단의 갈등을 조정해야 하는 역할을 하는 건데요.

김 일반 사람들은 모르는 거죠. 이명박은 분명히 학교 운영한다고 온갖 짓 다하는 학원 자본가를 위해 사적 이윤을 추구하는 정책을 내놓을 수밖에 없을 거예요. 잘못하면 미국의 부시 정권처럼 재정 적자가 엄청나게 날 가능성도 있어요. 부자한테는 세금을 덜 거둔다고 하고, 토목공사는 크게 벌여놓으면 그 적자를 어떻게 할 거예요. 재정 적자가 엄청나게 나는 거죠. 그것을 어떻게 감당하려고 하는지 모르겠어요.

지 "정치적 민주주의를 확장하는 것은 이명박 정부 아래에서도 경제철학의 기본이 되어야 한다"고 하셨는데요. 인수위 때부터 일하는 것을 보니까 정치적 민주주의에는 별로 관심이 없는 사람들 같습니다.

김 마가렛 대처도 그렇고, 토니 블레어나 고든 브라운도 신자유주의 정책을 쓰는데, 이들이 엄청나게 독재적인 사람들이거든요. 정책을 쓰다가 보니까 그렇게 된 건지 모르겠는데, 실제로는 시장에 맡기지를 않는다구요. 그렇기 때문에 지방자치가 확 줄어버렸습니다. 영국에선 재무부가 지방에 지원해주는 돈을 막아서 지방 정부가 꼼짝 못하게 됐어요. 이들은 자기의 생각만 맞다고 생각합니다. 신자유주의라고 하면 자유로워야 될 거 아녜요? 시장에 맡겨서 놓아두자고 해야 하는데, 그게 안 된다구요. 시장에 맡겨서 안 되는 경우가 많아요. 왜냐하면 가스, 전기, 철도 같은 공기업을 민영화했단 말입니다. 사기업이 그것을 인수했으니 이윤을 보려고 하잖아요. 단기간에 이윤을 많이 얻으려고 하니까 결국은 배당을 많이 해야 돼죠. 그렇게 하면 실질적인 설비개선은 안 된다구요. 그런 과정을 거치다 보니 철도 같은 것이 다 망했잖아요. 서비스의 질은 낮아지는데 요금은 자꾸 올라가니까 사람들이 '이게 무슨 짓이냐, 민영화 하면 서비스는 좋아지고 가격은 낮아진다고 하지 않았느냐?'고 나서지 않겠어요? 그러니까 이것을 규제하기 위해서 정부 기구를 만들었다니까요. 수도관리는 오피스 오브 워터, 가스는 오피스 오브 개스, 철도는 오피스 오브 레일로드, 이런 식으로 다 만들었다구요. 이처럼 시장에 전적으로 맡긴다는 개념이 실제로는 안 돼요. 이명박은 경찰서까지 뛰어가는 사람이잖아요. 전두환이 했던 것처럼 여기저기 쫓아다닐 가능성이 굉장히 많아요. 엄청나게 독재를 할 가능성이 많다는 얘깁니다.

지 "이명박 정부는 한반도의 평화정착에 노력하면서 병역복무기간의 단축 뿐 아니라 의무병역제를 직업군인제로 전환하는 방법까지 고려해 보아야 할 것이다. 더욱이 국민이 가지고 있는 사대주의와 패권주의를 동시에 제거하기 위해 정부가 솔선수범해야 할 것이다"라고 하셨는데요. 실제로 북한과의 관계가 매우 나빠지고 있는 것 같습니다.

이명박 정부가 들어선다고 해도 북한의 값싼 노동력이 계속 필요하기 때문에 남북경협은 오히려 확대될 것이라는 의견도 있지 않았습니까? 그런데 돌아보면 이명박의 보수적인 정치 기반에 따른 입장이 초기 남북관계에 많이 반영되어 있는 것 같은데요.

김 이명박은 대북관계로 얻을 수 있는 경제적 측면에 대해서 관심이 없어요. 북한에 반대하고 있는 일부 국민의 심정, 그러니까 '왜 퍼주느냐' 이런 입장에 서서 정치를 하고 있는 거라구요. 북한하고 사이가 소원해진 상태에서 지난번처럼 북한이 미사일을 쏘면, 미국에서 '안보를 위해 미사일을 사야 하지 않느냐?'고 할 겁니다. 우리나라는 이미 세계 5위의 무기 수입국이에요. 그런데도 그런 식으로 해서 돈을 다 날려버린다는 말입

니다. 나는 자꾸 사회보장제도 하라고 야단인데, 정부는 돈을
전부 무기 사는데 쓸 가능성이 굉장히 높아지고 있잖아요. 남
북경협 하는 것도 아주 먼 이야기예요. 그것보다는 평화로운
관계를 유지해서 군비를 서로 삭감하고, 군대 규모도 줄이고,
젊은 사람을 무조건 군대에 보낼 게 아니라 적은 수의 직업 군
인으로 군 조직을 합리적으로 운영하는 편이 낫다는 생각을 하
고 있어요. 군대 3년 갔다오는 것에 대해서 사람들은 우습게 생
각하는데, 사실 굉장히 중요한 문제라구요. 열심히 공부하는
학생을 2~3년 군대에 데려다놓고 나서 어떻게 하냐구요. 일하
는 사람도 마찬가집니다. 그 공백기간은 엄청나게 큰 거죠.

지 군복무 기간이 2년으로 줄긴 했지만, 휴학하고 복학하는
기간이 맞지 않으면 3년 정도의 시간이 빌 수 있을 테니까요.
또한 학생들이 다시 적응하는데 시간도 필요하구요.

김 그런 발상을 해야 할 텐데, 이명박 대통령이 미국 가서 무
슨 얘기를 할지 모르겠는데요. 실수도 좀 할 것 같아요. '쇠고기
가지고 오겠습니다'라든지(예상이었는지, 농담이었는지 모르지만
김수행 교수의 말은 결과적으로 정확하게 들어맞았다. 쇠고기 문제는 촛
불시위로 이어졌고, 소위 쇠고기 정국이 열리게 됐다).

지 그 전의 두 정권은 북한과의 관계개선이나 평화를 추구했
는데요. 이번 정권은 한미동맹에 더 큰 의미를 두고 있는 것 같
습니다.

김   한미동맹으로 우리가 뭘 얻을 수 있어요?

지   무기나 잔뜩 사고 그러겠죠. (웃음)

김   덤터기를 쓰는 거 아녜요? 전 이해가 잘 안 되더라구요.

지   북한에 저자세로 나갈 필요도 없지만, 강경발언을 해서 일부러 자극할 필요도 없지 않습니까? 지금 북한 당국이 개성공단에서 사무소를 철수하게 한다든지 이런 식으로 나오고 있는 것 같은데요.

김   그렇죠.

지   FTA에서도 개성공단에서 나오는 제품을 한국산으로 인정할 것이냐 말 것이냐 하는 문제가 쟁점이 되지 않았습니까? 개성공단을 만들어서 지금까지 운영한 것의 의미는 뭐라고 생각하십니까?

김   경제적으로 큰 의미가 있다고 생각하지는 않아요. 한반도에서 전쟁 위험이 없고, 평화롭게 조금 더 통일의 방향으로 가기 위한 노력이라는 점에 의미가 있는 게 아닌가 싶은데요.

지   아까 말씀하신 것처럼 본격적인 남북경협은 아직 멀었다고 보십니까?

김   네. 한참 더 가야할 것 같아요. 우선은 남북관계를 평화적인 방향으로 개선하고 유지하는데 역점을 둬야겠죠.

지 '개혁적이었던 김대중 정권도 집권하자마자 기득권층과 타협을 했다'고 하시고, '자기가 외쳤던 민중의 이익을 배반했던 역사적 사실로부터 우리 사회의 구조를 읽어야 한다'는 말씀도 하셨는데요. 지금은 아예 노골적으로 기득권층의 이익을 대변하는 사람이 대통령이 되지 않았습니까? 어떤 차이가 있다고 보십니까?

김 조금 길게 보면 이명박 정부가 결국은 (여러 가지 정책이나 생각이 한국의 보수주의자들과 똑같기 때문에) 본질이 들통나서 다음에는 절대로 이런 세력이 발을 못 붙이게 될 가능성도 있을 수 있다고 생각합니다. 그렇게 되면 사상적으로도 확 풀려서 정상적인 사회로 돌아갈 수 있지 않을까 하는 생각을 합니다. 사실 그런 점을 많이 바라고 있어요.

지 고종석 선생이 '노무현 정권이 진보 진영의 트로이의 목마가 아니었냐?'고 했던 것처럼 이명박 정권이 보수 진영의 트로이의 목마가 될 가능성도 커 보입니다. 이명박 정권 초기에 실망해서 이명박의 최측근들을 걸러내는 선택을 국민이 이번 총선결과로 보여줬는데요. 그러나 한편으론 민주당이나 진보 정당이 대안이 되지 못하니까 박근혜나 이회창을 견제세력으로 국민이 선택한 것 같습니다. 지금까지의 상황을 보면 보수 세력에 실망을 하면서도 국민이 여전히 표를 주는 것을 보면 지금 상황이 오래갈 것 같다는 생각도 드는데요.

김 진보에서 명확한 정당이나 세력이 나오고 중도파도 하나 나와야 될 거예요. 중도가 나와서 사민주의적인 시도를 하고 좌파도 하나 나오고, 이런 식으로 해서 서로의 정책이 분명해지면 정권 교체라는 게 가능해지죠. 지금 세계적으로 볼 때 위험한 현상은 영국의 상황이거든요. 보수당과 노동당이 거의 비슷하다구요. 마치 미국의 민주당과 공화당 비슷하게 되어 버렸어요. 프랑스에도 사회당이 집권한 보수당하고 거의 차이가 안 나요. 이런 식으로 가면 큰 문제가 생깁니다. 우리나라가 그렇게 되어 버리면 서민하고 밑에 있는 못사는 사람에 대한 개념이 완전히 없어져버리겠죠. 그게 베네수엘라에서 차베스가 등장할 수 있었던 근거이기도 해요. 차베스 이전에는 보수인 두 당이 있었지만, 이놈들이 '이번에는 네가 해라, 다음에는 내가 할게' 하는 식으로 갈라먹었잖아요. 그러면서 빈민이 자꾸 늘었구요. 우리 사회도 그렇게 될 수 있다는 우려를 해야 돼요.

지　돌이켜보면 노무현 정권은 개혁을 시도하다가 실패하니까 보수대연합을 시도했고, 그마저 결국 실패했는데요. 그러다 보니 둘의 정책이 비슷하다는 생각이 들었고, 추진하는 방법에 있어서도 훨씬 더 공격적이지 않았습니까? 생각은 틀릴지 몰라도 정책의 결과는 똑같지 않았나 하는 생각도 들구요. 옛날 영국 같은 경우 보수당과 자유당이 경쟁을 하다가 노동당이 자유당을 밀어내고 두 당이 경쟁했는데, 지금은 똑같아지지 않았습니까? 앞으로 한국에서도 한 번쯤은 노동자를 위한 정당이 자유주의 정당을 밀어내고 보수정당과 경쟁하는 상황이 오리라고 보십니까?

김 이때까지 한 것을 보면 여당이나 야당이나 똑같은 거 아닙니까? 그런 게 오히려 굳어지지 않을까 두려운데요. 실제로 지금까지 그렇게 해왔거든요. 만일 앞으로 이명박이 완전히 죽을 쑬 때는 중도파나 좌파가 세력을 가져 우파를 억누르면서 새롭게 나아갈 수 있는 가능성이 열릴 수 있지 않을까 기대하는 거죠.

지 민주노동당한테도 실망한 부분이 있으셨던 것 같은데요. 결국 갈라서지 않았습니까? 이번 선거 결과가 기대에 못 미치는 상황이 된 것 같은데요. 총선 결과는 어떻게 보십니까?

김 민주노동당은 권영길, 강기갑, 비례대표 3명이 됐죠? 심상정과 노회찬은 그 사람들과 생각이 좀 다르니까 각자 따로 가는 게 좋을 것 같은데요. 그것과는 별개의 이야기지만, 노동하는 사람들이 '모든 국민이여 단결하라'든지 '당신의 지갑에 돈을 채워드리겠습니다' 하는 식으로는 보수 진영을 극복할 수 없어요. 진보 진영만의 아젠다를 들고 나왔어야 했는데, 그런 점이 부족했다고 생각합니다.

지 '부르주아 민족주의는 노동자 민중을 더욱 희생시킬 것'이라고 하셨는데요. 지금 노동자들은 자발적인 노예 상태인 듯합니다. '삼성' 하면 우리를 먹여 살려주는 회사라고 생각하구요. 태안 기름유출 사건 같은 경우 자신의 생계 문제와 관련된 것이기 때문에 그곳 주민들은 외상 후 스트레스 증후군 같은 증세를 보이기도 하고, 자살을 하는 사람들도 있었는데요. '태안 사람들이 삼성한테 떼를 쓴다. 삼성이 망하면 어떻게 하려고 그러느냐?'는 식으로 얘기하는 사람들도 많거든요. 이건 흡사 미국에 대한 공포감 때문에 협상을 망치는 것과 비슷한 결과를 가져올 것 같은데요. 삼성이나 대기업들이 억지를 써도 들어줘야한다는 식의 자발적 노예 상태가 된 것 같습니다.

김 법질서를 바로 세우고 재판 과정을 투명하게 해서 결국 법대로 해야죠. 경영을 감시해서 나쁜 것은 나쁜 것대로 규제하고, 좋은 것은 좋은 것대로 칭찬해주는 식으로 분명하게 나가야 합니다. 삼성이 점점 더 깨끗해지고 투자를 많이 해서 새로운 공장을 많이 만들어내고, 세계에서 가장 좋은 반도체를 만들어낸다고 하면 모두에게 좋은 거죠. 전 그런 것에 대해서는 박수를 칩니다. 하지만 나쁜 짓을 했는데도 그냥 두라는 것은 말이 안 되는 얘기죠. 나쁜 짓을 했는데 어떻게 그냥 살려주라는 말을 할 수 있어요?

지 노무현 정권과 관련해서 "국민의 지지를 한번 잃어버리면 그 뒤에는 아무 것도 할 수 없다"는 무시무시한 교훈을 남겼다고 하셨는데요. 노무현 정권의 경제정책에 대해서는 어떻게 생각하세요?

김 진보 세력을 다 잃었어요. 앞에서도 잠깐 얘기했지만 국가보안법, 사립학교법, 아파트값 같은 문제를 그런 식으로 해버리니까 '이 사람은 아무 것도 못 한다. 아무런 기대도 할 수가 없다'고 진보파에서 얘기를 해버렸잖아요. 그러다가 FTA도 그렇게 되어버렸잖아요.

지 진보 진영은 FTA 졸속 추진 때문에 완전히 등을 돌렸고, 보수 진영은 FTA는 박수를 쳐주지만, 어차피 노무현이라는 사람은 보수 진영에서 비호감인 사람이었으니까요.

김 그렇죠. 결국 모든 사람들이 싫어하게 된 거죠.

지 노무현 정권을 전반적으로는 어떻게 평가하세요?

김 전체적으로는 우리나라의 민주주의 발전에 기여했다고 생각해요. 노무현 정부는 권위주의적이지는 않았던 것 같아요. 지금 이명박 정부가 하는 행태와는 전혀 달랐어요. 그렇지만 '정치적 민주주의를 확대하는 것과 민중의 이익을 옹호하는 것이 동일한 것인가?'를 생각해보면 전혀 다른 차원의 문제인 것 같습니다. 노무현 대통령은 참여정부가 정치적 민주주의의 확대에 기여하기 때문에 자기를 '좌파'라고 불렀던 것 같은데요. 자본가계급을 위해 실업자와 비정규직을 양산하고 농민을 희생시키는 것은 우파지 좌파가 아니거든요. 그런 점에서 보면 이명박 정권과 비슷한 노선도 가지고 있다고 봐야 할 것 같습니다. 물론 정도의 차이 문제는 있겠지만요.

지 지금 현재의 경제 위기는 김영삼 정부 시절 개방화와 자

유화라는 시류에 적절하게 대응하지 못했기 때문이라는 분석
도 있는데요. 김영삼이 우리의 체질도 모른 채 세계로 진출하
면 되지 않겠느냐고 너무 자신만만했던 것이 문제였다는 말씀
도 하시지 않았습니까? 그 부분은 노무현이나 이명박도 마찬가
지인 것 같거든요. 한국 사람들은 뭐든지 잘하지 않느냐, 월드
컵도 4강까지 가지 않았느냐, 이런 감성적인 자신감을 가지고
FTA를 밀어붙이는 것 같거든요. 하지만 경제를 감성적으로 접
근하면 큰일 날 수도 있지 않습니까?

김　노무현이 FTA를 추진한 것은 미국이라는 특수한 나라만
을 생각하고 한 것은 아닌 것 같습니다. '세계화라는 것이 추세
아니냐, 그러니 세계화를 통해서 뭘 얻을 수 있지 않겠느냐', 이
런 얘기 같더라구요. 특히 미국 때문에 이익을 본다는 것 보다
는 FTA를 수십 개 나라까지 다 한다고 생각하고 있었기 때문에
추진한 것 같아요. 그런데 가는 과정에서 미국이 압력을 좀 넣
은 거죠.

지　정태인 전 청와대 국민경제비서관 얘기를 들어보면 '미국
은 일본하고도 잘 안 되니까 성사 가능성이 별로 없다고 생각
하고 있었는데, 우리 쪽에서 자발적으로 매달렸다'는 표현을
쓰던데요. 미국도 그다지 준비된 건 아니지 않습니까? 미국 민
주당이 의회에서 반대하고 있구요. 노무현 정권 입장에서는 보
수대연합을 통한 개혁에 실패했기 때문에 외부 충격을 통한 개
혁을 하려는 게 아니냐는 분석도 있었거든요.

김 아니, 뭘 개혁한다는 거예요? (웃음) 노무현이 FTA 체결해놓고는 FTA로 손해를 보는 기업이나 개인들한테 뭘 해준다고 했잖아요. 그게 전부 거짓말이라는 얘기예요. FTA를 하는 이유가 그런 경쟁력 없는 기업을 없애려고 하는 거잖아요. 자기 손으로는 못 없애니까 한미FTA를 해서 다 없애려고 생각했던 것 아닙니까? 그게 사실은 구조조정이라고 할 수 있어요. 농업을 다 망하게 했다고 생각해보자구요. 그럼 우리가 어떻게 살아가요. 농민들은 육체적 노동이 생업인 사람들 아녜요? 삼성연구소로부터 많은 정보를 얻다보니까 정권의 시각 자체가 잘못된 것 같아요. 그들에게 보상금으로 몇 억을 준다고 해도 생업이 없어진 상황에서 도시로 나왔을 때 그게 큰돈이겠어요? 평생 살아오던 생활 패턴 자체가 바뀌어버리는 건데.

지 좌파 신자유주의 얘기가 나왔을 때 어떤 생각이 드셨나요?
김 신자유주의하고 좌파하고는 맞지 않는데 왜 이런 얘기를 하는지 곰곰이 생각해봤어요. 모든 사람이 싫어하니까 그렇게 얘기한 것 같아요. (웃음)

지 노무현의 국회의원 시절을 봤을 때는 친노동자적인 부분이 있을 거라고 생각했구요. 기업들도 그 부분을 우려했던 것 같은데요. 막상 뚜껑 열고 보니 화물연대 파업에서부터 노동계와 마찰을 빚지 않았습니까? 급격하게 반노동자적인 정책을 쓰고, 분신하는 사람들에 대해서도 '분신하는 시대는 지났다. 민주화 시대에 무슨 분신이냐?' 이런 얘기를 하지 않았습니까? 노무현 정권의 노동정책에 대해서는 어떻게 생각하십니까?

김　노무현이라는 사람은 노동자가 어떤 처지에 있고 노동자가 원하는 게 뭔지 이해하지 못하는 거라구요. 노동자가 자꾸 질서를 파괴한다는 생각만 해요. 예전에 자기가 노동자를 위해서 변론도 해주고 했는데, 노동자들이 세게 나오면 좀 섭섭하다는 개념이거든요. 하지만 뭘 제대로 알았어야 섭섭한 거지, 하나도 모르면서 섭섭하다고 느끼는 거잖아요. 사실 정말 섭섭한 쪽은 노동자들인데.

지　노동운동하는 분들도 그런 말을 많이 했는데요. 엄혹한 시절에 노동운동을 해도 자부심은 있었는데, 지금은 '아직도 노동운동을 하냐? 민주화 시대에 무슨' 이런 얘기를 들으니까 정말 힘들다고 하더라구요. 노동운동이 대중적으로도 인정 못 받고 어려워지지 않았습니까? 사람 사는 사회라면 응당 있을 수 있는 일인데, 언론들이 부패노조니 귀족노조니 같은 딱지를 붙이지 않았습니까? 노조 가입률이 2006년 말 현재 10.3퍼센트밖에 안 되던데요. 갑자기 노조가입률을 높이기도 힘들 것 같구요. 노동운동이 우리 사회에서 다시 힘을 얻으려면 어떻게 해야 한다고 생각하십니까?

김　노동자의 실상이 이렇다는 것에 대해 선전을 많이 하는 것이 아주 중요하다고 봐요. 문제가 되는 것이 비정규직과 정규직 문제니까 이 문제를 노동자들이 어떤 식으로 풀어야겠다

는 생각을 많이 해야 합니다. 가령 법적인 문제 제기라면 비정
규직법을 없애라든지 하는 식으로요. 아니면 비정규직과 더불
어 정규직까지 나서서 '이건 이렇기 때문에 안 된다'는 식으로
공동전선을 펴서 문제를 부각시켜야 합니다. 가만히 앉아 있으
면 누가 알아줘요. 어떻게든 자꾸 문제 제기를 해서 이슈를 만
들어내야죠.

지　뺄셈 정치도 문제지만, 서로 안 맞는 사람끼리 억지로 붙
여놓는 것도 문제가 되는 것 같습니다. 각자 자기 길을 가다가
필요할 때 연대를 하면 되지 않겠습니까? 공통점을 찾아서 같
이 운동을 한다든지 그런 게 필요할 것 같습니다.

김　그렇죠.

전부 아니면 전무의 사회에서 벗어나기

지　복지와 관련해서 '세계에서 10위의 경제대국이 상대적으
로 가난한 나라들도 실시하고 있는 "복지제도를 실시하지 못하
는 것은 재원의 문제가 아니라 기득권층의 정치적 상상력 부족
과 서민대중의 정치적 투쟁력 부족 때문이라는 것을 직시해야
할 것이다"라고 하셨는데요. 정말 대중의 상상력이 많이 부족
한 것 같은데요.

김　우리나라가 세계 10번째 경제대국이라고 하지만 하나밖

에 몰라요. 요새 시민운동도 많잖아요. 여기저기서 이런저런 이슈를 제기하다 보면 충분히 이야깃거리를 만들 수 있다고 봅니다.

지　보수주의자들 사이에서 "젊어서 마르크스주의자가 아닌 사람은 가슴도 없고, 나이 들어서 마르크스주의자인 사람은 머리가 없다"는 얘기를 흔히 하지 않습니까? 젊을 때 교분이 있었던 안병직, 이영훈 교수가 지금 뉴라이트 운동을 하고 있는데요. 뉴라이트 교과서를 만드는데 앞장서고 있구요. 그 점에 대해서는 어떻게 생각하십니까?

김　젊어서 어쩌고 하는 그런 식의 얘기는 뭘 모르는 사람들이 하는 얘기예요. 나이 먹으면 현실에 타협하라는 얘기나 똑같잖아요. 기회주의적인 얘기라고 봅니다. 안병직 선생은 제가 대학원 다닐 때 전임 강사였고, 굉장히 친했어요. 그때가 65년, 66년인데 그분이 마르크스에 대해서 제대로 공부를 했다는 생각은 안 들더라구요. 저는 신영복 사건 때 걸려서 남산에 갔다 왔다가 68년 9월인가 경제학과 조교를 마치고, 외환은행에 들어가 버렸거든요. 그 다음부터는 별로 못 봤어요. 그런데 안 선생은 자기가 독립운동을 한 사람들을 연구했다는 이야기를 하더라구요. 한용운부터 시작해서 쭉 했다고 하던데요. 제가 72년 2월에 영국에 갔다가 82년에 돌아왔거든요. 얼마 있으니까 그분이 동경에 간다고 하더라구요. 동경대학 교수가 돼서 2~3년 있었던 것 같아요. 원래 그런 사상이 좀 있었던 게 아닌가 싶어요. 혁명을 하자고 할 때는 북한이 민주기지가 되지 않을까 생각했던 것 같은데, 북한을 보니까 형편없잖아요. 그때 일본에 갔는데, 사회주의가 아니라 자본주의라고 하는 것이 훨씬 더 근사해 보였겠죠. 자본주의가 과연 뭐냐에 대해서도 그다지 열심히 공부했던 것은 아닌 것 같습니다. 사상적인 전향을 한다고 할 때는 분명한 근거를 대야 하잖아요. 내가 옛날에 이렇게 생각했는데, 다시 보니까 이러저러해서 그것을 버린다고 해야 하거든요. 하지만 안 선생은 분명하게 얘기를 안 합니다. 그러니까 왜 그런 변화가 생겼는지 알 수가 없잖아요. 《조선일보》에 한국의 좌파가 어떻고 하면서 욕지거리를 하는 것을 보면 이 양반 머리가 좀 어떻게 됐나 싶기도 하고. (웃음) 왜 그렇게 앞장서면서 그러는지 도저히 이해할 수 없더라구요. 식민지 근대화론을 자기가 이론적으로 그렇게 생각했는지도 모르지만, 일본에 가서 공부하는 과정에서 일본 사람들하고 공동연구를 하는 과정에서 양보를 한 게 아니었나 싶어요. 연구비를 지원받아 함께 연구하는 과정에서 그런 결과가 나온 거겠죠. 처음부터 자신이 그렇게 믿었다기 보다는 주변의 영향을 받지 않았을까 싶습니다.

지 만약에 그렇다면 진보 진영의 물적 토대가 없다는 점이 중요한 문제가 되는 건데요. 연구하고 싶어도 여건이 안 된다거나, 생활 자체가 어렵다보니까 가족이 아프다거나 그럴 때 유혹에 넘어갈 수도 있는 요소가 있지 않습니까? 지금 전향한 뉴라이트들이 다 그렇다고 볼 수는 없지만, 그들의 욕망을 진보 진영에서 채워줄 물적 토대가 없었다는 것도 하나의 문제는 될 수 있지 않을까요? 물론 그런 이유로 넘어갔다고 해서 이해할 수 있는 것은 아니지만, 한 번쯤 그런 점도 생각해봐야 하지 않을까 싶어서요.

김 그렇죠. 사실 좌파라고 하는 사람들이 제대로 숨 쉬고 살아온 것이 얼마 안 돼요. 좌파라는 사람들이 벤처를 한다든지, 뭘 해서 돈을 벌 수 있는 여건이 된다든지, 좌파를 지원해주는 단체가 생긴다든지, 그런 게 없으면 지소적인 활동이 불가능한 거잖아요. 기업한테 가서 우리 좌파운동할 거니까 돈 좀 대라고 하면 누가 선뜻 돈을 대겠어요. 출판사를 만들어서 책을 많이 팔아 기금을 마련하든지, 독자적으로 뭐라도 해야 되는데, 사실 좌파가 기댈만한 곳은 어디 한군데도 없습니다.

지 80년대에는 선생님이 강연을 하시면 1000여 명씩 강의실에 몰리고, 집회에서 운동가요가 들어있는 테이프가 불티나게 팔리지 않았습니까? 그것으로 활동자금이나 투쟁자금을 마련하고 했잖아요. 지금은 그런 사람 자체도 줄었지만 지지의 열기랄까, 그런 게 많이 없어진 것 같은데요.

김 제가 사회과학아카데미를 하면서도 늘 강조하는 말이 있습니다. '우리가 적지만 씨앗이 되어서 할 수밖에 없다. 우리가 열심히 해야 된다. 올바른 것을 하면서 개척하는 수밖에 없다'는 거죠. 우리가 대학원까지 만든다고 하지만, 사실 그런 일은 많은 사람들의 지지를 얻고 사회적인 동의를 얻어야 하잖아요. 지지를 못 얻으면 대학원은 만들기가 힘들어요. 40억이 든다는데 그 돈을 내라고 하면 누가 선뜻 내겠어요? 결국 우리가 하나하나 만들어내야죠.

지 사회과학대학원과 관련해서 계획은 어떻게 잡고 계십니까?

김 사회과학대학원 설립준비위원회라고 하던 것을 올 2월에 사회과학아카데미라고 이름을 바꿨어요. 사회과학대학원으로 가는 단계의 단체로 사회과학아카데미를 사단법인으로 등록하려고 해요. 그러면 세금공제 혜택이 있으니까 지원하는 사람들에게도 약간은 도움이 되겠죠. 우선 그런 식으로 해나가려고 합니다. 지금은 사회실천연구소 사무실을 같이 쓰고 있는데 조금 있으면 새로 독립도 합니다. 이런 식으로 천천히 나가야죠. 우리 학생들이 참 좋아요. 학교 일은 학생들이 와서 짬짬이 다 한다구요. 전문적으로 일하는 사람은 없습니다. 그러려면 돈을 줘야 되는데, 우리에게 그런 돈이 어디 있어요. 학생들이 내는 등록금으로 강사들 급료 지급하고 조금이라도 남으니 그나마 다행이죠.

지 뉴라이트들이 계속 공세를 취하고 있는데요. 그게 아까 말씀하셨던 기득권층의 계급투쟁일 수도 있을 텐데요. 그들이 전위대이거나 전사로 나서는 것 아닙니까? 《해방 전후사의 재인식》이라는 책도 내고, 뉴라이트 교과서도 나왔잖아요. 그들이 '자랑스런 대한민국 역사를 진보 진영이 왜곡하고 있다'는 공세를 퍼는데, 진보 진영이 적절하게 대응하지 못하고 있다는 생각이 듭니다.

김 대응은 많이 하고 있어요. 역사책은 어떻게 되는지 모르지만, 한국사회경제학회에서 경제학 교과서를 만들고 있어요. 대한상공회의소하고, 다른 연구소 하고 해서 경제학 교과서를 만드는데 우리가 비판도 하면서 공청회를 두 번이나 했어요. 그래서 대안경제학 책을 만들기로 했습니다. 잘 진행되고 있는데, 이것은 대학교재로 만드는 거예요. 아무튼 열심히 하고 있는 셈이죠. 뉴라이트들이 아무리 떠들어봤자 결국 내용이 중요한 것 아닙니까? 책을 보면서 모든 사람들이 올바르냐 아니냐 판단하는 거니까 우리는 우리대로 열심히 만들 수밖에 없는 거죠.

지 마르크스 전집을 번역하고 싶다고 하셨잖아요.

김 시간 있을 때마다 하고 있어요. 1857년~1858년이니까 150년 전에 마르크스가 썼던 그론트리쎄의 공황론을 제가 이번에 경상대학교 〈마르크스주의 연구〉라는 잡지에 썼거든요. 마르크스는 이것을 출간 목적으로 쓴 게 아니라, 자기가 이해하려고 써놓은 겁니다. 그렇다 보니 문장이 완전히 끝나지도 않고, 무슨 이야기를 하는지 잘 모른다구요. 그래서 이런 것을 번역하는 건 별 의미가 없겠다는 생각을 많이 했어요. 물론 이 아이디어가 결국 《자본론》으로 갑니다. 《자본론》에 가면 제대로 개념이 확립되어 있어요. 《자본론》 2, 3권은 엥겔스가 잘못 편집하지 않았느냐는 의혹이 요즘 많이 제기되고 있는데요. 좌우간 《자본론》은 마르크스 생각의 진수예요. 완성되는 단계니까 그걸 가지고 오히려 앞에 있는 사상을 이해해내는 것이 더 중요하겠다는 생각이 들었어요. 《자본론》 2권, 3권의 초고가 독일어로 나왔다는 이야기도 들리는데, 영어로는 아직 번역이 안 되어 있으니까 그것을 독일어 하는 친구와 공동으로 번역해야 겠다는 생각도 가지고 있어요.

지　정운영 선생에 대해서 '결과적으로 보면 변절이라고 볼 수밖에 없다'는 말씀도 하셨는데요.
김　참, 그건 어떻게 얘기를 해야 하나? (웃음)

지　앞에 언급했던 두 분하고는 조금 다른 사례 같은데요.
김　물론이죠. 정운영은 동생 친군데, 벨기에 루뱅에서 공부할 때 우리 애들을 데리고 가서 며칠 지내고 할 정도로 친했다구요. 한신대에 와서도 같이 잘 지냈구요. 사실 정운영이 《중앙일보》로 가니까 조금 기분은 상했어요. 《한겨레》에 있다가 그쪽으로 갔잖아요. 물론 나한테 상의하지는 않았고. 그때 저는 서울대학교에 있을 때라서 서로 전화통화나 그런 게 별로 없었어요. 나는 교수 일로 바쁘고, 그쪽은 신문사 일로 바쁘고 그랬거든요. 그래도 《중앙일보》에 가서 글 쓰고 하는 것은 기분이 안 좋더라구요. '이 친구가 너무 심하게 쓰는 것 아냐? 좌파로서 처신하면서 쓸 수도 있는데, 왜 여기까지 넘어가지?' 그런 생각을 좀 했어요. 정운영 선생이 굉장한 능력이 있는 분이에요. 책도 많이 읽었고, 글도 잘 쓰고. 같이 한신대학교에서 쫓겨났지만. 서울대학교나 다른 좋은 대학으로 갔더라면 굉장히 좋은 학자로 클 수 있는 사람이었는데 안타깝죠. 그 친구가 결벽증 같은 게 있어요. 현실적으로 아주 깨끗하고 분명한 것을 좋아합니다. 책에 먼지 앉는 거 싫어하구요. (웃음)

　우리가 한신대학교에 있을 때 경제과학연구소라는 것을 만들었는데, 정운영이 모든 것을 계획하고 추진했어요. 그러다 일이 잘 풀리지 않아서 화가 나면 막 야단을 하고 그랬죠. 굉장히 분명하고 사람이 딱 잡혀있습니다. 그렇기 때문에 신경이 조금 쇠약해졌을 가능성도 있어요. 한신대학교에서 나오고 나서 위암 수술을 했지, 폐가 나빠져서 병원에 입원하는 등 병치레를 여러 차례 했어요. 그것도 그 친구의 곧은 성격하고 관계가 있지 않았나 생각합니다.

지　선생님께선 한신대에서 학내 민주화 요구를 주도하셨다는 이유로 1987년에 정운영 교수와 함께 해직되셨는데요. 거기는 좀 진보적인 학풍이 있던 곳 아닌가요?

김　한신대학은 원래 한국신학대학이었어요. 82년쯤에 인문학부하고 경상학부, 신학부 세 개 대학이 있었는데, 나중에 지금 있는 병점으로 갔어요. 그곳의 목사님들은 반정부 투쟁을 잘하는데, 안으로는 민주화가 전혀 안 돼요. 장학금이 나오면 신학부가 다 가져가 버리는 식으로 모든 것을 신학부 위주로 하는 거예요. 그래서 우리가 화가 좀 났죠. 종합대학이 된다고 했으면 다 같이 가야 하는데 학장은 목사가 돼야 하는 등, 여러 가지 비합리적인 부분이 많았다구요. 한신대학교 정도 되면 알려진 민주 대학인데, 잘못된 부분을 고치지 못하니까 거기에 우리가 화가 나서 인문학과와 같이 학장 퇴임 운동을 했어요. 교수회의에서 발의안을 내서 학장을 퇴임시키자고 결의했습니다. 그랬더니 신학부가 놀라서 우리보고 '사표를 낼 거야, 아니면 인사위원회를 열어서 파면을 시킬까' 이러더라구요. 결국 87년 1월에 사표를 내고 나왔어요.

지　1988년 서울대 경제학과 전공교수가 되신 것은 마르크스주의경제학 연구의 제도화라는 측면에서 한국사회경제학회 창립과 함께 또 하나의 상징적 사건으로 꼽히는데요. 그 과정은 어땠습니까? '마르크스경제학자를 채용하라'고 대학원생들이 시위도 벌이고 했다던데요.

김　서울대 경제학과에 들어갈 수 있었던 것은 1987년 6월 항쟁 덕택이었어요. 6월 항쟁으로 우리나라의 언론 자유나 학문의 자유가 굉장히 신장되었다고 생각합니다. 대학원생들이 87년 2학기부터 교수들한테 우리도 정치경제학 교수를 하나 영입하자고 요구를 하기 시작했어요. 88년 1학기에 채용 공고가 났는데, 정치경제학 또는 경제학설사 이렇게 나왔거든요. 자리는 하나인데, 경제학설사로 들어오려는 사람이 한 명 있었어요. 그 친구가 지금 있는 홍기현 교수인데 우리 학과의 시니어 교수는 홍기현 교수를 밀었어요. 나는 학생들이 밀어서 어쩔 수 없이 한 자리에 둘이 경쟁하게 됐지요. 6월에 가서 정치경제학 쪽에서는 내가 올라가고 경제학설사 쪽에서는 홍기현 교수가 올라갔어요. 교수 19명이 1차 투표를 하니까 정치경제학 교수를 뽑자는 사람 9표, 경제학설사 교수를 뽑자는 사람 9표, 한 명은 기권을 했다는 거예요. 그래서 논의하면서 한 번 더 투표했는데, 또 표가 그렇게 나왔어요. 결국 아무도 못 뽑았죠. 그러니까 학생들이 2학기 들어와서 농성을 하고, 수업 거부를 하고, 교정을 다니면서 플래카드를 들고 시위를 했어요. 그때 다른 과 대학원생들한테 지지를 많이 받았어요. 거기서 결정적으로 학부 학생들이 '정치경제학 교수를 뽑아라, 안 뽑으면 데모한다'고 했거든요. 그 상황에서 교수님 한 분이 어디로 가셨어요. 기억이 맞다면, 아마 이현재 선생님이 총장으로 가셨을 거예요. 그러니까 자리가 비어서 정치경제학, 경제학설사 두 사람을 다 뽑았죠. 그렇게 된 거예요. 원래 마르크스경제학을 하는 비주류를 뽑을 생각이 선생들한테 없었다구요. 지금도 마찬가지구요. 88년 일이니까 꼭 20년 전이네요. 20년 전 일을 또 되풀이하고 있는 거예요. 주류경제학 하는 놈들도 어지간한 놈들이야. (웃음)

지　후임 교수 선정은 어떻게 되고 있습니까? 학문의 다양성 문제도 있고, '경제학부의 33명을 모두 주류경제학자로 두는 것은 너무 한 것 아니냐'는 의견도 많지 않습니까?

김 그렇죠. 1월부터 대학원 학생들이 꼭 마르크스경제학자로 후임을 뽑아달라고 했어요. 아직도 제 밑에서 박사 논문을 쓴다고 여섯 명이 남아 있습니다. 석사과정에 네 명이 남아 있구요. 이 친구들을 어떻게 지도할 거냐 해서 후임으로 마르크스경제학을 하는 사람을 뽑아달라고 대자보를 붙이니까 다른 학과 대학원생도 옳은 이야기라고 지지하고, 경제학자들도 80명이나 동의해서 서울대학교에 마르크스경제학 교수를 후임으로 뽑으라는 압력을 많이 넣었잖아요. 지난 3월 달에 교수회의를 했어요. 지금 두 사람 뽑아야 돼요. 공고는 '경제학 일반(정치경제학 포함) 2명' 이렇게 나와 있어요. 정치경제학 한다고 신청해도 응모한 사람 중에서 다른 괜찮은 사람 있으면 뽑겠다는 의미이긴 한데, 경제학부 교수들이 어떻게 할지는 모르는 거죠.

지 정운영 선생은 선생님에 대해 "우리 주변에서 가장 먼저, 그리고 가장 깊이 정치경제학(마르크스경제학)을 개척한 선배"라는 평을 했는데요. 어려운 일이 많으셨을 것 같은데요. 마르크스라고 하면 한국 사회가 가지고 있는 공포감이 있지 않습니까?

김 서울대학교에 89년 2월에 발령을 받고 3월에 《자본론》 1권을 출간하고, 그 다음달에 2권을 하고, 그 다음해에 3권을 하는 식으로 다 해버렸거든요. 그때 금서해제도 된 게 아니었어요. 잡아가려면 잡아가보라는 마음으로 출판을 했는데 아무 소리도 안 하더라구요. 경찰이고 검찰이고 아무 소리도 안 해요. 서울대학교 교수가 했기 때문에 그런가 했는데 실제로는 별 게 없었구요. 그 이후에도 아무 말이 없었습니다.

지　87년 이후의 분위기에다가 서울대학교 교수라는 신분도 있고 하니까 '건드려봐야 피곤하겠다' 싶었던 걸까요?

김　그랬던 것 같아요. 아무튼 별다른 일은 없었어요.

지　"소련식 사회주의가 지나치게 미화되고 있었는데, 이것은 극심한 탄압 하에서 동지적 유대를 강화하기 위한 이념과 대오의 통일을 위해 필요했을 것이다. 그렇지만 지금 되돌아보면 이러한 경직된 사고방식 때문에 소련 사회의 몰락과 더불어 마르크스주의가 우리 사회에서 크게 쇠퇴했다"고 표현하셨는데요. 진보 진영은 아직도 좀 경직된 듯한 면이 있지 않습니까?

김　북한 사회를 우리가 앞으로 나갈 사회라고 생각하면 그건 진짜 오산이죠. 마르크스는 분명히 무계급 사회로 나아가고 모든 사람들이 해방된 사회가 되어야 한다고 했어요. 하지만 소련 사회가 그것을 실천했다고 하면 말이 안 되는 거죠. 소련 사회가 형편없다는 것은 영국 사회에서 다 알고 있었거든요. 특히 학문적으로 소련에서 나오는 글은 하나도 읽을 게 없어요. "브레지네프 동지는 '이런 게 무슨 학문이야, 말도 안 되는 소리지' 이렇게 말했습니다." 이런 식으로 글을 씁니다. 우리가 마르크스 사상을 소련을 통해서 가져왔기 때문에 그래요. 소련에서 책이 나오면 일본에서 번역을 하고, 우리는 그걸 들여온 거잖아요. 사실 소련 교과서가 그대로 들어온 거라구요.

지　소련이 자기네 입장에서 《자본론》을 해석하고 서술한 것을 비판 없이 들여온 거라는 말씀이군요.

김　그렇죠. 소련 책에는 새로운 사회가 어떻고, 어떻게 인간이 해방된다는 이야기가 하나도 없어요. 무조건 계획경제를 하면 된다는 그런 생각뿐이라구요.

지　정성진 교수는 "우리나라 마르크스주의경제학 연구는 지나치게 아카데미즘으로 기울어져 있다. 한미FTA 등 현안 문제에 제대로 개입하지 못했고, 한국경제의 구체적 분석 대안 제시 부분에서도 취약했다"고 평가했는데요.

김　그것은 맞다고 봐야죠. 저한테 대해서는 특히 맞아요. 저는 기본적으로 마르크스의 기본적인 경제사상을 전파하고, 알리고 가르치는 일을 목표로 삼았어요. 《자본론》을 번역해서 모두가 읽게 만들고, 《자본론》 해설서를 만들어서 출판하고 교육하고, 지금도 그렇게 살려고 늘 생각하고 있습니다. 그걸 안 하고 정책이나 쫓아다니고 이렇게 하면 아무 것도 제대로 못해요. 분업할 수밖에 없어요. 한국에서 내 위치라고 하는 것은 거기가 딱 맞다구요. 외국에서 《자본론》을 공부한 사람으로서 앉아서 번역이나 연구를 열심히 하면 되죠. 제가 가만히 앉아서 하루에 10시간씩 일하는 사람이라구요. 이렇게 이야기할 때는 현실 문제에 더 개입을 하든지, 현실 문제를 설명하고 해소하는데 시간을 보냈어야 했다고 말하지만, 사실 그럴 능력이 없는 거예요. 거기엔 따로 맞는 사람들이 있다고 생각합니다.

지 "노동운동도 1987년 하반기의 질풍노도의 시기를 지난 뒤에는 기업과 정부의 공세에 제대로 대응하지 못하는 것처럼 보인다"고 말씀하셨는데요. 87년 3개월 동안의 열기가 있었는데, 그걸 제대로 살리지 못했고, 지금은 더 어려워지고 있지 않습니까? 그때는 자본도 무식해서 식칼 테러를 한다든지 그런 방식을 취했는데요. 지금은 손해배상청구를 하는 방식으로 훨씬 더 교묘하게 탄압하고 있지 않습니까? 그러다보니까 분신자살도 하게 되는데, 그것조차 예전만큼 사회적인 공감을 얻지도 못하는 상황인 것 같은데요.

김 과거에는 학생이나 노동자나 대중이 큰 힘이었는데, 지금은 그것을 탈취해간 사람들 중에 목사나 부르주아 지식인들이 많아요. 부르주아 지식인이나 부르주아 자유주의자들은 노동운동이 심하다고 해서 탄압하기 시작하고, 정부 쪽으로 붙는 현상이 생겨버렸거든요.

지 소위 그때 운동을 했던 386들이 정치권에 들어가서 저항의 동력을 휘발시켰다고 보시는 건가요?

김 그때 운동권에 대해서는 잘 믿지 않아요. 사실 철저하게 공부한 사람이 별로 없다고 봅니다. 도대체 문제가 뭐냐 우리가 나아갈 길은 어디 있느냐, 이런 식으로 공부를 해야 하는데 전부 몸으로 때우는 데모대로만 가버렸단 말이거든요.

지 그 시절에는 어쩔 수 없었던 측면이 있지 않습니까?

김   물론 그런 면도 있어요.

지   그렇지만 나라에서 정책을 결정하는 정도의 역할을 하기 위해서는 공부가 필요했다는 말씀인가요? 운동을 했다고 해서 꼭 사회의 리더가 되고, 결정을 할 자리에 올라가야 한다는 얘기는 아닐 텐데요. 말씀하신 대로 새로운 사회에 대한 비전이나 고민 없이 그 자리에 올라섰던 게 아닌가 하는 생각도 듭니다.

김   그렇죠. 그런 게 문제였죠. 87년은 엄청나게 좋은 기회였는데, 결국 그렇게 됐어요.

지   양김 씨를 둘러싸고 진보 진영에서는 고민이 많았잖아요.

김   사실은 DJ나 YS에 대해서 왜 우리가 그렇게 했는지 몰라요. 지금 보면 전부 엉터리였는데…….

지   그게 계속 노무현 정권까지 이어져왔던 것 같은데요. 지지할 건 지지하더라도 잘못된 것은 분명하게 지적했어야 했는데요. 전무 아니면 전부를 요구하는 사회다보니까요.

김   그래도 노무현이 있을 때 우리가 욕을 많이 하기는 했죠.

21세기 **국가의**
역할을 다시 생각한다

The Korean Economy
Examined in the Light of Das Kapital Soo-Haeng Kim

성장과 분배의 상관관계

지 "애덤 스미스와 리카도로 대표되는 고전파경제학으로부터 마르크스가 무엇을 계승하고 무엇을 폐기했는지를 정확히 파악해야만 마르크스경제학의 독특한 과학성을 떳떳하게 내세울 수 있을 것이다"라는 말씀을 하셨는데요. 구체적으로 어떤 내용입니까?

김 《자본론》에서 가장 많이 인용된 책이 애덤 스미스의 《국부론》입니다. 마르크스는 애덤 스미스의 《국부론》에 있는 노동가치설, 이윤이론, 임금이론, 지대이론이 경제학적으로 중요한 항목이라는 점을 배웠단 말입니다. 하지만 마르크스는 그것을 배우면서 완전히 새로운 방식으로 만들었어요. 그것이 혁명이라고 생각하거든요. 경제학에서의 혁명. 예를 들어 볼게요. 《국부론》을 보면 노동하고 노동력이 구분이 안 되어 있어요. 또 상품의 가치가 그 상품을 만드는데 드는 노동시간이라고 하는 것, 바로 이게 노동가치설인데, 다른 데선 상품의 가치는 그 상품 안에 들어가 있는 임금과 이윤하고 지대의 합계라는 이야기도 나와요. 이것은 전혀 맞지 않는 이야기라구요. 그러니까 마르크스는 애덤 스미스의 이야기를 완전히 새로 만들어낸 겁니다. 제가 《국부론》을 번역할 때 '마르크스는 이렇게 생각했다'는 식으로 주를 달아놨어요. 애덤 스미스를 읽으면서 마르크스를 생각할 수 있게.

질문하신 부분은 바로 이런 의미입니다. 마르크스가 어느날 하늘에서 뚝 떨어져 나온 사람이 아니라, 자기 이전의 책을 엄청나게 많이 읽은 학자잖아요. 그러니까 《잉여가치학설사》 세 권이 나올 수 있었던 것 아닙니까? 다른 사람들 책도 읽어야 마르크스가 왜 이런 소리를 했는지를 알 수 있다는 의미입니다. 이번에 《국부론》 번역서가 새로 나옵니다. 비봉출판사에서 나오는데 번역을 다시 했습니다. 지난번에 동아출판사에서 나왔거든요. 그게 절판이 되어 버렸어요. 비봉에서 빨리 내자고 해서 시작했는데 꼬박 일 년 걸렸네요.

지 《자본론》의 부제가 '정치경제학 비판'인데요.
김 마르크스가 살았을 때는 경제학을 전부 정치경제학 Political Economy이라고 했다구요. 그러다가 경제학으로 넘어오는 것은 1870년이 되어서예요. 그 전에는 정치경제학이라고 했으니까 정치경제학을 비판해서 제대로 쓴다는 얘기였죠.

지　한국 사회에서 《자본론》을 제대로 읽어본 사람이 거의 없는 것 같은데요. "마르크스는 공산주의 사회를 어떻게 건설해야 할 것인가라는 문제를 거의 논의하지 않았고, 자본주의 사회와는 전혀 다른 새로운 사회가 있을 수 있다는 관점에서 공산주의 사회를 간단히 묘사한 것에 불과하다는 점을 염두에 두어야 할 것이다"라는 이 부분이 한국에서 마르크스에 대해 오해하고 있는 부분이기도 한 것 같습니다.

김　캐피탈은 자본이라는 뜻이잖아요. 다른 사회에 대해서는 다른 데서 이야기를 해야죠. (웃음)

지　정성진 교수는 선생님의 퇴임기념 논문집에서 '새로운 사회'라는 용어를 '사회주의나 공산주의로 대체할 것'을 요구했다는데요. 그것을 거절하시고 군이 애매하게 '새로운 사회'라고 하신 이유가 있습니까?

김　공산주의, 사회주의라고 하는 것이 실제로는 개념이 확정되어 있지 않아요. 마르크스하고 엥겔스는 새로운 사회를 '소셜리즘' '코뮤니즘' 같이 써버렸다구요. 그 다음에 레닌에 와서는 자기 발로 서는 새로운 사회는 '공산주의'라고 했고, 자본주의로부터 공산주의로 가는 과도기를 '소셜리즘(사회주의)'이라고 했습니다. 이런 식으로 개념 정립이 안 된 부분이 하나 있구요. 다른 이유는 우리 사회에서 공산주의, 사회주의라고 하면 모두가 엉터리라고 생각하기 때문입니다. 왜 우리가 쓸데없이 욕 얻어먹고, 오해를 받으면서 그런 말을 쓰냐는 거죠. 그냥 '새로운 사회'라고 하면 얼마나 좋아요? 그래서 제가 그렇게 한 거예요.

지 하지만 새로운 사회라는 게 막연하게 들릴 수도 있지 않습니까?
김 그런 면도 있는데요. 새로운 사회는 모두가 같이 만들어가야 하고, 현재의 기반에서 투쟁하다가 튀어나오는 사회이기 때문에 그 형태가 어떻게 될지 예측 못해요.

지 결국은 '신자유주의나 자본주의는 붕괴될 것이다'라고 낙관하고 계신 것 같은데요. 상당한 시간이 걸리지 않겠습니까?
김 신자유주의는 점점 세력을 잃고 있다고 봅니다. 미국은 계속 신자유주의였기 때문에 변할 방법이 별로 없어요. 영국 노동당도 다음엔 안 될 거라구요. 내년쯤 선거를 하는 모양인데, 보수당이 될지 자유민주당이 될지는 모르지만, 이들이 주장하는 것은 대처 식의 정책은 안 된다는 거거든요. 앞으로 신자유주의적인 것은 상당히 후퇴할 것이라고 봅니다.

지 지금의 노동당보다 오히려 덜 신자유주의적인 정책을 쓸 거란 말씀인가요? (웃음)
김 실제로 당수들이 그렇게 주장하고 있어요. 자신들의 선배가 마가렛 대처인데도, 공공연하게 엉터리라고 욕을 하고 있거든요.

지 신자유주의가 몰락하게 되면 미국은 어려워질 텐데요. 제
국이 오랜 기간 세계를 지배하는 경우는 많지 않으니까 미국이
새로운 체제와 함께 몰락할 가능성도 있다고 보십니까?

김 미국은 쭉 시장에 맡기고, 정부가 개입한다는 개념이 없
었잖아요. 전쟁을 통해서 개입하는 것뿐이었죠. 사회보장제도
를 만들어낸 것도 없고. 앞으로도 그렇게 쭉 갈 거란 말이죠. 그
런데 미국은 이제 세계를 지배할 경제력을 확보할 희망이 없
고, 오히려 세계가 다원화될 가능성이 있잖아요. 그렇게 되면
미국이 세계경제를 통합적으로 움직이기가 굉장히 어려워진다
구요. 잘못하다가는 다국적 기업이 활동하는 것이 아니라, 국
가별로 경제를 운영하거나 아예 교류가 없어질 가능성도 있거
든요. 영국과 유럽에서는 유럽연합이 하나의 큰 세력으로 등장
할 수도 있구요. 미국은 캐나다하고 NAFTA를 형성할지 모르겠
지만, 세계경제 전체를 운영할 수 있는 주체가 사라지면서 경
제권이 나뉘면 보호주의 색채를 띤다고 할까, 세계화라고 하는
것이 후퇴할 가능성도 있다고 생각합니다.

지 그런 상황이 되면 한중일 3국의 관계가 매우 중요해질 텐데
요. 이 세 나라가 역사적으로 갈등이 많아서 합치는 게 쉽지 않을
것 같습니다. 물리적인 전쟁이 아니더라도 경제패권을 잡기 위
해 치열하게 다투는 상황이 될 텐데, 한중일 3국의 관계는 어떻

게 설정해야 한다고 보십니까? 노무현 정권이 처음에 동북아균형자론을 얘기했다가 포기하고 한미FTA로 전환한 것 같은데요.

김 저는 그런 식의 경제적인 연합은 별로라고 생각해요. 미국과 한국이 FTA를 했다고 해도 덕 보는 것은 결국 다국적 기업 아니겠어요? 국민이 무슨 덕을 보겠어요. 제대로 하려면 베네수엘라처럼 자기네 석유를 값싸게 주고 쿠바의 의사나 교사를 데리고 온다든지 하는 식으로 민중에게 득이 되어야 의미가 있다고 생각하거든요. 지금 한국과 일본과 중국은 그렇게 안 될 거라구요. 전부 자본가들끼리 할 거니까요. 자본가들끼리 교류해서 자기들만 이익을 보고 그 밑에 있는 노동자들은 결국 착취의 대상으로 계속 남아 있을 가능성이 농후한 것 아닙니까? 그것은 반대합니다. 별 의미가 없는 거죠.

지 말 안 들으면 다른 데로 가라고 내몰릴 가능성도 있겠죠.

김 남북교류도 사실은 위험한 것이 남쪽은 값싼 노동자 착취할 생각만 하거든요. 그게 과연 될까요? 북한에서 어느 정도까지는 먹을 게 없으니까 그렇게 하는데 노동자들을 구박하고 해고하고, 이런 식으로 했을 때 그 사람들이 가만히 있겠냐구요. 자존심밖에 안 남은 사람들인데요. 그런 방식은 남북통일에도 전혀 도움이 안 될 것 같습니다.

지 "산업자본가는 드라큘라와 같이 임금노동자의 노동(피)을 착취하면 할수록 그만큼 더 활기를 띠게 된다"는 것이 《자본론》의 핵심명제라고 말씀하고 계신데요. 이런 얘기를 노동자들에게 해줘도 착취당한다는 얘기에 대해 '우리를 바보로 아느냐?'고 얘기하기도 하고, '계급의식이 없다'는 말을 해도 '지식인들이 우리를 가르치려고 한다. 우리가 바보도 아닌데, 무슨 착취를 당하며, 지금 세상에 무슨 계급이냐?' 이렇게 얘기하는 사람들이 많은 것 같은데요.

김 그러니까 공부를 좀 해야 돼요. (웃음) 공부를 해야 뭐라도 되죠. 전태일을 따르는 사이버 노동대학을 김승호란 사람이 만들면서 나보고 총장으로 오라고 해서 4년 동안 했어요. 사이버 노동대학은 노동자들이 많아요. 거기서도 그런 이야기는 많이 나와요. 아직도 문제가 좀 많아요.

지 "하일브로너에 의하면, 자본주의 체제를 유지하면서 공황을 극복하는 유일한 길은 복지국가로부터 한걸음 더 나아가 '계획적 자본주의'를 수립하는 것이다"라고 하셨는데요. 여기서 말하는 '계획적 자본주의'가 구체적으로 무엇인지 설명해주시죠.

김 미국 같은 이야기를 하는 건데요. IT 산업에서 이윤이 난다고 하면 모두가 IT 산업에 투자를 하잖아요. 그러면 과잉공급이 일어나는데, 그럴 때 정부가 나서서 계획을 좀 세우라는 겁니다. 정부가 IT 산업은 앞으로 기술발전이 어느 정도 이뤄지고 예상되는 수요가 얼마나 되니, 이럴 때는 공급을 얼만큼 해야 과잉이 안 일어나고 공황이 안 일어난다는 식으로 계획을 세우면서 하라는 것이 하일브로너의 이야깁니다. 그게 정성진 선생이 말하는 참여계획경제로 가는 거죠. 물론 실질적인 참여계획경제는 훨씬 더 나아간 이야기지만, 말하자면 그런 접근 방식입니다.

지　21세기형 자본주의에 대해 하일브로너의 이론을 인용하시면서 "이데올로기적 열정을 좀 더 적게 가지면서 고도의 정치적 실용주의를 발휘하는 자본주의, 다시 말해 공공서비스를 잘 발달시키면서 사회적 응집력을 키우는 자본주의가 성공할 수 있을 것"이라고 하셨는데요. 그게 북유럽식 모델 아닙니까?
김　그렇죠.

지　유시민 전 복지부 장관이 성장과 복지를 함께 생각해야 한다는 복지국가론을 얘기했던 것 같은데요.
김　장관 정도 되는 사람이 생각이 있다면 각료회의에서 이런 게 하나의 방향이니까 어떻게 해나가자고 해서 전체가 나서야 됩니다. 단순히 하나의 부서에서 얘기하는 건 아무런 힘이 없죠. 아이들 장난도 아니고. 유시민은 대구에서 의원이 한번 됐으면 좋겠다 싶었는데 그게 잘 안 되네요.

지　정치적 능력이 있는 사람이니까 의미 있는 싸움도 할 수 있을 것 같구요. 정치인들 중에 꼭 올바른 주장이 아니라고 하더라도 어떤 주장을 던져놓고 토론을 할 수 있는 능력이 있는 사람이 얼마 안 되는 것 같아요.

김 유시민은 아이디어맨이죠. 까불어서 탈이지만. (웃음)

지 지주계급과 자본가계급이 국가정책을 놓고 각축을 벌이게 되는 과정이 있는데, 한국전쟁으로 인해 지주계급이 몰락해서 자본가계급이 유일한 지배계급이 되었다고 지적하셨는데요. 그 두 상황이 어떻게 다른가요?

김 남미를 한번 생각해보세요. 베네수엘라는 지주계급이 없어졌어요. 브라질과 아르헨티나는 지주계급이 있구요. 지주계급은 땅을 많이 가지고 있잖아요. 그래도 농민에게 땅을 나눠주지 않기 때문에 자본가계급이 정부나 농민과 짜고 지주계급을 몰아내는 정치 형태가 나타날 수 있습니다. 지주계급은 생산한 쇠고기나 곡물을 자유무역을 통해서 거래하자고 주장합니다. 반면 산업자본가는 보호를 해달라고 요구를 하죠. 이처럼 이해관계가 완전히 달라요. 그래서 지주계급, 산업자본가계급, 정부 이렇게 서로 갈등이 굉장히 심하다구요. 우리는 지주계급이 사라졌다는 게 자본주의적 발달에 있어서는 굉장히 도움이 된 겁니다.

지 산업자본가들의 이익에 문제를 제기할 세력이 하나 줄었으니까요. 때에 따라서 적의 적은 친구라고, 산업자본가들의 이익이 지주계급과 민중의 이익에 반할 수도 있고, 그 반대도 있을 수 있겠군요. 요즘 이명박 정권 들어서 여러 가지 말들이 많은데요. 경제를 살리겠다고 대통령이 된 사람이 경제에 대한 생각은 안 하고, 정치적인 제스처만 많이 쓰고 있는 것 같습니다.

김 사실 할 게 별로 없어서 그래요. 그러니까 기획재경부 장관이 그랬잖아요. 747은 정치적인 구호라구요.

지 747에 대해서는 '칠 사기는 다 쳤다'고 해석하는 사람들도 있더라구요. (웃음) 나중에 그것 때문에 지지율이 떨어지거나 정치적인 공방이 될 것 같으니까 미리 국민의 기대치를 떨어뜨려 놓으려는 걸까요?

김 그렇죠. 그러는 거예요.

지 6퍼센트밖에 안 될 수도 있다고 하는데, 실제로 그것도 힘든 상황 아닙니까?

김 맞아요.

지 그런 면에서는 노무현 정권보다는 훨씬 이상한 인간들이면서도 전 정권에서 반면교사를 얻은 건지, 사고를 쳐놓고 대통령이 나서서 수습하는 면모를 보이고 있지 않습니까? 그 전에는 대통령이 말을 뱉어놓으면 도무지 수습할 방법이 없었잖아요. 그런 면에서는 교활하고, 정치적으로 공부를 많이 한 것 같기도 하네요.

김 짜고 치는 고스톱은 아닐 거예요. 그 사람들의 일반적인 행태가 그런데, 우연히 맞아떨어진 게 아닌가 싶어요.

지 이 사람들 보면 하이에나가 썩은 고기를 본능적으로 찾는 것처럼 그런 본능이 있지 않나 싶기도 해요. 자본이 움직이는 걸 보면 그런 생각이 들 때가 있거든요. 어떨 땐 되게 멍청한데, 어떨 땐 짜고 하는 것도 아닐 텐데 자기네의 이익에 따라서 일사분란하게 움직이는 모습을 볼 수가 있거든요. 그런 걸 보면 무섭던데요.

김 그렇죠.

지 이명박 정권의 교육정책에 대해서는 어떻게 보십니까?

김 어제 안산 전교조에 가서 신자유주의에 대해서 강연을 했어요. 전교조 선생들은 이 친구들을 돈 놈들이라고 하던데요. (웃음) 차관이 뭔가 발표를 했는데, 그 친구는 교육을 전혀 모르는 사람이었나 봐요. 선생님들이 전혀 모르는 놈이 나와서 그런다고 하더라구요.

지 이명박 정권은 '공부하다 죽은 애들은 없다'고 하던데, 자살한 애들은 어떻게 할 것이며, 어떻게 그런 식의 발상을 할 수 있는지 모르겠습니다. 학생들에게 경제 교육은 어떻게 하는 게 좋다고 보십니까? 애들한테 어릴 때부터 펀드를 가르치고 이래가지고는 이 사회가…….

김 사회에서 돈벌이하는 것만 자꾸 가르치려고 하는데, 그러면 큰일 나요. 돈을 버는 방법을 가르친다고 아이들이 커서 돈을 잘 버는 것도 아니잖아요. 전인적, 전면적으로 성숙한 인간이 되어야 나중에 돈도 잘 벌고, 다른 일도 잘할 수 있지 않겠어요?

지　지금 한국 사회에서 재벌이 굉장한 영향력을 행사하고 있는데요. 재벌 때문에 여러 가지 문제가 발생하고 있지 않습니까? 이건희 회장의 불법승계라든지, 비자금 조성을 통해 정치권에 로비를 한다든지 하는 문제 외에도 한화 김승연 회장의 폭행 사건 같은 것도 있었구요. 현재 경제에서 재벌의 문제는 무엇이며, 재벌개혁은 어떻게 해야 한다고 생각하십니까?

김　재벌이라는 세력이 정치적으로나 경제적으로 굉장히 큰 힘을 가지고 있지요. 문화사업도 크게 하고, 스포츠단도 가지고 있고, 언론에도 막강한 영향력을 행사하는 등, 말로 할 수 없을 정도로 엄청난 힘을 가지고 있다구요. 이 큰 힘과 독점적인 권력을 약화시키는 게 가장 중요하다고 생각해요. 재판을 하는데도 재력과 권력 때문에 이겨서는 안 되잖아요. 재벌의 권력을 약화시키는 문제는 민주화 과제와 똑같다고 생각해요. 독점적인 힘을 제어해야 하는 것이니까요. 우선 기업 안에서부터 재벌 총수가 모든 것을 다할 수 있는 그런 권한을 없애야 하지 않겠어요? 법에 따라 규제만 잘 할 수 있다면 재벌은 별 문제가 없다고 생각해요.

지　편법을 써서 불법상속을 한다든지, 자기 말을 잘 듣는 사람들로만 배치된 구조조정본부 같은 것을 통해 회사의 모든 일을 결정한다든지, 재벌 기업을 총수 한 사람이 지배하는 것이 문제점일 텐데요. 재벌 2세들의 경영 능력이라는 게 검증이 되는 것도 아니잖습니까? 한 사람을 찍어서 승계를 할 때 그 사람이 경영 능력이 없을 수도 있지 않습니까?

김 삼성이라는 그룹 안에 있는 기업 전부를 이건희는 자기 일가의 것이라고 생각하는데요. 그들이 가지고 있는 주식은 채 1퍼센트도 안 된다구요. 어떻게 보면 우리는 기업을 사회의 것이라고 보는 사고방식을 가져야 해요. 그런데 그런 생각은 없고 그저 자기 재산이라고 생각하거든요. 남들도 그렇게 개인의 재산이라고 생각하는데 문제가 있다고 생각해요. 그건 아니라는 점을 자꾸 드러내고 알리는 게 중요하죠. 자꾸 이야기하다 보니 우리 사회의 수준이 굉장히 낮다는 이야기가 계속 나올 수밖에 없네요. (웃음)

지 장하준 교수가 주장하는 스웨덴식의 사회적 대타협 모델에 대해서는 어떻게 생각하십니까? 재벌들한테 경영권을 보장해주고, 고용보장이나 직원들에 대한 복지 같은 양보를 얻어내야 한다고 얘기하고 있거든요. 거기에 대해서 김상조 교수 같은 분은 '경영권 보장 같은 것은 한 번 주고 나면 돌려받기 힘든 반면에 타협해서 얻어낸 것들은 얼마든지 상황에 따라서 되돌려질 수 있다. 그리고 대기업과 타협이 되겠느냐?'고 반박하고 있는데요.

김 대타협이라고 해서 종이에 글을 쓴다고 그것이 지켜질지 안 지켜질지 사실은 잘 모르는 거잖아요. 어떻게 한다는 거예요? (웃음) 정부는 재벌한테 받을 세금 다 받아내면 그것으로 끝나는 거구요. 세금 가지고 사회보장제도를 할 뜻이 있다면 하는 거지요. 흔히 하는 말로 재벌한테 '고용을 3만 명 유지해라'고 해도 정부에서 줄 게 뭐가 있어요. 재벌이 꼭 3만 명을 유지해야 할 이유가 없잖아요.

지 국제금융자본보다는 국내 재벌들과 타협하는 편이 낫다는 주장도 있는데요.

김 그런 생각은 국내 재벌의 자본은 민족자본이다, 그러니 '우리가 우리나라 재벌을 보호해야 한다'는 쪽으로 나갈 수도 있어요. 그렇게 보는 것은 잘못된 생각이라고 봐요. 우리 재벌들도 해외에 자회사를 많이 만들었고, 지사도 많이 생겼고, 홍콩이나 이런 곳엔 금융센터도 많이 만들었다구요. 재벌은 한국에서 수익을 못 본다고 하면 다른 데로 가버리면 그만입니다. 한국에서 자리 잡아서 오래 됐기 때문에 여기서 수익을 올리기가 더 쉽고 편하기 때문에 안 가는 겁니다. 한국에 있는 은행들하고, 다른 기업들, 정부하고도 관계가 좋으니까요. 재벌들이 다른 나라에 가면 지금 여기서 하는 것처럼 할 수 있겠어요? 여기가 그만큼 사업하기에 좋고 유리하니까 앉아 있는 거라구요. 그러니까 국내 재벌이 외국 자본에 비해서 특별히 낫다든지 잘한다든지, 그렇게 생각할 일은 아니라고 봐요. 외국 자본이 들어왔다 한꺼번에 빠져나간다면 경제적으로 우려되는 상황이 생기잖아요. 그렇기 때문에 우리나라 외환 사정이나 환율이 어떻게 될 것인가를 고려해서 이런 부분에 대해서 적절한 규제를 하라는 겁니다.

지　주식시장의 특성이 원래 그럴 수도 있지만, 한국증권시장은 특히 투기성이 강한 것 같아요. 정치인들이 착각하는 게 주가지수가 상승해야 선거에서 이길 수 있고, 경제가 잘 돌아가는 것처럼 선전을 하는 거 아니겠어요. 그래서 그런지 실제로 많은 국민이 주가지수가 올라가면 뭔가 잘되고 있다고 착각하지 않습니까?

김　이건 굉장히 위험한 사고방식이기 때문에 제어해야 한다고 보는데요. 로또도 정부가 만든 거 아닙니까? 이런 식으로 사행성을 조장하는 것은 정부 차원에서 막아야 한다구요. 건실하게 돈을 벌게 만들어야죠. 케인스는 증권거래소를 굉장히 싫어했어요. 심지어 금리생활자를 안락사시켜야 한다는 주장도 했습니다. 또 증권을 거래할 때마다 거래세를 붙여야한다고도 주장했구요. 사회가 투기적인 생각을 가지면 기업이 발달할 수가 없어요. 투기 때문에 돈이 확 들어왔다가 나머지 기간에 안 들어온다면 기업들이 어떻게 건실한 운영을 하겠어요? 사실 증권거래소가 발달한 것은 완전히 미국 놈들 때문에 그런 거예요. 97년 IMF 터져서 야단났을 때, IMF에서 기업들에게 자기자본비율을 200퍼센트까지 맞추라고 했는데 다른 방법이 뭐가 있겠어요? 주식과 채권을 발행해서 자본금을 늘리는 수밖에요. 그러니까 주식을 헐값으로 발행할 수밖에 없었고, 미국 놈들은 그것을 사들여서 엄청나게 떼돈을 벌었잖아요. 지금도 증권거래소에서 사고파는 것을 크게 보면 외국 펀드들이 와서 장난치는 거죠.

지 은행 대출이나 이런 것도 신중하게 하지 않으면 안 될 것 같은데요. 대기업에게 무리한 대출을 해준 것이 IMF의 한 원인이라고 말씀하시지 않았습니까?

김 그렇죠.

지 성장과 분배와 관련해서 "성장과 분배의 상호관계를 경제 이론적으로 올바르게 파악하지 않고서는 경제정책이 자기의 목적을 달성할 수 없을 것이다"라는 말씀도 하셨는데요. 노무현 정권의 경제정책이 실패한 원인 가운데 하나도 그것이 아닐까요?

김 사실 노무현이 뭐했어요? 이야기할 때는 분배를 많이 했다고 하는데, 실제로 분배한 것이 뭐 있습니까? 그런 점에 대해서 어떤 노력을 했는지 전혀 발견 못 하겠던데요.

지 분배를 많이 했다기보다는 분배를 할 것처럼 얘기를 해서 서민들의 기대를 부풀린 게 문제였겠죠. (웃음) 양극화를 해소하겠다는 식의 발언은 있었지만, 실제 정책은 그렇지 않았잖습니까? 만약에 그게 사기가 아니라면 성장과 분배의 상관관계를 정확하게 경제이론적으로 파악하지 못하고, 돌아가는 매카니즘을 몰랐기 때문에 갈팡질팡하지 않았나 하는 생각이 들거든요.

김　노무현이 경제정책으로 뭘 했는지 기억이 하나도 안 나는데요. (웃음)

지　외국 투기자본에 대한 대책은 어떤 게 있을까요? 투기성 외국 자본 규제와 경영권 방어 수단을 둘러싼 논란에 대해서는 어떤 생각을 가지고 계십니까?

김　IMF 터졌을 때 말레이시아는 외환위기에 빠지지 않았어요. 돈이 들어오는 것은 좋다, 그런데 나갈 때는 1년 이후에 나가야 된다든지 하는 조건을 딱 붙였다구요. 아까 이야기했듯이 세금을 붙인다든가 하는 식의 수단이 많이 있더라구요. 그런데 우리는 그런 게 없었죠.

지　규제완화나 작은 정부를 자꾸 얘기하는데요. 경제에 있어서 정부나 국가는 어떤 역할을 해야 한다고 보시는지요? 국가의 개입이 어느 정도까지 이루어져야 할까요?

김　독과점에 관한 규제는 안 할 수가 없다구요. 제품 안전이나 건설회사가 지켜야 할 안전에 대한 규제, 음식물에 대한 규제 같은 내용은 완화할 부분이 아니잖아요. 그런 규제는 반드시 필요한 거거든요. 지금 이 정부는 자꾸 규제를 완화해야 한다고 하는데, 우리 사회에 규제를 완화할 수 있는 항목이 실제로 얼마나 있을지 모르겠어요. 미국에 독과점금지규정, 공정거래법 같은 게 있는데 그것은 엄청나게 방대하거든요. 온갖 자세한 게 다 있다구요. 우리가 미국을 신자유주의적이라고 해서 매우 자유로운 경제라고 생각하지만 세부적인 부분에 대한 규제는 굉장히 심하다고 봐야 합니다. 미국도 잘못될 것은 다 규정을 만들어서 제어하고 있고, 또 그런 규정은 철저하게 지키는 나라입니다. 독점금지법을 위반했다고 판정되면 MS 같은 회사도 쪼개질 위험에 처하지 않습니까?

지 성장과 분배와 관련해서 기업들은 늘 '우선은 성장을 해야 한다. 그래야 파이가 커져서 크게 나눠먹을 것 아니냐?'라고 얘기하고 있는데요. 성장과 분배가 같이 갈 수 없는 걸까요?

김 성장을 하겠다고 투자를 많이 하잖아요. 그러면 누군가는 그 생산물을 사야할 것 아녜요? 자본가가 노동자에게 임금을 줘야 그걸 가지고 물건을 사지 않겠어요? 성장과 분배는 맞물려 있습니다. 절대로 따로따로 노는 게 아니라는 얘기죠. 예컨대 성장한다 투자한다 이럴 때, 해외 구매자들이 많다고 생각해보자구요. 그래도 해외에 팔 수 있는 게 얼마가 될지 미리 예상을 해야 생산 규모를 결정할 수 있잖아요. 마찬가지로 해외에서 잘 안 팔린다고 하면 국내에서 팔아야겠죠. 임금을 제대로 주면 국내 시장이 커지는 거니까 물건이 잘 팔릴 거고 그러면 기업은 이윤이 생기니까 더 만들어내겠죠. 이렇게 볼 수도 있다는 얘기죠.

지　성장과 분배가 같이 맞물려 갈 수 있는 것이고, 내수 시장이 커지면 경제가 안정될 수 있다는 말씀이신데요. 그러자면 '수출 의존도가 높기 때문에 어쩔 수 없다'는 우리 사회의 미신을 깨야 하는 것 아닙니까?

김　그럼요. 우리 자동차 산업은 생산량이 세계 5위 거든요. 하지만 그게 처음부터 잘못된 겁니다. 수출만 생각하고 있었기 때문에 그렇게 된 거니까요. 이제 그런 식으로 규모를 키워서 수출에만 의존하는 행태에서 벗어나야 합니다. 그러자면 규모를 축소할 수밖에 없는 거라구요. 당진에 있는 한보 철강도 공연히 지은 거라구요. 사실은.

시장주의의 실패, 무엇을 남겼나

지　경제학이라는 게 사람들한테 '경제 이런 어려운 것은 전문가들한테 맡기고 당신들은 얘기하지마' 이런 식으로 활용되고 있는 건 아닌가 하는 생각도 드는데요. 아까 베네수엘라 얘기를 하신 것처럼 국민이 모여서 토론하고, 자신과 관련된 경제적인 정책을 선택할 수 있어야 하는데, 우리 주류경제학자들은 어려운 얘기나 하고, 숫자나 나열하면서 '우리가 결정할 테니까 너희는 그냥 따라와' 이런 식으로 강요하고 있는 건 아닐까요?

김　그렇죠. 그러니까 그것을 제대로 설명해봐, 이렇게 요구하는 것이 중요합니다. (웃음) 알아듣도록 설명해보라면 그 사람들은 완전히 상식적인 애기밖에 못 한다구요. 숫자를 아무리 써봐야 이해를 할 수가 있어야죠.

지 막연한 질문일 수도 있지만, 경제학이 사회에 어떤 역할을 해야 한다고 보십니까?

김 경제학은 의식주 생활부터 시작해서 인간의 삶과 연관된 기본에 대한 이야기라구요. 특정한 경제적 측면에 대한 이야기를 하기도 하지만 가장 기본이 되는 학문이라고 생각해요. 돈을 벌어서 먹고 살아야 하는데 어떻게 돈을 벌 수 있나, 회사나 공장이 어떤 조직인가, 거기서 내가 얼마나 억압을 받나, 착취를 당하고 있는 건 아닌가, 살아가는 동안 이런 질문이 나올 수밖에 없다구요. 가정을 꾸리고 살아도 그런 문제는 계속 생기잖아요. 결국 경제학은 인간 생활의 중추적인 부분을 다루고 있는 겁니다.

지 시장만능주의가 판을 치고 있는 것 같은데요. "시장에 맡기는 것이 옳은가 하는 물음에 답하기 위해서는 시장이 무엇인지를 알아야 하고, 시장이 어떻게 움직이는가를 알아야 하며, 시장이 모든 경제 문제를 대다수의 국민에게 이익을 주는 방향으로 해결할 수 있는가를 살펴야 하고, 시장이 정부의 개입 없이 자기 스스로 유지될 수 있는가를 알아보아야 한다"고 지적하셨습니다. IMF 이후 사회적 분위기는 시장예찬론으로 넘어가버린 것 같습니다. 선생님은 시장이라는 것을 어떻게 규정하시는지요?

김 시장에 상품이나 화폐만 있을 수는 없어요. 시장이 혼자서 있을 수가 없다는 말입니다. 시장에 나가서 물건을 사고팔 때는 하나의 법규가 있어야 합니다. 시장에는 정부가 개입을 하게 되어 있다구요. 그게 법적인 개입이든지, 어떻든지 말이에요. 가령, 시장에서 물건을 사고 돈을 안 내면 잡아야 할 것 아네요? 사기를 쳤다면 그에 따른 적절한 조치를 해야 하구요. 이렇게 보면 시장이라고 하는 곳은 언제나 정부가 개입을 하고 있다고 봐야 합니다. 시장과 정부를 대립시키는 것은 말이 안 되죠. 그런데 주류경제학자들은 시장과 정부가 완전히 별개인 것처럼 얘기하고, 규제를 없애면 모든 것이 다 잘될 것처럼 얘기하니까 문제가 생겨요.

지 재벌들의 규제 철폐 요구가 어떤 부분에서 먹혀들어가는 것은 군사정권 시대에 대한 혐오감, '통제는 나쁜 것'이라는 인식 때문에 설득력이 있다고 말씀하셨는데요. 민주화 세력도 한국은행 독립 이런 부분에서 무조건 독립을 시켜주는 게 옳다고 생각했던 것 같습니다. 박정희 정권 때 취했던 조치가 모두 다 잘못된 것은 아닌데 무조건 반대로만 가는 것이 옳은 것이라고 생각한 측면도 있지 않습니까? 사안마다 틀릴 수 있는 건데요. 현재의 이명박 정권도 마찬가지구요.

김 독재정권이 쭉 집권했기 때문에 우리 사회는 규제라는 부분에 대해 알레르기 반응이 많아요. 특히 국영기업을 비능률의

표본처럼 생각하죠. 대통령이 낙하산 인사로 측근을 심어놓으니까 경영이 잘못될 가능성이 많으니까요. 하지만 좀 달리 봐야 합니다. 국영기업이기 때문에 문제가 있는 게 아니라 민간 자본가든지 정부든지 그 기업을 잘못 운영한다면 어차피 문제는 생기는 거잖아요. 국영이냐 민영이냐가 중요한 문제가 아니라는 거죠. 앤드류 그린이 민영화에 대해서 평가를 한 것을 보니까 그래요. 민간에 팔아서 능률이 오른 것인지, 민간이 운영하는 식으로 정부가 제대로 했으면 능률이 올랐을 것인지를 고민해봐야 하는 거죠. 그린이 볼 때는 정부가 제대로만 운영했다면 잘 돌아갔을 거라고 판단한다는 얘기거든요. 사안마다 다르다는 거죠.

지 《자본론》에서 마르크스는 "기계 그 자체는 노동시간을 단축시키지만 자본주의적으로 사용되면 노동시간을 연장시키며, 기계 그 자체는 노동을 경감시키지만 자본주의적으로 사용되면 노동강도를 높이며, 기계 그 자체는 자연력에 대한 인간의 승리이지만 자본주의적으로 사용되면 인간을 자연력의 노예로 만들며, 기계 그 자체는 생산자의 부를 증대시키지만, 자본주의적으로 사용되면 생산자를 빈민으로 만든다"고 했는데요.

김 기술결정론이라고 해서 기술이 발달하면 새로운 세상이 온다고 보는 시각이 있어요. 기술을 어떻게 이용하느냐 결국 그게 문제거든요. 어떤 기술을 도입해서 노동자들을 편하게 해주겠다고 작정하면 노동자들의 노동시간을 단축시킬 가능성도 충분히 있다는 이런 얘기죠.

지 기술이 발전하면 인간이 편해지는 게 맞지 않습니까? 그
런데 기술의 발전이 인간을 소외시키는 방향으로 나가는 경우
도 많지 않습니까? 노트북과 무선 인터넷이 생기면서 휴가 때
도 일을 해야 하는 상황이 벌어지고 있잖아요.

김 그렇죠. 점점 일이 더 많이 생기는 거죠.

지 이진경 씨도《자본을 넘어선 자본》에서 "자동화가 노동자
의 고용 없이 인간의 노동능력 자체를 기계적으로 포섭하여 노
동자의 고용 없이 인간의 모든 사회적 활동을 기계적으로 포섭
하여 이용하고 착취하는 것이다"고 했는데요. 점점 그 속도가
빨라질 텐데요. 그것도 사람들이 제어하기 힘들 정도 아닙니까?

김 자동화라는 것을 마르크스주의적 관점에서 보면 이렇게
돼요. 모든 산업이 자동화된다면 자본주의는 성립하지 않아요.
모든 산업이 자동화되어 버리면 노동자가 없잖아요. 그러면 누
가 물건을 사냐구요. 그때는 새로운 사회로 넘어가요. 모든 사
람들이 자기 필요에 의해서 가져가는 식으로 할 수밖에 없다구
요. 다만 일부만 자동화하고, 다른 업체들은 자동화를 안 했다
면 자동화한 업체는 이윤을 보다 많이 얻을 수는 있겠죠. 그런
것은 생각할 수 있지요.

지 이진경 씨는 "자본은 대중의 창조성과 자율성을 부추김과

동시에 억압할 필요가 있다. 네트워크 사용자들을 자신의 통제 안에 가두고 포섭하려는 MS의 시도가 오히려 초라하고 구차해 보이는 것은, 사용자들의 창조성과 자율성이 이미 그 거대한 자본의 힘으로도 가둘 수 없는 것임이 점점 분명해지고 있기 때문이 아닐까?"라고 했습니다. 지금 MP3 분쟁에서 보듯, 인터넷을 통한 자본과 대중의 분쟁이 늘어나고 있는 것 같은데요. 인터넷이 자본주의에서 탈출하거나 완화하는 도구가 될 수 있다고 보십니까? 아니면 그 반대로 보십니까?

대중이 인터넷을 통해 정치를 어느 정도 변화시킬 수 있다는 희망을 보기도 했지만, 절망적인 부분도 보이는데요. 지금은 자본가들이 저작권 같은 것을 바탕으로 소송을 걸고 하니까 네티즌들이 움츠러들고 있는 부분도 있는 것 같구요. 기술적으로 복제를 막을 수는 없지 않습니까? 한편으로 사람들이 음반 CD를 사지 않아서 산업이 무너지는 측면도 있구요. 정치와 연관해서는 인터넷으로 의견을 쉽게 표출할 수 있다는 점을 변화의 동력이 될 수도 있겠다고 생각한 시절이 있었지만, 악플로 인해서 사람이 죽기도 하는 등 인터넷 환경은 여러 가지 모습을 가지고 있습니다. 선생님께선 인터넷을 통해서 희망적인 변화가 생길 수 있다고 보십니까? 아니면 재앙이 될 수 있다고 보십니까?

김 희망적인 가능성이 많다고 봐요. 지금 우리는 과거에 비해 정보나 지식을 금방 얻을 수 있는데, 이건 엄청나게 훌륭한 거잖아요. 소프트웨어든지 하드웨어를 개발하는데 막대한 돈이 드는 건 사실인데요. 개발을 했다고 무한정 돈을 내라고 하는 것은 무리라고 생각합니다. 충분한 보상을 받아야 되는 것은 맞다고 생각하지만 사회를 위해 환원하는 측면도 있어야겠죠.

지　한미FTA를 통해서도 지적재산권이나 저작권이 훨씬 정교하게 적용될 텐데요.

김　그것은 사실 문제라고 생각해요. 그런 식으로 해버리면 문화가 발달이 안 되는 거죠.

지　특허권이나 저작권이 촘촘해지면 그걸 응용해서 뭘 만드는 것도 힘들어지니까요.

김　프리웨어나 카피레프트 같은 게 중요해져야죠. 앞으로 그렇게 가야 하지 않겠어요?

지　신자유주의 이론이 개발도상국에서는 실패를 거듭하고 있는 것 같은데요. 그런데도 그것을 추진하는 이유는 뭘까요?

김　선진국에서 요구를 하니까 밀리는 거죠. 외부에서 밀리고, 후진국의 대자본가들은 시장을 개방하는 게 이익이 된다고 생각하니까 내부에서 그런 것을 요구하고 있다고 봐야 하겠죠.

지　이명박 정부의 경제는 어떻게 전망하시는지요?

김　우리나라는 외국과 거래가 많기 때문에 세계경제 특히 미국경제가 얼마나 잘 되느냐에 따라서 영향을 많이 받아요. 그렇기 때문에 이명박 정부는 굉장히 불운하다는 생각도 들어요.

앞으로 미국경제가 엄청나게 나빠질 가능성이 높거든요. 그 때문에 우리 경제도 어려워질 가능성이 많죠. 이명박 정부는 기본적으로 자기의 세력권이 부자하고 대기업이기 때문에 이놈들한테 세금을 인하해주고, 상속세도 낮춰주고 분명히 그럴 거라구요. 그러면 세입이 줄어드는데, 정부에서 할 수 있는 게 없잖아요. 적은 세입을 가지고 일반 사람들을 위해서, 특히 못사는 사람들을 위해서 쓸 가능성은 별로 없다구요. 그런데다 자꾸 북한하고 대결구도가 지속되면 안정을 위한답시고 무기를 사와야 하니 일반 시민들의 생활은 분명 더 나빠질 겁니다. 그런데다가 교육을 학원에서 전부 할 수 있게 해버리니 사교육비 지출로 일반 서민들의 생활은 더 궁핍해지겠죠. 아파트 값을 올리는 것을 가만히 둔다든지 그러면 더 그렇겠죠. 서민들의 미래가 위험하다고 생각합니다.

지　토니블레어가 표방한 제3의 길을 변형신자유주의라고 표현하셨는데요. 그게 한국에서도 일어나고 있는 거 아닌가요? '신노동당은 점점 더 보수당의 이데올로기에 동화되면서 득표 전략에만 치중하고 있다'고 하셨는데, 한국에서도 노무현 정권이 제3의 길을 찾는답시고 보수 진영의 이데올로기에 동화되어서 득표 전략에만 치중한 면이 있는 것 같은데요.

김　노무현이 그렇게 진보적인 생각을 가지고 있었는지는 모르겠지만, 좌우를 나누면 중간에 있었던 것이 영국의 올드 레이버라구요. 이게 케인스주의고 사회민주당이고 실제로 제3의 길이에요. 그 다음에 나온 마가렛 대처는 오른쪽 끝 쪽에 있다 구요. 그런데 토니 블레어가 제3의 길이라고 할 때는 구노동당 과 마거릿 대처의 중간 정도가 되겠죠. 엄청나게 우익으로 편 향된 것이 현재 제3의 길인 건데요. 노무현 정권도 분명히 그런 측면이 있었습니다.

혁명적으로 뭘 한다고 할 때는 우연한 계기들이 많이 있어요. 정치적으로 혁명을
하는 것은 권력이 옮겨지는 거잖아요. 그러나 사회의 제도랄까 경제의 제도랄까
사람들의 의식이랄까, 이런 것을 다 고쳐 나가려면 엄청나게 긴 시간이 걸리는
거예요. 위에서 정권만 교체했다고 해서 끝나는 것이 아니기 때문에 변화하는 과정,
혁명하는 과정, 개혁하는 과정에 굉장히 긴 시간이 걸린다고 봐야 합니다.
새로운 사회를 만들어갈 때 이런 점을 염두에 두고, 하나하나씩 점검하고
육성하고 연대하는 방식으로 가는 것이 새로운 사회를 튼튼하게 하는 기반이라고
봐야 합니다.

CHAPTER 02

자본론으로
한국경제를 말하다

한국경제,
새로운 희망의 조건

점진적 혁명이 사회를 바꾼다

지　성공회대 석좌교수가 되셔서 강의를 하고 계신데요. 어떠세요? 그 전에 서울대에서 강의하실 때 하고.

김　발령장을 받은 게 4월 28일인가 그랬어요. 1학기는 이미 수강신청이 끝났기 때문에 정규 과목을 개설하지 못했습니다. 그 대신 대학원생을 상대로 일반 사람들에게도 개방해서 공개 강의를 하라고 했어요. 제목이 '김수행 교수와 함께 하는 한국경제, 세계경제 바로 알기'입니다. 매주 수요일 저녁 7시부터 10시까지 8번 강의를 하는데, 어제가 여섯 번째였어요. 한 200명쯤 옵니다.

지　첫날은 300명 정도 왔다고 신문에 났던데요. 성공회대에서 이렇게 많은 사람이 오는 강연을 요새 보지 못했다고 하는 것 같은데요.

김 그 학교는 학생 수가 워낙 적으니까요. 그런데 수강생들이 상당히 열심히 해요. 질문도 많이 하구요. 경제학을 전공한 사람들이 수강하는 게 아니니까 어려울 수도 있겠다고 생각해서 제가 일반적인 이야기를 많이 하거든요. 그래서 그런지 '궁금했던 부분을 어떻게 논리적으로 설명하는지를 알 수 있어서 좋았다'는 평이 나오는 것 같아요.

지 예전에는 한신대가 진보적인 학자들의 메카였다고 할 수 있는데, 지금은 성공회대가 그런 것 같습니다.

김 연도순으로 따지면 한신대가 먼저였어요. 한신대는 신학과 중심에서 종합대학으로 변했습니다. 성공회대도 신학부 중심으로 했다가 이렇게 종합대학이 된 것이 얼마 안 됐다고 하더라구요. 사회과학부에 사회학, 정치학, 경제학, 역사학을 연구하는 사람들이 있는데 모두 진보적이고 좋은 사람들이에요. 이 학교도 이사회에서 총장을 결정하는데, 주로 성공회대 성직자들이 모여서 하는 모양입니다. 그러니까 이사회에서 총장을 성공회대 성직자 중에서 한 사람을 뽑는 모양이에요. 일반 선생들하고 학생들은 전혀 개입을 못하니까 이것 때문에 학생들이 야단이더라구요.

지 마르크스경제학을 전공하셨는데요. 흔히 공산주의에서는

'종교는 인민의 아편이다'라고 말하지 않습니까? 서울대 빼고는 계속 신학과 관련된 학교에 계셨는데, 종교에 대해서는 어떻게 생각하시는지요?

김 종교에서 신이 있다 없다 그렇게 얘기하는 것은 조금 문제가 있다고 생각합니다. 그보다는 기독교를 예로 들면, 모세라는 사람이 훌륭했다든지 예수에게 우리가 배울 점이 많다든지, 이렇게 생각하는 게 훨씬 좋다고 봐요. 귀신이 있어서 뭘 어떻게 했다든지 그런 영적인 부분을 말하는 게 신자의 요인이라고 하는 것을 저는 별로 좋아하지 않아요. 저도 매주 교회에 나가고 믿기도 하지만 예수가 훌륭한 사람이니 그 사람을 본받아야겠다고 생각해서 나가는 부분이 더 큽니다.

지 공격적인 선교를 하는 일부 신자들도 있지 않습니까?

김 저는 그런 부분에 전혀 관심이 없어요.

지 그런 분들과 갈등을 일으키는 경우는 없습니까?

김 종교 문제를 가지고 토론을 안 해요. 토론을 한다면 전혀 다른 차원의 문제로 하죠. 마리아가 처녀 때 애를 낳았다거나 그런 부분을 종교의 핵심 요인이라고 믿어야 한다는 식으로 말하는 것은 굉장히 엉터리라고 생각해요.

지 결국 서울대에서 후임으로 마르크스경제학자를 뽑지 않았는데요. 이영훈 교수가 앞으로도 뽑을 생각이 없는 것처럼 인터뷰에서 얘기하기도 하던데요.

김 교수 모집을 할 때 경제학 일반, 그렇게 해놓고 괄호 열고 정치경제학 포함이라고 해놨는데요. 마르크스경제학을 하는 사람 세 명이 지원했어요. 다른 전공자도 한 명 지원했구요. 그러면 마르크스경제학을 전공한 사람을 한 명 정도 뽑으면 좋잖아요. 이번에 지원한 사람들이 한국에서 최고 수준이라구요. 한 사람은 영국에 유학해서 논문을 많이 썼어요. 다른 두 사람은 서울대학교에서 박사 학위를 받고, 해외 잡지에도 논문을 많이 쓰고 있어요. 민교협 교수노조 그런데서 활동을 많이 한 사람도 있거든요. 마르크스를 공부한 사람을 한 명도 안 뽑은 이유가 연구업적 부족이라고 합니다. 연구업적이 부족하다는 말을 곧이곧대로 해석하면 이런 문제가 있어요. 경제학 하면 제일 좋은 잡지부터 쭉 순서가 있을 것 아닙니까? 좋은 잡지가 어떤 것이라는 것도 교수들이 꼽는데 그게 다 주류경제학 잡지거든요. 주류경제학 잡지에서는 마르크스경제학 논문을 싣지 않아요. 들어갈 자리가 없다구요. 그렇기 때문에 연구실적이 없다고 이야기했을 가능성도 있어요. 나름대로 마르크스경제학 하는 잡지들이 있으니 그 중에 권위 있는 잡지에 글을 썼다면 연구실적으로 인정을 해줘야되는데, 그렇지 않거든요. 마르크스경제학을 한 사람은 안 뽑겠다는 투라구요. 경제학부 교수 정원이 34명인데, 지금 32명이 있다구요. 그러니까 2학기에도 공고를 또 내야 돼요. 지금 공석인 두 사람하고, 이번 8월에 정년퇴임하는 김신행 교수의 후임도 뽑아야 되거든요. 2학기 때는 어떻게 될지 모르죠. 그때 선생들이 모여서 무슨 과목을 뽑을지 결정해야 하니까요.

지　이영훈 교수는 인터뷰에서도 '2학기 되서도 뽑을 가능성이 있다고 볼 수 없다'는 취지의 얘기를 하던데요.
김　그 말은 맞죠.

지　사실상 안 뽑겠다는 얘기가 아니냐고 추측하는 사람들도 많더라구요. (웃음)
김　그렇게도 이해하지만, 학생들이 들고 일어나서 교수들을 압박하면 안 뽑을 수는 없는 거죠. 그런데 학생들이 그런 식으로 나오기가 요즘은 힘들어요.

지　성공회대는 학생들이 수업을 안 하고 촛불시위에 참여하는 것으로 알고 있는데요.
김　촛불시위를 직접민주주의라고 할까, 참여민주주의의 하나의 형태가 되는 것 같다고 해서 좋게 보고 있어요. 국회를 통해서 뭘 해야 한다 대의제민주주의다 뭐다 이래버리면 한계가 있거든요. 제가 베네수엘라 이야기를 하면서 강조하는 게 있어요. 베네수엘라는 석유가 굉장히 많이 나잖아요. 차베스가 대통령이 되기 이전에 두 개의 큰 정당이 있었는데 그게 전부 보수당이었어요. 이 친구들이 석유에서 들어오는 수입을 자기들끼리 갈라먹고 국민 특히 빈민층에게 아무런 혜택을 안 줬단 말이에요. 차베스가 대통령 선거에 나와서 '나는 빈민을 위한 정치를 하겠다'고 하니까 당선이 됐잖아요. 그리고 차베스는 실제로 빈민을 위주로 정치를 해서 그들의 생활을 개선했거든요. 석유 수입을 국고로 잡고 빈민들을 중심으로 해서 주민자치위원회를 동마다 만들어서 스스로 자기 동네를 운영하게 만들었다구요. 빈민이 정치적으로 각성을 하고 굉장히 활발히 활동하게 만들었죠. 대의제라고 하는 것이 말이 좋아 그렇지, 잘못하면 나눠 먹기식으로 잘못 운영될 수 있어요. 인도나 파키스탄도 마찬가지더라구요. 선거는 잘하는데 빈민을 위한 정책이 나오지 않습니다. 우리나라도 한나라당이나 민주당이나 자기들끼리 딴소리를 주고받지만, 정작 빈민들의 실제 문제에 대해서는 목소리를 높이지 않는다는 말입니다. 정치판이 이러면 어쩔 수 없이 주민들이 직접 나서서 요구할 수밖에 없는데 촛불시위가 그런 형태의 하나라고 봅니다. 저는 촛불시위가 대의제민주주의에 대해서 큰 경종을 울리는 것이라고 생각하고 있어요.

지　대의제민주주의가 민주주의의 완벽한 형태가 아니라면 정치인이나 관료가 잘못했을 때 주민들이 소환한다든지 하는 보완책이 있어야 될 텐데요.

김　베네수엘라에는 대통령을 소환할 수 있는 제도가 있어요. 유권자의 30퍼센트가 소환하자고 하면 국민투표를 붙여서 대통령을 소환할 수 있거든요. 우리는 그런 것도 없고, 대통령을 일단 한 번 뽑으면 끝이죠. 이건 좀 문제가 있잖아요.

지   선생님께서 말씀하신 새로운 사회라는 것이 구성원들끼리 어떤 방향으로 갈 것인지 계속 끊임없이 토론하고 합의하는 과정에서 도출될 수 있다고 하셨는데요. 지금 그런 동력이 촛불시위를 통해서 보이고 있지 않나 하는 생각도 드는데요.

김   저도 그렇게 생각해요. 운동이란 게 꼭 노동자 계급이 중심이어야 하는 건 아니니까요. 지금 굉장히 잘하고 있는 거라구요.

지   보수언론들이 굉장히 당황하고 있는 것 같은데요. 촛불집회에 대해서 여러 가지 공격을 하고 있지 않습니까? 미국 일부에서는 이런 저항이 자유무역의 후퇴를 초래하지 않을까, 자유무역을 정부 차원에서 하자고 해도 '우리가 보기에 위험해서 미국산 쇠고기는 못 먹겠다'고 저항하고 있는 거니까 이것을 자유무역이 후퇴하는 하나의 조짐이 되지 않을까, 자유무역의 위기의 전조라고 진단하는 사람들도 있는 것 같습니다.

김   그렇게 얘기하는 사람은 별로 없을 것 같은데요. 이것은 자유무역 그 자체에 대한 것이 아니고 부시가 이명박과 둘이 한 이야기에 대한 저항이라구요. '우리가 주는 쇠고기 그냥 받아. 그러면 우리가 한미FTA 의회에서 통과시켜주려고 노력을 할게', 이렇게 교환한 거거든요. 광우병하고 관련된 것을 하나도 논의하지 않고 다 풀어버렸잖아요. 노무현 정권 때 맺은 협정을 완전히 없애버리고 아무거나 들어와도 다 받겠다고 했으니까 그것은 자유무역하고 관계가 없는 거죠.

지   예전에는 국익 이야기를 하면 아무도 저항하지 못했고, 관료들이나 정치인들이 윽박을 지르던 것이 통하지 않았습니까? 그런데 지금은 '따져보고 먹을 거야'라고 시민들이 나서니까 자유무역론자들이 갖는 위기의식을 그렇게 표현한 것 같은데요.

김   지금은 한미FTA 자체에 대해서 의문이 생긴 거죠. 쇠고기 협상을 보니까 미국이 우리한테 하는 짓이 너무 일방적이잖아요. 우리가 그걸 수용하면 꼼짝을 못하잖아요. 한미FTA에 대한 규정을 아직 못 읽어봤기 때문에 정부가 이야기하고 학자들이 나와서 한미FTA가 좋다고 하니까 막연히 그것을 믿었는데, 이제는 시민들이 그들의 이야기를 안 믿겠다는 얘기거든요. 거기서 문제가 생긴 거죠. 한미FTA도 미국 의회에서 지금 형태로 민주당에서 통과시키지 않겠다고 이야기하면 어차피 재협상에 들어갈 것 아닙니까? 재협상 들어가면 우리한테 더 많은 요구를 할 것이고, 그러면 한미FTA 논의는 끝난다고 생각하는데요.

지   이번에 강신준 교수가 《자본》을 다시 번역해서 내지 않았습니까?《시사저널》과의 인터뷰에서 "당시는 시대적인 요청 때문에 서둘러 내느라 번역에 오류가 많았고, 그나마 모두 절판됐다. 지금 서점에 있는 김수행 선생 번역본은 영어판 중역본이라서 독일 관념철학을 토대로 한 변증법적 유물론 부분을 옮기는 데 한계가 있다고 봤다. 묵은 빚을 갚는다는 심정으로 다시 번역을 마쳤다"고 했는데요.

김   그 말은 맞아요. 이론과실천에서 나온 것은 강신준 교수가 처음부터 번역을 한 것은 아니고 운동권 학생들과 나눠서 세미나를 하면서 번역한 것을 대표해서 출간한 게 아닌가 하는 생각이 들더라구요. 본인도 그렇게 얘기하는 것 같구요. 그렇기 때문에 다시 번역해야겠다고 생각하는 것은 맞는 것 같습니다. 저도 아직 그 책은 못 받아봤어요. 마르크스도 자기의 생각을 새롭게 정립하려면 자꾸 새로운 단어를 만들어낼 수밖에 없잖아요. 헤겔이 썼던 용어를 그대로 쓰면 안 되니까 다른 말로 바꿔 썼거든요. 헤겔 용어를 대치할 새로운 말을 많이 썼는데 거기에 딱 맞는 영어가 없잖아요. 하지만 독일에 가서 공부를 많이 한 사람은 그런 감을 잡을 수 있지요. 마르크스가 독일어로 썼기 때문에 그것을 바로 번역하는 것이 가장 좋다는 것은 저도 인정합니다. 제가 번역한 방식은 단어를 중심으로 하는 게 아니라 전체를 이해해서 독자들이 이해할 수 있도록 우리말로 새롭게 쓰는 방식이었어요. 그러니까 생소한 용어가 나타나지 않아요. 그런데 만약 독일식 용어를 만들어내서 썼다면 독자들은 그게 무슨 얘기인지 모르겠죠. 우리나라에는 그런 용어가 없으니까요. 결국 저는 그 당시에 우리말로 풀어쓸 수밖에 없었어요.

지 《자본주의 이후의 새로운 사회》라는 책을 보면 김창근 교수가 '유고슬라비아의 시장사회주의 전개과정과 문제점'이라는 글에서 유고슬라비아의 예를 들면서 "시장사회주의론은 한편으로 자본주의의 모순과 문제점을 비판하면서 순수한 자본주의를 거부하지만, 다른 한편 기존의 사회주의가 가지고 있던 문제점을 지적하면서 '계획경제'를 자본주의에 대한 대안으로 수용하기를 거부한다. 시장사회주의론은 자본주의의 중요한 요소인 '시장'과 사회주의의 중요한 요소인 '노동자들에 의한 기업의 자주관리'를 결합한 시장사회주의를 자본주의와 기존의 사회주의에 대한 대안으로 제시한다. 이 이론에서는 시장이라는 요소가 경제적 '효율성'을 높여주며, 노동자들의 기업 소유가 경제적 '형평성'을 높여주는 것으로 가정된다"고 했는데요. 시장사회주의가 실패한 이유는 무엇입니까?

김 유고의 경우 각 지방마다 기업이 있는데, 노동자에게 그 기업을 알아서 관리해서 이윤을 내라고 했거든요. 이윤을 내면 그것을 분배하거나 재투자할 수 있는 자유를 줬단 말입니다. 노동자들이 보기에 물건을 만들어서 이익이 나겠다 싶으면 시장에 나가서 팔게 되잖아요. 이건 자본주의하고 다를 게 별로 없어요. 차이가 있다면 공장을 노동자들이 소유하고 있다는 점이죠. 그것을 자주관리라고 합니다. 어쨌든 경제 안에서 각 기업이 하는 역할이 있어야 계획이 돼요. 그렇지 않고 각 공장이 마음대로 생산해버리면 시장에서 과잉생산이라는 문제가 생기잖아요. 그런 식으로 자본주의적인 폐해가 나타날 가능성이 있어요. 그리고 기업을 노동자들이 운영을 해서 이익을 분배하려고 하니까 이익을 많이 가지려고 새로운 노동자를 채용하지 않는 문제가 나타나기도 합니다. 노동자 이기주의가 엄청나게 발달하는 문제가 생기는 거죠. 사회 전체로 보면 그렇게 되는 것이 유고슬라비아의 가장 큰 문제 같더라구요.

지　결국 사회주의 입장에서도 시장을 도입한다는 것 자체가
근본적인 해결책이 아니라는 건가요?

김　이렇게 생각하면 됩니다. 저는 공산주의로 가는 길이 사
회주의라고 생각하는데요, 자본주의에서 사회주의로 가려고
하면 우선 자본주의에 있던 것을 천천히 변화시키면서 공산주
의로 갈 수밖에 없습니다. 현재 사회와 나아가려는 사회는 달
라요. 자본주의 하에서는 대기업이 있고, 중소기업이 있고, 자
영업도 있고, 농업도 있는데, 이것을 한꺼번에 국영화 하는 것
은 굉장히 무리입니다. 대기업이나 재벌을 국영화하기는 쉽고
또 해야 하지만, 자영업은 시장에 맡겨둬도 된다구요. 규모가
작고 별 문제가 없기 때문에 전체를 어떤 식으로 엮어낼까 하
는 문제는 사회의 변화를 보면서 한참 나중에 해야 할 이야기
라고 봅니다. 저는 현실을 이렇게 보기 때문에 모든 것을 한꺼
번에 다 국영화하고 집단화하는 것은 오히려 큰 문제가 생길
거라고 봅니다.

지　그러면 현재 중국 같은 경우는 시장사회주의의 실험이라
고 보십니까? 아니면 자본주의의 성공이라고 보십니까?

김　중국은 자본주의죠. 중국 공산당이 일당독재한다는 것을
사회주의가 살아 있다는 증거라고 하는데요. 그것은 오히려 나
쁜 증거라고 봐요.

지　그래도 아직은 공산당이 남아 있고, 특권층이기 때문에 자본주의의 묘한 형태라고 볼 수도 있는데요.

김　그렇게 되어 있지만 경제 운영은 자본가들이 자기 이익을 위해서 하고 있다는 거죠. 실제로 보면 실업자 문제를 제대로 해결할 수 없고, 의료나 교육도 전부 각자가 알아서 해결해야 하잖아요. 전 인민을 위한다든지 국민 전체를 위해서 뭘 하는 게 하나도 없다구요. 빈부격차가 자꾸 심해지니까 그런 문제가 생기잖아요. 당장에 민주화를 요구하고 선거를 하자든지, 왜 공산당이 혼자 독재를 하느냐는 문제가 불거져서 정치 때문에 경제가 혼란에 빠질 가능성도 있죠.

지　신정완 교수는 '스웨덴 사회민주주의'라는 글에서 스웨덴 사민주의를 매우 부정적으로 평가하는 입장으로 마르크스주의적 입장과 자유주의적 입장을 들 수 있다고 했는데요. 스웨덴 사민주의를 비판하는 마르크스주의적 입장은 무엇인가요? 점진적인 개혁이 급진적인 변화를 가로막고 있다는 얘기 같은데요.

김　혁명적으로 뭘 한다고 할 때는 우연한 계기들이 많이 있어요. 정치적으로 혁명을 하는 것은 권력이 옮겨지는 거잖아요. 그러나 사회의 제도랄까 경제의 제도랄까 사람들의 의식이랄까, 이런 것을 다 고쳐 나가려면 엄청나게 긴 시간이 걸리는 거예요. 위에서 정권만 교체했다고 해서 끝나는 것이 아니기 때문에 변화하는 과정, 혁명하는 과정, 개혁하는 과정에 굉장히 긴 시간이 걸린다고 봐야 합니다. 스웨덴식의 복지사회는 모든 사람이 한마디씩 할 수 있고, 자기의 생활을 개선할 수 있는 여지가 있기 때문에 굉장히 좋은 사회로 보이죠. 하지만 그리로 가면서 다른 대안적인 형태를 자꾸 만들어가야 하는 것이지, 한꺼번에 하려면 안 되는 겁니다. 소련의 역사를 봐도 차르의 전제정치에서 노동자와 농민계급이 혁명을 하고, 볼셰비키가 개혁하는 과정에서 민주주의적인 전통이 있었더라면 스탈린이 나타날 수는 없었겠죠.

새로운 사회를 만들어갈 때 이런 점을 염두에 두고, 하나하나씩 점검하고 육성하고 연대하는 방식으로 가는 것이 새로운 사회를 튼튼하게 하는 기반이라고 봐야 합니다. 보통 마르크스주의자들은 이렇게 얘기하잖아요. 스웨덴도 결국은 자본가들, 큰 재벌들이 많으니까 '재벌들이 경제를 지배하는 것 아니냐, 그러니까 노동자들이 공장 안에서 자주관리를 한다든지, 돌아가면서 사장도 하는 식으로 노동자들의 능력과 지위가 높아지는 일은 전혀 되지 않는 것 아니냐, 자본가계급이 이윤 추구를 하는 하나의 도구로써 노동자들을 여전히 착취하고 있는 것은 아니냐'고 비판을 할 수도 있죠. 충분히 그럴 수 있어요. 스웨덴은 자본가들이 노동자들을 착취하는 착취분의 얼마를 국가에 세금으로 내서 국가가 복지를 하기 때문에 분배 면에서는 상당히 진행이 됐지만, 생산 그 자체에 있어서 노동자들이 자기의 능력을 개발하는 것이 우선이라는 개념은 없는 것 아니냐는 비판을 하고 있는 건데요. 그 비판은 맞아요.

지　세상이 복잡해지면서 산업도 여러 가지 형태가 생기지 않았습니까? 완전하게 민주적인 영화 제작현장이라면 영화가 나올 수 없다는 얘기도 있는데요. 수많은 선택의 과정 속에서 모두에게 똑같은 권한을 줄 수는 없다는 건데요.

김　마르크스는 이렇게 얘기해요. 어떤 단체에서나 오케스트라의 지휘자 같은 존재가 필요하다, 지휘자가 전체를 총괄하는 일을 해야 한다고요. 어느 사회나 그런 것은 필요하지요. 다만 이 지휘자의 역할이 착취의 기능과 결부되면 안 된다는 거죠. 각자 자질은 다 다를 수 있으니까 그것을 적재적소에 사용해야 되겠죠.

지　하긴 영화 현장도 예전과 많이 달라져서 제작진, 배우들과 의사소통을 잘하지 못하는 감독은 성공하기 힘든 것 같기도 하더라구요.

김　그렇죠.

지　결정은 자기가 하지만, 결정하는 과정에 있어서는 충분히 민주적이어야 한다는 말씀 같습니다.

김　맞아요.

노동자가 주인 되는 세상

지 신정완 교수는 아까 그 글에서 '1990년대에 일관되게 추진된 긴축정책이 스웨덴 경제의 체질을 강화시킨 데다, 치밀하고 규모가 큰 복지국가가 세계화, 금융화, 정보화 등으로 인한 충격을 잘 흡수할 수 있었다. 따라서 강한 복지국가는 세계화 시대에 더 이상 존립할 수 없다는 통념은 옳지 않다는 점을 잘 보여준 사례라 할 수 있다'고 하면서도 '스웨덴 사민당이 대체로 시장원리 지향적 개혁을 통해 경제회생을 달성했다는 점은 사민주의 정치에 고유한 딜레마를 잘 보여준다'고 지적하지 않았습니까?

김 1980년대 이후에 미국과 영국 같은 주요 선진국들 쪽에서 신자유주의적인 시장만능주의가 대두되면서 실업문제나 빈곤문제는 개인의 책임이라며 사회보장제도를 축소해버렸어요. 이런 과정에서 국내 시장의 규모가 굉장히 줄어들어 버렸다구요. 저소득층에 가는 혜택을 줄이고, 학교나 병원에 투자를 적게 하고, 실업수당도 적게 주는 식으로 하니까 국내 시장이 자꾸 줄어들죠. 그러니까 세계 시장으로 나갔습니다.

반면에 덴마크, 스웨덴, 노르웨이, 핀란드는 오히려 내수 시장으로 돌아섰습니다. 밖에서 시장이 줄어들어 생기는 불황을 정부가 자꾸 직장을 만들어내는 것으로 보충했어요. 아이들을 보육하는 일자리를 만들어주고, 환자를 돌보는 일이나 늙은 사람들을 돌보는 일에도 인력을 투여하는 식으로 정부가 중심이 되어서 일자리를 만들어낸단 말입니다. 실업을 한 사람들을 교육시켜서 다른 직업을 얻도록 도와주기도 하구요. 이렇게 국내 시장을 성장시키니까 그 나라들은 경제성장률도 올라가면서 복지도 잘되죠. 복지와 성장, 성장과 분배가 선순환을 하는 겁니다.

지 '사민주의 이념을 선택한다는 것은 자본주의의 극복이 아니라 자본주의와의 공존을 선택한 것'이라는 얘긴데요. 소위 말하는 진보주의자들의 입장에서는 개혁이 진보를 가로막는 것이라고 얘기하지 않습니까? 자본주의와 타협을 했다는 것이 자본주의를 극복하는 새로운 사회가 오기 힘들게 만드는 하나의 형태가 아니냐는 건데요.

김 영국은 1980년 이후와 그 이전의 사회민주주의가 완전히 다릅니다. 80년 이전의 사민주의는 노동자 계급, 서민의 복지를 옹호하는 것이었어요. 그런데 불황이 오니까 자본주의를 지키면서 어떻게 노동자 계급의 이익을 옹호하느냐를 고민하다가 자본주의를 먼저 살려야 한다는 생각이 나오거든요. 자본가들에게 세금을 덜 거둬서 이윤을 더 많이 가지게 하고 그것으로 투자를 늘려야 한다, 이렇게 된 거라구요. 복지국가 개념을 다 없애버린 거죠. 영국이 미국과 같이 되어버린 이유의 근본이 그거예요. 지금 영국 노동당은 굉장히 문제가 많아요. 사실은 사민주의도 아닙니다. 보수당보다도 더 보수적으로 나오고 있어요. 다음에는 선거에서도 안 될 거예요.

지 국민이 그런 선택을 했기 때문에 차이가 났다는 말씀인데요. 사실 영국은 노동조합이 굉장히 셌고, 미국도 노동절을 만들어낸 노동자 투쟁이 있었잖아요. 지금은 그런 게 없어진 이유가 뭘까요?

김 미국은 원래부터 자유 같은 개인적인 가치를 강조했어요. 1974년, 1975년에 공황이 닥쳤을 때 영국은 노동당이 집권하고 있었어요. 그때 노동당 정부가 노동조합과 협약을 해서 실질임금을 3년간이나 떨어뜨렸잖아요. '불만의 겨울'이라는 게 그런 거잖아요. 거기에 대해서 노동자들이 1978년 겨울 내내 데모하고 파업하고 이러다가 선거에서 마가렛 대처가 이겨버린 거라구요.

지 "대처 수상은 신자유주의적 정책들을 처음 체계적으로 실시함으로써 자본가계급을 위해 가장 크게 봉사한 극우 정치인이라는 사실을 알아야 할 것이다"고 하셨는데, 실업자를 양산했고, 노동자들의 가정을 파탄시켰으며, 전체적인 경제성장률조차 저하됐는데, 왜 그녀를 아직 영웅으로 보는 시각이 남아있을까요? 참여정부에서도 개혁성향의 정치인이라고 하면서 대처를 좋아하는 정치인들이 있지 않았습니까?

김 그 사람들은 대처가 뭘 했는지도 모르면서 대처가 나서서 뭔가 강력하게 밀어붙였다고 하니까 좋아하는 거죠.

지 박정희식 경제를 연상한 거군요. 그것도 안이하게. (웃음)

김 맞아요. 그런 식으로 생각한 거죠. 그때가 타이밍이 어떻게 됐는지는 모르겠지만, 노무현이 자꾸 보수대연합 생각을 많이 했잖아요. 진보세력이 자기를 비판하고 못살게 군다고 생각하니까 '할 수 없다. 보수하고나 붙어야겠다'고 생각한 거죠. 그러려면 한나라당을 박정희식으로 산업화 세력이라고 얘기해야 되잖아요. 산업화 세력과 민주화 세력이 결합을 하자고 해서 보수대연합 아이디어를 낸 겁니다. 그때 마가렛 대처 얘기를 하고 그랬을 거예요.

지 민영화 이런 것도 그쪽에서 개념을 받아들인 것 같은데요.
김 보수당을 지지하는 세력은 부자하고, 대기업이라구요. 그런데 취임하자마자 이 친구들한테 세금을 굉장히 깎아줬어요. 세금을 감면하니까 세입이 줄어들고 지출은 줄어들지 않아서 적자가 많이 나잖아요. 그 적자를 메우는 방법으로 처음 나온 아이디어가 국영기업을 파는 거였어요. 적자를 메우는 방법으로 다른 대안이 없잖아요. 세금을 올리는 건 처음 주장과 상반되니까요. 유권자들에게 욕을 안 먹으려니 민영화밖에 달리 선택지가 없었던 거죠. 그래서 팔기 시작했어요.

지 너무 단기적인 처방이고, 한번 민영화를 시켜놓으면 되돌리는데 엄청난 비용이 드는데요. 자기 임기 안에 뭘 해야 되고, 나중에 생기는 문제는 알 바 아니라고 생각하는 게 요즘 권력자들의 태도 같습니다. 그 전에 한몫 챙기는 것 외에는 관심이 없는 것 같아요. 면피하려 하거나.

김　시장만능주의자들은 정부가 개입하는 것보다 시장에 맡기는 편이 낫다고 생각하는 고정관념이 있어요. 굉장히 이데올로기적인 측면이 많아요. 또 하나는 민영화를 하면, 대기업하고 부자들은 실제적으로 더 큰 이익을 얻을 수 있다구요. 그러니까 타협을 하는 겁니다.

지　민영화와 관련해서 "보수당 정부는 처음 사유화를 시작할 때는 사유화가 지닌 역사적 의미를 제대로 파악하지 못했는데, 사유화를 계속 실시하는 과정에서 공적 소유를 완전히 사적 소유로 바꿔 영국경제와 영국 사회를 완전히 재편해야겠다는 '신념'이 생기게 되었다"고 표현하셨는데요. 이 신념이란 어떤 종류의 것인가요?

김　처음에는 그게 어떤 의미인지도 모르고 진행한 거죠. 그런데 막상 민영화를 하나 시켜보니까 자본가들이 대번에 노동자를 다 없애고, 이윤만 추구하는 방향으로 막 나가잖아요.

지　단기적으로는 뭔가 성과를 얻었다는 거군요.

김　그렇죠. 대처가 늘 고민하던 게 노동조합의 힘이 너무 세다는 것이었는데, 민영화를 해보니 노동조합의 힘이 확 줄어든다고 느낀 거죠. 그때 이걸 통해서 영국 자본주의를 새로 만들어낼 수 있겠다는 아이디어가 생긴 거라니까요. 그래서 계속 밀어붙인 겁니다.

지 그렇게 만들어놓은 것이 빈부격차를 늘리고, 실업자를 양산한 원인이 되었군요.

김 그래요.

지 그때의 노동당 정치인들은 지금 상황에 대해서 어떻게 생각하고 있습니까?

김 지금 보수당 당수가 나이가 마흔 몇 살밖에 안 될 텐데, 이 사람이 노동당의 정책, 특히 사회보장제도에 대해서 비판하면서 '나는 마가렛 대처의 노선을 따르지 않겠다'고 주장해요. 사회보장제도를 합리적인 수준에서 유지하고, 강화하겠다고 나오거든요. 그러니까 노동당하고는 전혀 반대가 되어 버렸죠.

지 한국 정부도 노무현식의 제3의 길을 찾았던 것 같은데요. '한국경제의 위기 국면에서 치열하게 진행되고 있는 계급투쟁의 이데올로기적 내용이 박정희 체제에 대한 재평가'라고 하셨는데요. 지배세력이 보수대연합을 통해 노동자, 민중을 제압하는 헤게모니 구축을 목적으로 '산업화 세력' '민주화 세력'을 통합하기 위해 박정희 체제를 정리할 필요가 있다는 말씀을 하신 건데요. 어떤 부분인가요?

김 실제로 노무현이 했다는 것이 아니고, 여러 사람들이 프로젝트를 주는데, 박정희의 산업화를 조금 미화해야겠다는 생각이 들어서 개발과 독재를 분리시킨다구요. 박정희의 개발은 빛이고 잘했는데, 독재는 그늘이고 잘못했다는 식이죠. 독재가 없었더라도 개발을 할 수 있었다고 주장하는 겁니다. 하지만 이것은 문제를 완전히 잘못 보는 겁니다. 저는 독재를 안 했으면 개발도 못 했을 거라고 보거든요. 1960년대에 세계정치 상황을 보면 후진국들이 자꾸 사회주의적인 발전노선을 걸으려고 해서 낫세르나 수카르노나 카스트로 같은 사람들이 나타나거든요. 그때 세계는 냉전의 시대였잖아요. 미국은 이런 체제에서 자본주의를 공고히 하겠다고 한국에 엄청난 관심을 가집니다. 한국을 자유주의, 자유세계의 쇼윈도로 만들겠다는 생각으로요. 우리가 미국으로부터 엄청난 차관을 받아왔고, 미국이 시장을 다 개방해줬고, 한일국교정상화도 미국이 관여한 거잖아요. 일본으로부터 청구권 자본을 받아오고, 베트남 전쟁 때 한국 군인을 파견해서 외화를 벌어들인 것이 모두 정부의 개발 자금으로 들어갔잖아요. 돈이 이렇게 들어왔으니까 박정희가 뭘 잘했다고 하면 안 된다는 거예요.

사실 1960년에는 4.19 혁명을 해서 학생운동이 많이 일어났죠, 또 전교조 같은 노동운동도 시작됐거든요. 박정희 정권은 노동운동이 일어나니까 이것을 짓밟아 자본가가 마음대로 하는 사회를 만들려고 했어요. 그래야 자본가들이 마음 놓고 돈을 쓸 거 아닙니까? 그게 전부 독재죠. 박정희가 산업을 일으켰다고 하는데, 정부가 투자를 해서 국영화를 통해서 한 것이 아니고 재벌들한테 산업을 하나씩 맡겼잖아요. 기업들에게는 엄청난 특혜를 주고, 노동운동이 일어나면 경찰을 보내 탄압하는 식으로 경제성장을 했단 말입니다. 독재가 없었으면 경제개발도 못 했을 겁니다. 그런데 요새 소위 진보 세력이라고 하는 이 병천이나 다른 사람들은 독재를 했어도 개발을 엄청나게 잘했다고 주장을 하고 있거든요. 노무현계 386 같은 그 친구들도 박정희의 산업화 세력과 자기들 민주화 세력을 연결시키려니까 박정희를 좀 미화해줘야 할 것 아닙니까? 개발과 민주화를 결합하자고 한 것인데, 제가 볼 때는 논리적으로 전혀 결합이 안되는 것을 결합시키려고 했던 거라구요.

지　경제가 이렇게 유지되어온 부분은 지켜야겠고, 앞으로 계속 개발하고 공사를 일으켜야 하니까 어떤 논리와 명분이 필요했던 거네요.

김　그렇죠. 그들이 보면 세계 시장이 좁아지니까 재벌 중심의 수출 산업을 발전시켜줘야 하잖아요. 그러려면 노동자들의 임금을 잘라서 재벌들한테 유리하게 해주고 수출을 많이 하라고 해야 할 거 아녜요. 보수대연합이라고 하는 건 그래서 필요했던 거라구요.

지　'마르크스는 임금노동 그 자체를 철폐해야 노동자들이 임금노예로부터 해방 될 수 있다고 보았다. 임금노동자는 임금 수준이 높든 낮든 노동조건이 좋든 나쁘든 자본가에게 억눌려 있는 임금노예에 불과하기 때문이다. 따라서 자본주의 체제를 철폐하는 것을 목표로 삼지 않는 영국 노동당은 사회민주주의 정당이라고 부르는 것이 정확하다'라고 하셨는데, 지금 세상에서 임금이 없는 노동이라는 것은 상상하기 힘들어지지 않았습니까?

김 노동운동을 하더라도 자꾸 임금 인상에만 매몰되면 그 운동은 결국은 망한단 말입니다. 그래서는 새로운 사회가 오지 않는다는 말이죠. 억압으로부터 해방되어 자유로운 사람이 되고, 노동자들이 스스로 이 세상을 움직이게 될 때 새로운 사회가 온다고 주장하는 겁니다.

지 한동안 노동운동의 일부가 '나도 임금을 많이 받아서 자본가들처럼 큰 차도 타고, 큰 집에 살아야겠다. 잔업을 해서라도 많은 임금을 받겠다'는 방향으로 나갔던 것은 사실인 듯한데요. 이것은 노동해방과 전혀 반대 방향이 아닙니까?

김 그래요. 그건 아니라는 거예요. 노동조합주의로 매몰돼버리면 새로운 세상을 만들 수 없다는 말입니다.

지 전에 노무현 정권을 지지하는 사람들이 박정희 정권의 경제를 찬양하고, 한미FTA도 찬성하지 않았습니까? 이명박 정권이 들어서면 사람들이 더 그쪽으로 몰려갈 줄 알았는데, 오히려 각성하는 계기가 된 것 같기도 합니다. 쇠고기에 대해서도 '도대체 무슨 근거로, 무슨 이익을 위해서 우리가 그것을 먹어야 하느냐?'고 항의하고 있는데요.

김 그 계기를 정확히 어디서 찾아야 될지는 잘 모르겠는데요. 노무현을 지지한 사람들이 먼저 나선 것은 아니라구요. 학생들이 나와서 '지금 앞뒤가 안 맞다, 우리는 광우병 걸린 소를 먹고 싶지 않다'는 식으로 문제를 제기했잖아요? 옛날 노무현 지지자들은 이명박 정권을 보면서 고개를 갸웃거리고 있었을 거예요. 이명박이 하는 짓을 보니까 지금와서야 사기라는 생각을 많이 한다구요. 요새는 물가도 많이 올랐는데, 위에서 해내는 게 뭐가 있어야죠.

지 지금까지 보여준 이명박 정부의 경제정책에 대해서 어떻게 생각하세요?

김 747이라는 것은……. 재경부장관도 이건 안 된다고 얘기했어요. 우리나라처럼 해외에 의존하는 나라가 해외 상황이 어떻게 될지 알고 747을 공약으로 세울 수 있어요? 그건 처음부터 엉터리고, 사기였어요. 또 강만수는 고환율정책주의자예요. 환율을 높게 유지하면 수출 산업을 하는 사람이 이익을 보잖아요. 그래서 고환율을 유지했는데, 지금 어떻게 됐어요? 수출하는 사람도 엄청나게 손해를 많이 보고 있잖아요. 키코(knock in knock out. 환율이 특정 구간에서 움직일 경우 계약한 가격에 외화를 팔 수 있도록 한 환위험 헤지 상품. 환율이 구간 안에서 움직이면 환차익을 볼 수 있지만 계약 구간의 하단 아래로 내려가면(녹아웃) 계약이 종료되고, 상단 위로 올라가면(녹인) 현재 환율보다 낮은 가격에 2배의 외화를 팔아야 하기 때문에 큰 손실을 입게 된다. 환율 예측능력이 떨어지는 중소기업들이 특히 많이 가입했는데, 새 정부 출범 후 환율이 급등하자 많은 기업이 손실을 입었다. _편집자) 때문에 엄청나게 손해를 보고 있다잖아요. 환율을 올린다는 것은 물가를 올린다는 것과 마찬가지예요. 우리는 원자재나 소비재를 많이 수입하니까 물가도 엄청나게 올라가게 되어 있다구요. 물가가 오르는 것은 대체 어떻게 하려고 합니까? 금방 곡물가격이 올라간다고 하고, 석유 가격도 올라간다고 하니까 한 게 아무것도 없게 됐잖아요. 강만수는 환율을 올려서 수출을 많이 시켜보겠다고 했는데, 완전 빗나간 거죠.

지　수출은 안 되고, 수입원가만 올려놔서 물가를 엄청나게 올린 셈이네요.
김　그래요. 그렇게 되어 버렸어요.

지　이명박이 거짓말쟁이였다는 것은 선거 과정에서도 드러났는데, 대통령으로 뽑아준 국민은 오로지 경제 하나만 기대했던 건데요. 그것마저 안 되네요. 거기다 거짓말까지 자꾸 하고.
김　그렇죠.

지　김영삼 정부 시절에 환율을 유지하기 위해 거액의 외환보유고를 사용했고, 그것이 IMF를 불러온 하나의 원인이 되었다고 하셨는데요. 왜 그랬을까요?
김　1997년에 환율이 1달러에 1000원대로 올라가려고 하니까 그것을 1달러에 800원대로 막기 위해서 한국은행이 가지고 있는 외환을 시중에 푼 거예요. 달러 값 내려가라고. 그런데 뒤에 들리는 소리는 이런 거죠. 김영삼 공약이 국민소득 1만 달러를 자기 통치 기간 중에 만든다는 거였어요. 만약 1달러가 1000원이 되면 1인당 국민소득을 1000만 원으로 올려야 되잖아요. 한국은행은 발표를 원화 기준으로 하기 때문에 국민소득 1만 달러를 만들기 위해서 환율을 800원으로 유지하려고 노력한 거예요. 정말 엉터리 같은 일이죠. 나중에 외환보유고가 20억 달러만 남아 있었다는 거 아닙니까? 결국 DJ 정부에 와서 공청회하고 조사위원회 열고 그랬어요.

지　눈 가리고 아웅한 거네요. 조삼모사도 아니고.

김　전부 자기 치적에 눈이 어두워서 그러는 거죠.

지　박정희 산업화 세력과 민주화 세력이 손을 잡고 박정희 이데올로기를 만들 수밖에 없었던 이유도 결국 아직까지 재벌들의 힘이 세기 때문이 아닙니까? 삼성으로 대변되는 재벌들의 힘이 세고, 자기들의 정당성을 홍보하기 위해서 삼성경제연구소나 보수 언론을 통해서 이런 생각을 유포시키잖아요.

김　그럴 수도 있는데, 따지고 보면 재벌들이 박정희를 옹호해줄 필요가 없어요. 별 이익이 안 된다구요. 그것보다는 예를 들어 삼성전자라면, 우리가 세계 1등 아니냐, 그러니까 1등을 계속하도록 우리를 밀어달라고 정부에 요구해야죠.

지　박정희 시대의 전부를 차용할 게 아니라 그 시대에 자기들이 필요한 조건만 요구하라 겁니까?

김 그렇죠.

지 마치 규제 완화는 대세니까 해주고, 지원도 계속해달라는 요구 같은데요.

김 재벌에 대한 공격이 있으니까 보호를 해달라는 거죠.

지 그게 일종의 부르주아 민족주의와 코드가 맞는 것일 텐데요.

김 맞아요.

지 노무현 정부 때도 그런 식으로 해서 여러 가지 문제가 있지 않았습니까? 삼성이 저지른 여러 가지 범죄에 대해서도 수사를 하기 시작했지만, 제대로 결과를 못 낸 것 같구요.

김 노무현이 삼성을 뒤에서 굉장히 두둔해줬다는 거잖아요.

지 선거 자금을 받아서 그런 건지, 삼성이 잘돼야 한국도 잘될 거라는 굳은 신념을 가져서 그런 건지 잘 모르겠지만 지원을 많이 해준 것 같긴 합니다.

김 지금 특검하고 있지만 별 효력이 없을 가능성이 높죠.

지 '과도한 통합경영(선단경영)이나 과도한 다각경영(문어발경영)은 황제경영이 제거되면 자연히 사라진다고 본다'고 하셨는데요. 한국의 구조에서 재벌 총수의 권한을 빼앗는다는 것이 쉽지 않아 보입니다.

김 일본은 그렇게 해요. 상속 문제도 그렇구요. 이재용이 실제로 대주주가 되는 과정에 부정부패랄까, 내부거래랄까 이런 것을 하면 쉽지는 않을 거라구요. 법적으로 차단할 수 있는 여러 가지 방법이 있을 거니까요.

지 요즘 촛불시위에 대한 기득권의 반응을 살펴보면, 모두 같은 편이 되어 자기 정체를 드러내고 전면적으로 (선생님의 표현을 빌리면) 계급투쟁에 나서고 있는 셈입니다. 광고주들에 대해 압박을 가하는 것도 광고주들이 항의를 해야 수사를 할 수 있는데, 네티즌들이 불법행위를 하고 있다고 미리 수사를 시작하고 있거든요. 결국 시민사회에서 계속 감시할 수밖에 없다는 생각을 하는데요. 이명박 정권을 보더라도 신뢰를 한번 잃었을 때는 아무리 힘을 가지고 있어도 만회하기 어렵다는 생각이 듭니다. 사람들이 자꾸 속는다는 느낌이 드니까 해명을 요구하는데, 위에선 누구 하나 속시원히 얘기해주지 않거든요. 그러니까 예전과는 달리 정치적인 색깔이 없는 유모차 부대가 나오고, 여중생들도 나오지 않았습니까? 마찬가지로 삼성 수사를 통해 '이건희 회장도 범죄자일 수 있겠구나. 뭔가 거짓말을 하는 것 같다'는 인식을 시민들이 가지기 시작하면 어떤 계기를 통해서 통제하는 수단이 만들어질 수도 있지 않을까 하는 생각이 들거든요.

김 맞아요. 김상조 교수처럼 경제개혁연대를 하는 것은 엄청나게 잘하는 거예요.

지 그런데서 만들어지는 것이 지금 당장 성과가 없어보일지는 몰라도 시간이 지나면 열매를 맺을 때가 오지 않을까 싶습니다.

김 그래요.

자본이 흘린 피와 오물을 닦아라

지 1992년에 번역하셨던《국부론》을 다시 한 번 번역하시면서 "애덤 스미스의 정신을 계승한다는 지금의 주류경제학자들은 수학에 빠져 정작 중요한 문제들에 대해서는 관심조차 갖지 않기 때문"이라고 말씀하셨는데요.

김 요새 시장중심주의, 시장지상주의가 팽배해 있는데요. 사실은 애덤 스미스도 시장을 굉장히 강조해요. 하지만 그가 처음에《국부론》을 쓴 기본적인 동기 가운데 하나가 뭐냐면, 그당시 절대주의 국가가 중상주의 정책을 써서 수출을 증진하고 수입을 억제하고, (금이나 은이 국제 화폐인데) 세계화폐를 증가시키는 정책을 쓰는 것에 반대한다는 거였어요. 스미스는 수출을 증진하고 수입을 억제하는 이런 정책이 일부 제조업자와 상인을 위해서 하는 거라는 사실을 발견하고 모든 사람에게 똑같이 영업의 자유를 주라고 주장한 거예요. 시장주의자들은 자꾸 모든 것을 시장에 맡기면 잘된다고 하는데, 스미스는 시장에 맡기되 독점이 없어야 한다는 얘기를 한 겁니다. 지금 우리나라는 재벌이 모든 걸 독점하고 있는데, 시장에 맡겨버리면 어떻게 국부가 증진되겠어요? 독점하고 있는 놈들만 배부르게 되는 거죠. 바로 이 점이 애덤 스미스와 시장주의자들과의 근본적인 차이입니다.

지　경마로 치면 잘 뛰는 말에게 핸디캡을 주는 것이 더 공정한 게임이라는 건가요?

김　그렇죠.

지　주류경제학자들은 잘 먹고 조건이 좋은 경주마나 일반 말이나 똑같은 조건으로 뛰는 게 공정하다고 주장하는 거군요.

김　애덤 스미스는 모든 것을 개인에게 맡기되, 정의를 위반하는 것까지 맡기면 안 된다는 얘기를 하는 거거든요. 그래서 법질서를 강화하는 것도 이야기해요. 무조건 다 시장에 맡기면 잘된다는 얘기가 아니라니까요.

지　장하준 교수가 얘기했던 기울어진 운동장이 필요하다는 것과 일맥상통하는 얘기군요. 오히려 그게 공평한 거다…….

김　그래요.

지　주류경제학자들은 '보이지 않는 손'이라는 것을 전가의 보도처럼 사용하지 않습니까? 모든 것을 보이지 않는 손이 알아서 해줄 거라는 얘긴데요. 선생님 말씀을 들으니 이 사람들은 그 개념도 제대로 이해하지 못하면서 쓰고 있는 것 같습니다.

김　그쪽에서는 '보이지 않는 손'을 시장이라고 생각한다구요. 그런데 애덤 스미스는 '보이지 않는 손'을 시장이라고 얘기하지도 않았고, 그 자신조차 뭔지를 몰라요. (웃음)

지　그 얘기가 《국부론》에서 거의 안 나온다고 들었습니다.
김　딱 한 번 나와요.

지　왜 그 사람들은 딱 한 번 나온 얘기를 끌어다가⋯⋯. (웃음)
김　애덤 스미스는 모든 사람들이 각자 자기의 이익을 추구하면 사회 전체의 이익이 증진된다고 했잖아요. 그런데 여기에 엄청난 간극이 있어요. 개개인이 자기 이익을 추구하면 사회 전체 이익이 과연 어떻게 증진될까? 오리무중이잖아요. 그래서 중간에 보이지 않는 손에 이끌려, 라는 얘기가 나온다구요. 그것은 자기도 잘 모르겠다는 얘기잖아요. (웃음) 이건 하나의 사상이나 이데올로기를 반영하는 거죠. 그런데 분명한 건 독점이 없어야 한다는 거예요. 애덤 스미스가 처음에 중상주의 정책에 대해 얘기하면서 일부 제조업자와 상인들의 독점적인 이윤을 맞추기 위해서 정부가 특혜를 베푼다고 비판했거든요.

지　'금은보화를 가장 많이 가졌던 포르투갈과 스페인이 왜 유럽에서 가장 가난한 나라가 되었는가'에 대한 답을 《국부론》이 주고 있다고 하셨는데요.

김   스페인하고 포르투갈은 14~15세기 해양왕국으로서 식민지를 많이 가지고 있었잖아요. 이 나라들은 라틴아메리카에서 금을 엄청나게 가져왔다구요. 그때는 금이 세계화폐니까 그것으로 물건을 살 수 있잖아요. 그런데 스페인에 금이 많아지다 보니까 물건 값이 굉장히 올라간 거예요.

지   인플레이션이 온 거네요. (웃음)

김   그렇죠. 스페인 상인들이 다른 나라에 가서 물건을 몽땅 사와 버리니까 스페인의 산업이 다 죽어버렸어요. 애덤 스미스가 그걸 증명했다구요. 그러면서 금은보화 이런 게 국부가 아니고, 국민이 사용할 수 있는 생필품과 편의품이 국부라고 얘기한 겁니다. 그것은 사람들이 노동을 해서 만들어야 하니까 노동자가 많은 것을 국부의 원천이라면서 노동을 얘기합니다. 애덤 스미스는 시장을 강조했기 때문에 주류경제학의 원조이기도 하고, 한편으로는 노동을 강조했기 때문에 마르크스경제학의 원조가 되기도 했어요.

지   그런데 주류경제학에서는 애덤 스미스에게서 시장 얘기만 가져온 거군요. 그것도 입맛에 맞게 왜곡해서. (웃음)

김   주류경제학은 시장에 맡기면 인적 자원이든 물적 자원이든 가장 잘 배분이 되고, 경제가 효율적으로 돌아가고 성장을 잘한다고 보지만 이론적으로 완전경쟁이라는 전제가 있어요. 이론에는 완전경쟁이 있지만 구체적인 현실에는 독점이 있다는 것을 인정하지 않고, 경쟁이 충분하다고 생각하기 때문에 문제가 생기는 거예요.

지　지난번에 "독점자본이나 다국적자본이 사회 전체의 이익을 엄청나게 훼손하고 있는데도 불구하고, 부르주아경제학이 모든 것을 시장에 맡겨야 한다고 강변하는 것은 스미스를 모독하는 행위"라고 하셨거든요. 그런 말씀 같은데요.

김　그렇죠. 바로 그 얘기예요.

지　공정한 재판이 어떻게 국부의 증진에 기여합니까?

김　계약을 하는데 속인 놈이 이길 것 같으면 시장 질서가 생기겠어요? 그렇기 때문에 공정한 재판을 굉장히 강조하는 겁니다.

지　미국도 자본주의의 모순이 많고, 주식시장으로 돌아가는 경제이지 않습니까? 그런데 한국과는 달리 분식회계 같은 것에 대한 처벌은 철저한 것 같은데요. 한국은 그런 일이 터지면 정치권이나 기업에서 어떻게든 덮으려고 하고 덮어지기도 하는데요. 그런 차이가 어디서 오는 거라고 보십니까? 미국도 국익을 위해서 덮는 게 낫다고 생각할 수도 있지 않습니까?

김　미국은 청교도 정신이라는 게 있잖아요. 각 나라에서 자유를 찾아간 사람들이 국가를 세워서 그런지 나름대로 양심이랄까 그런 게 있었다구요. 그 영향으로 미국은 반독점법 같은 것은 엄청나게 잘되어 있어요. 우리나라로 치면 공정거래법인데, 그게 굉장히 잘되어 있어서 쉽사리 훼손을 못합니다.

지 마이크로소프트 같은 회사도 반독점법에 걸리면 꼼짝 못하는 것 같더라구요.

김 금융 같은 것은 문제가 굉장히 심각한데, 오늘도 이런 얘기가 나오더라구요. 이름 있는 회사가 K라는 회사의 증권을 사버리면 K회사의 주식이 확 올라가겠죠. 그때 증권회사는 자기 회사 돈으로 미리 K회사의 주식을 사놓는 거예요. 이렇게 내부 정보를 흘려 주가를 올리는 거죠. 미국 증권회사의 비공식적인 통계에 의하면 50퍼센트가 그런 식으로 자기 계정을 가지고 공정하지 못한 방법으로 이윤을 올린다는 겁니다. 이건 엄청나게 문제가 있는 거죠. 사실은 내부 거래나 마찬가지잖아요. 그래서 미국은 감독 당국에서 내사를 하겠다고 나오고 그래요.

지 트로츠키가 "사회주의는 진정한 의미의 개인주의를 거친 사회에서만 건설할 수 있다"는 얘기를 했는데요. 한국 사회가 진정한 의미의 개인주의를 거쳤거나 거치고 있는 사회라고 생각하십니까?

김 트로츠키가 말한 개인주의와 이기주의는 다른 거겠죠.

지 여기서 말하는 개인주의라는 것은 자기 스스로 독립해서 사고할 수 있는 것을 말하는 것 같은데요.

김 그게 억압을 받는다고 하면 과감하게 그 억압에 대해서 반항하고 대항하면서 자기의 의사와 양심을 표출할 수 있는 자유에 대한 이야기일 거라구요. 기본적으로 학문의 자유, 사상의 자유, 집회의 자유와 관련이 있겠죠. 새로운 사회에서는 스스로 주인이 되기 때문에 자기 의사를 충분히 전달해야 할 뿐만 아니라 자기 능력도 충분히 계발해야 하니까요. 그 이전 사회에서처럼 그런 훈련이 안 되어 있거나 억압받고 이래서는 곤란하겠죠. 트로츠키의 얘기는 그런 게 아닌가 싶은데요. 개인주의를 통해 연대를 맺고 협동을 하는 것은 가능할 뿐만 아니라 엄청나게 좋은 거죠.

지 임지현 교수가 예전에 "남한 지성사의 파국은 마르크스주의 사상이 세련된 자유주의와의 공개된 논쟁 속에서 단련되지 못하고, 밀폐된 공간 속에서 '정통'과 '최대주의'의 장막 속에 안주했다는 점이다"라고 했는데요.

김 우리가 마르크스를 공부하기 시작한 게 아마 종속이론이었을 거예요. 종속이론은 사실 엄청나게 민족주의적인 것하고 혼합되어 버렸어요. 마르크스는 계급이론인데, 민족주의적인 것과 혼합이 되어 버린데다가 정부가 위험하게 보잖아요. 그러니까 공개적으로 토론을 할 수가 없어요. 더구나 서클에 모여서 이야기를 하더라도 가르치는 친구가 나이가 많다든지, 조장이 이렇게 생각한다고 하면 밑에서 배우는 사람들은 그대로 따르거든요. 결국 언론의 자유가 없기 때문에 그런 거예요. 토론을 못하게 하니까 북한에서 뭐가 왔다고 하면 그대로 믿자고 하고, 소련에서 나온 교과서니까 그대도 믿는 풍토가 생긴 거죠. 독재정권하고 싸우려면 일치단결하는 게 중요하다보니 힘을 모으는 과정에서 잘못된 생각도 그냥 수용하거나 뭉쳐버리는 식으로 흘러왔기 때문에 소련이 무너지자 마르크스주의에 회의를 느낀다고 한 사람들이 많이 생겼죠. 모든 게 학문의 깊이가 없어서 생기는 문제라고 봐요.

지   운동권 안에서도 논쟁을 하는 풍토가 없었던 것 같은데요. 종속이론 같은 것을 보더라도 민족이라는 코드가 강했구요. 북한과의 관계도 있다 보니 학문적인 발전이 제대로 되지 못했던 것 같습니다.

김   그런 점이 있어요. 그래도 이건 알아야 돼요. 운동권 안에 북한은 남한 해방의 민주기지라는 생각이 있었는데, 그건 사실 북한을 잘 몰랐던 거예요. 북한은 1960년대까지는 우리보다 훨씬 더 경제적으로 발달했기 때문에 남쪽에선 김일성 사상이라고 할까, 그게 세를 얻고 계급이론적인 부분은 쇠퇴할 가능성이 많았어요. 우선 통일을 하고 나서 무슨 혁명이라든지 이런 걸 해야 한다는 식으로 생각해서 그런 것 아닐까요?

지   "마르크스를 새롭게 해석하기 위해서는 경제주의, 목적론, 종말론을 폐기해야 한다"는 주장이 있는데요. 어떤 의미입니까?

김   마르크스는 자본주의 이후의 새로운 사회로 사회주의와 공산주의를 얘기했단 말입니다. 그러면 사회주의, 공산주의 이후에는 인류 역사가 발전하지 않는 거냐는 질문이 생기죠. 물론 발전한다고 봐야죠. 사회주의나 공산주의가 그냥 머물러 있으면 마르크스주의가 틀린 거예요. 그런데 마르크스를 비판하는 사람이나 마르크스를 믿는 사람들 중에서도 공산주의로 가면 인류 역사는 중단이 되고 그것이 영원하다고 생각해버리니까 이것이 목적론이 되는 거죠. 하지만 그것은 엉터리라구요. 소련에서 마르크스의 사상을 공식화, 도식화시키다보니까 유치하게 만들어낸 부분이 있다고 보는 것이 맞다고 생각해요.

지 "자본은 죽은 노동인데 이 죽은 노동은 흡혈귀처럼 오직 살아 있는 노동을 흡수함으로써만 활기를 띤다"고 하셨는데, '죽은 노동'이란 어떤 의미입니까?

김 그게 《자본론》에 있는 거예요. 살아 있는 노동은 실제로 노동을 하는 것을 말해요. 돈은 노동이 응고를 해서 생긴 이윤이잖아요. 자본가는 이 돈을 가지고 기계나 원료를 사고 노동자를 고용해요. 돈은 살아 있는 노동을 착취해야 더 커지거든요. 흡혈귀는 피를 빨면 힘이 더 나잖아요. 자본가가 노동자를 착취하면 할수록, 피를 빨면 빨수록 힘이 난다고 하는 거니까 자본에 대해 탁월한 묘사를 한 거죠.

지 작업하는 것을 감시하는 노동도 다른 의미에서는 죽은 노동이라고 할 수 있을 것 같은데요. 착취하는 노동일 수도 있구요. 그런데 그것도 노동이라고 항변할 수 있지 않습니까?

김 그런 개념은 아니고, 자본가가 자기 돈을 증식하려고 하면 살아 있는 노동자의 피를 빨아야 한다는 의미입니다.

지 다른 얘기일 수 있는데, 고문을 하던 수사관이 '국가를 위해 밤을 새가면서 일했다'고 말하지 않습니까? 그것도 노동이라고 봐야 되는 겁니까? (웃음)

김 그건 당연히 노동이라고 보면 안 되죠. (웃음)

지 "생산수단의 집중과 노동의 사회화는 마침내 그 자본주의적 외피와 양립할 수 없는 점에 도달한다. 자본주의적 외피는 파열된다. 자본주의적 사적 소유의 조종이 울린다. 수탈자가 수탈당한다"고 했는데, 그 지점은 어디고 수탈자가 수탈당한다는 의미는 무엇입니까?

김 자본가들끼리 경쟁을 하다보면 소자본가가 무너지고, 대자본가 점점 더 커지면서 자본가의 수는 자꾸 줄어듭니다. 반면 노동자들의 수는 점점 많아지고 단결하려고 하죠. 그 과정에서 경제공황이 자꾸 일어난단 말이에요. 자본주의에서 공황이라고 하면 과잉생산공황이지만 원래 마르크스대로 하면 생산력과 생산관계의 모순이잖아요. 생산력은 몸이고 생산관계는 옷이라구요. 생산관계는 자본주의로 보면 자본과 임노동자의 관계인데, 핵심적인 것은 자본이 노동자를 착취해서 이윤을 추구하는 거란 말입니다. 이윤을 추구하기 위해서 기계를 자꾸 도입하는 식으로 생산력을 자꾸 발달시킨다구요. 그러다

자본론으로 한국경제를 말하다

가 생산력이 너무 발달해버리면 물건이 안 팔리는 사태가 벌어지죠. 이게 바로 공황인데, 몸이 너무 커져서 물건이 많이 생산됐으면 옷을 갈아입어야 하잖아요. 사람들에게 무료로 상품을 나눠준다거나 분배를 잘하기 위해서 잘사는 사람의 소득을 세금으로 받아서 못사는 사람들에게 물건을 사준다거나 하는 식으로 옷을 몸에 맞추는 조절 과정이 필요한 겁니다. 그런데 자본주의 하에서는 몸이 커져서 과잉생산이 되어 버리면, 옷을 갈아입을 생각은 안 하고 물건을 전부 폐기한다구요. 물건을 전부 못 쓰게 만들고, 창고에서 썩게 만들고, 공장 문을 닫게 하고, 노동자를 해고하는 식으로 자꾸 몰아간단 말입니다. 마르크스가 생각할 때 이렇게 하는 것은 그 사회의 인적, 물적 자원을 엄청나게 낭비한다는 얘기거든요. 일반 노동자들이나 서민이 생각할 때 모두가 잘살 수 있는 정도의 물건을 만들 수 있는 생산 시설이 있고, 생산력이 있는데도 자본가들이 이윤만 추구하기 때문에 모두가 즐겁게 못 산다는 말입니다. 그렇기 때문에 자본가들의 재산을 사회화하자, 국유화하자, 모두 공동소유하자고 나와 버리니까 대자본가들의 재산이 수탈당한다, 사회에 의해서 빼앗긴다는 말이 나오는 거죠. 그게 새로운 사회로 가는 길이구요.

지   초기에는 자본가에게 세금을 많이 내게 하는 형태로 나타날 수도 있겠네요.

김   맞아요.

지　자본가들의 사적인 재산을 공적인 것으로, 그것이 국유든 지, 공동소유든지, 사회 구성원들이 원하는 데로 분배하는 사회라는 건가요?

김　그렇죠.

지　《자본론》에서는 "자본은 머리에서 발끝까지 모든 털구멍에서 피와 오물을 흘리면서 이 세상에 나온다"고도 했는데요.

김　마르크스는 자본가들이 어떻게 돈을 모으게 됐나 역사적으로 연구했어요. 보니까 식민지에서 금과 은을 빼앗아 오고, 거기에 있는 사람들을 죽여서 약탈을 해오고, 국내에서는 고리대금하고, 물건을 비싸게 팔아먹고, 정부가 국채를 발행했을 때 높은 금리에 돈을 꿔줘서 모으는 식으로 했더란 말입니다. 이렇게 자본이 축적되는 과정, 자본이 일부 사람에게로 흘러들어가고 집중되는 과정이 피비린내 나는 과정이었다는 거예요. 그 이야기를 하는 겁니다.

지　여러 가지 단계 중에서 국가가 자본을 독점하는 단계를 역사의 발전 과정에서 거쳐야 한다고 하셨는데요. 그런 면에서 자본가 또는 자본주의가 인류 역사 발전에 긍정적으로 기여한 부분도 있을 텐데요.

김　마르크스는 자본가의 역사적인 사명이라고 하는 것을 굉장히 강조해요. 마르크스가 공산당 선언 전반부에서 자본주의를 엄청나게 찬양한다구요. 1600년부터 자본주의가 태어났다고 하더라도 200~300년만에 이렇게 생산을 많이 할 수 있었고, 전 세계가 이와 같이 문명으로 들어왔단 말이에요. 이것은 자본주의의 덕택이다, 자본주의라는 것이 인류 역사상 엄청나게 큰일을 했다고 찬양을 많이 합니다. 자본주의에서는 자본가끼리 경쟁을 하면서 이윤을 더 보려고 하니까 새로운 생산 방법을 찾아내고, 새로운 원료를 찾아내고, 새로운 시장을 찾아내고, 새로운 노동조직을 창조하고, 기업 형태도 만들어내는 식으로 했단 말입니다. 그것을 마르크스는 자본가들의 역사적인 사명이라고 말하는 거죠.

지 목적론, 종말론 얘기를 하셨지만 그런 과정을 거쳐 나중에 새로운 사회가 오는데, 그것도 규정할 수 없이 계속 구성원들끼리의 고민을 통해 변해갈 것이라는 건데요. "인격화한 자본으로서만 자본가는 역사적 가치와 역사적 생존권을 가지고 있다"고 말씀하셨는데, '인격화한 자본'이란 무엇인가요?

김 실제로는 자본가들도 애국심이 있고 사치하려는 마음도 있고, 온갖 생각이 다 있겠죠. 그렇지만 결국 자본가는 이윤을 보려고 하거든요. 자본이 사람으로 둔갑을 했다, 자본의 인격화라는 건 그런 얘기예요. 자본가는 이윤을 축적하려고 노력하는 가운데 세상의 생산력을 발달시키고 물건을 만들어내고, 그러기 위해서 새로운 욕망을 만들어내고 새로운 기술을 만들어내고 그렇게 했다는 얘기죠.

지 "자본주의는 이른바 국부를 증가시키기 위해 국민 대다수를 빈곤하게 만든다"고 했는데, 선진자본주의 국가를 보면 어느 정도 이해할 수 있을 것 같습니다. 돈을 번다는 것도 거칠게 얘기하면 먹고 살자고 하는 일인데, 자본은 자기 스스로 가치를 증식시키려고 사람을 도구화한다는 것 아닙니까?

김 이렇게 생각하면 돼요. 자본가가 이윤을 보기 위해서 기계를 자꾸 돌리잖아요. 그러면 한쪽에서는 실업자가 생기는 거죠. 농업에서 기계를 도입해서 기계화하고 생산력을 증진시키면 국부는 증가하지만 농업 노동자나 농민들은 전부 쫓겨나서 아무 것도 못 한다는 얘기죠.

지 "자본이 축적됨에 따라 노동자의 상태는 악화하지 않을 수 없다"고 마르크스가 얘기했는데요. 호황기에는 노동자의 상태가 좋아지지 않습니까?

김 그건 노동자들의 실질 생활수준이 역사적으로 계속 떨어진다는 이야기가 아니라 노동자계급의 궁핍화 경향을 말하는 겁니다. 하나는 자본가들이 이윤을 추구하는 과정에서 자꾸 노동이 기계의 부속품처럼 되어 간다는 말입니다. 궁핍화되어 간다는 것은 곧 도구화되어 간다는 이야기구요. 두 번째는 새로운 상품이나 좋은 상품을 노동자가 만들어내지만 가질 수는 없는 것, 그게 궁핍화에 속하는 거거든요. 말씀하신대로 경기가 좋아져서 제법 생활수준이 올라가더라도 나중에 실업자가 되고 그러니까 자꾸 노동자가 자본에 종속되는 거예요. 자본이 어떻게 되느냐에 따라서 노동자의 목숨이 왔다갔다하는 겁니다. 그런 것을 전부 궁핍화라고 하는 거예요. 마르크스는 노동자의 임금이 높건, 낮건 궁핍화되어 간다고 얘기한 거죠.

지 "자본은 유통에서 발생힐 수도 없고, 또 유통의 외부에서 발생할 수도 없다. 자본은 유통에서 발생해야 하는 동시에 유통의 외부에서 발생해야 한다"고 하는데, 이것을 '자본의 일반 공식의 모순'이라고 부른다고 하던데요. 이 모순을 어떻게 해결할 수 있습니까?

김 그건 화폐가 어떻게 자본이 되는지를 설명하면서 나오는 이야기예요. 마르크스는 물건을 사고파는 데서는 새로운 가치가 나타나지 않는다고 얘기했잖아요. 그러면 생산 안에서 나와야 한다구요. 산업자본의 공식은 자본가가 시장에 나가서 돈으로 기계를 사고 노동자를 고용해서 상품을 만드는 것에서 나오잖아요. 이게 생산과정이죠. 이윤은 여기서 만들어져요. 생산과정을 거쳐 만든 상품을 시장에 내다 팔아서 자본가는 투자했던 돈과 이윤을 회수하는 거죠. 이런 식으로 자본은 유통 과정과 생산과정을 다 거쳐야 한다는 얘기예요. 처음에는 전체를 유통이라고 봤고, 그 다음에 생산과정에서 실제로 이윤이 만들어진다고 본 겁니다.

노동자의 피로 ▓▓▓▓▓▓ 달리는 자본주의

지배 이데올로기, 그 달콤한 환상

지   자동차 여행을 좋아하셔서 여행을 많이 다니셨다고 하던데요. 요즘도 여행을 많이 다니십니까?

김   요즘은 여행을 못 했어요. 아내가 교회 노인대학을 담당해서 정신없이 바쁘고, 전에는 성폭력 상담소 소장을 하고 있었기 때문에 별로 간 데가 없네요. 지난번에 다른 선생님들하고 외국에 한번 갔다 오니까 지진이 나고 야단이더라구요.

지   유럽이나 미국에 계실 때는 자동차 여행을 많이 하셨다는데, 주로 어떤 것을 보셨어요?

김   그 동네에 이름 난 사람이 있으면 관련된 곳을 방문하고 지역 특산물이 있다면 그것도 좀 사고 경관도 둘러봅니다.

지 여행하실 때도 공부와 연관해서 보시는 편이세요?

김 그런 건 없어요. 좋은 여행은 그냥 편하게 한 바퀴 도는 거거든요. 일단 둘러보고 관심이 생기면 그때 시간을 두고 제대로 보는 게 맞다고 생각해요. 제가 미국에 가서 한번 돌아보니까 그 나라가 대충 이렇구나 하는 것을 알겠더라구요. 예전엔 다른 선생들이 전부 미국 갔다 와서 자기들끼리 뭐라 뭐라 하는데 저는 잘 모르잖아요. (웃음) 일단 갔다 오니까 그 사람들 얘기하는 걸 대강 알겠더라구요. 나중에 알았지만 사실 그 사람들은 미국을 제대로 구경한 게 아니었어요. 늘상 학교에 앉아서 공부하고 도서관에서 책 보고 그러느라고. 미국이라는 나라에 대해서 알지도 못한다구요. (웃음)

지 만나는 사람에 따라서 보는 것도 달라지잖아요.

김 그럼요.

지 미국은 어떤 사회라고 생각하세요?

김 자연적으로 아주 혜택을 받은 나라예요. 땅도 넓고 여러 가지로 조건이 좋은 나라죠. 사회제도가 조금만 더 좋았더라면 훨씬 더 훌륭한 나라가 될 수 있었겠다는 생각을 많이 했어요.

지 마르크스가 식민주의 내지는 제국주의를 지지했다는 주장도 있는데요. "영국은 아시아에 근본적인 혁명을 가져오는데 역사의 무의식적인 도구가 되었다"는 마르크스의 발언을 토대로 그렇게 주장하는 것 같습니다.

김 마르크스가 제국주의를 꼭 그렇게 지지했다는 것이 아니고, 영국이 인도를 지배함으로써 인도가 어떻게 되었는지를 얘기할 때 그런 말을 한다구요. 사실 마르크스도 동양에 대해선 잘 몰랐잖아요. 인도 사회라는 것이 카스트 제도에 의해서 규정되어 있었잖아요. 그래서 농업하고 공업이 딱 붙어 있었는데, 영국 놈들이 들어가서 착취하려고 그런 제도를 타파했기 때문에 인도가 앞으로는 더 발달할 수 있는 것 아니냐는 이야기를 한 겁니다. 문명화라는 것과 제국주의에 의해서 억압된다는 것, 이렇게 두 가지 측면이 있는 겁니다. 어느 쪽이 더 크게 작용하는지는 그 당시의 특수한 상황에따라 결정되겠죠.

지 일제시대로 따지면 식민지 경제발전론 같은 것일 텐데요.
김 그렇죠.

지 맑스 코뮤날레는 2년에 한 번씩 하는 건가요?
김 네. 내년에 열려요. 지금은 김세균 선생이 대표를 맡아 진행하고 있습다. 내년에 발표할 논문 제목을 내라고 하고, 각 참가단체에서 무엇을 담당할 것인지 이미 준비하고 있더라구요. 내일(6월 27일) 제1회 유인호 학술상 수상식이 있어요. 유인호 선생이라고 중앙대학교 마르크스경제학자이셨던 분입니다. 그 양반이 돌아가시면서 한국의 마르크스주의 연구에 공헌을 한 사람에게 매년 500만 원씩 ,10년 동안 학술상을 주겠다고 하셨거든요. 이번에 박영균이라는 친구가 받게 됐습니다.

지　마르크스는 남자에게서 가장 좋아하는 덕목을 강인성이라고 하고, 여자에게서 가장 좋아하는 덕목은 연약성이라고 말하는데요. 요즘으로 치면 마초적인 얘기 아닙니까? (웃음)

김　마르크스가 살던 당시는 아무래도 남성중심주의 사회여서 그랬겠죠. 마르크스 자신은 돈을 못 벌었지만, 딸들에게 발레도 가르치고 피아노도 가르쳤어요. (웃음) 마르크스 개인에 대한 문제를 여기서 깊이 얘기할 필요는 없지만, 엥겔스한테 경제적인 부분을 많이 의존한 측면이 있어요. 엥겔스가 굉장히 좋은 사람이었어요. 돈도 좀 있어서 그런지 아주 너그러운 사람이에요. 마르크스는 결혼하기 전이나 후나 한 번도 제대로 된 직업을 가지지 않았잖아요. 직업이라고 해봐야 신문사 특파원을 했다는 것 정도랄까.

지　위인이랄지, 저명한 지식인들 중에 학문적인 업적에 비하면 개인적인 약점을 가지고 있는 사람이 꽤 있는 것 같은데요. 한편으론 생계에 대한 무책임함과 학문적 욕심이 있어서 그런 성과를 거둔 게 아닌가 싶네요. 어쨌거나 마르크스는《성경》과 더불어 인류에게 가장 큰 영향을 준 책을 쓴 사람 아닙니까?

김　어떤 사람의 업적이랄지 이런 것을 평가할 때 공적인 면만 보고, 사적인 면을 무시한 게 아닌가 하는 생각도 들어요. 대부분 그런 건 문제를 삼지 않잖아요. 저는 그러면 안 된다고 생각합니다. 사실 마르크스는 토론할 때 굉장히 심각해지기 때문에 자기 편이 없었어요. 자기 편을 만들지 못하는 거죠. 그것은 엄청난 약점이거든요. 실제로 말한 것 중에 살아남은 것이 하나도 없잖아요.

지　비트겐슈타인도 칼 포퍼와 논쟁을 하다가 부지깽이를 들고 쫓아간 적이 있다는 얘기가 있던데요. 그런 학문적인 고집이 있으니까 후대에 남는 이론을 만들어내는 것 같기도 합니다. (웃음)
김　저는 그렇게까지 할 필요가 있나 싶은데요. (웃음)

지　마르크스경제이론을 현재 가장 비슷하게 구현하고 있는 국가는 어디라고 생각하십니까? 아니면 미래에 가장 가깝게 구현해낼 나라는 어디라고 보십니까? 혹시 북유럽 쪽이나 요즘 자주 얘기가 나오는 베네수엘라 같은 곳이라고 보세요?
김　지금 베네수엘라는 서민들의 생활수준이 형편없어요. 스웨덴도 여전히 자본주의적인 나라여서 마르크스가 생각하는 새로운 사회라고 볼 수는 없는 거죠. 새로운 사회를 만들어 내는 것은 모든 나라의 과제인 거죠.

지　'수익성보다는 공공성을 강조하는 부분이 경제에서 점점 더 커져야 공황의 발생을 억제할 수 있다'고 하셨는데요. 현실은 반대로 가고 있지 않습니까? 이번 촛불집회의 이슈 중 하나도 민영화 아닙니까? 그게 궁극적으로 수익성을 강화하는 쪽도 아닌 것 같은데요.

김 수도, 전기, 철도, 의료보험, 이런 것을 민영화한다는 건 민간자본, 독점자본, 대자본의 수익성을 올려주기 위한 방편일 뿐입니다. 그것은 거의 독점이잖아요. 독점을 해서 요금을 인상하고, 서비스는 줄여나가는 거거든요. 그렇게 되면 사실 국민이 대처할 수 있는 방법이 별로 없어져요. 정부의 문제라면 선거를 할 때 '잘못하면 다음에 안 찍어줘' 하는 식으로 대응하면 먹히는 게 있지만, 개별 자본의 문제가 되어 버리면 어떻게 할 거예요. 이건 굉장히 큰 문제라구요. 수익성만 생각하다가 사고도 많이 나잖아요.

지 국가에서 하면 따지고 손해배상이라도 청구할 텐데 말이죠. 오늘 신문을 보니까 전기요금 몇만 원 안 냈다고 양식장에 전기를 끊어버려서 고기들이 죽는 바람에 양식업자가 몇 억을 손해봤다는 기사가 나오더라구요.

김 손해배상을 못 받아요?

지 손해배상을 청구하더라도 한전에서 변호사를 써서 '요금을 안 내서 합법적으로 차단했다'고 하면 승소하지 않겠습니까? 전기회사에서 배상한다고 몇 억을 다 물어줄 리는 없구요.

김 지난번에 남아프리카에 있는 친구 하나가 경상대학교 토론회할 때 왔어요. 그 친구 얘기로는 흑인들만 사는 동네에 외국 자본이 와서 수도를 놔주겠다고 했대요. 남아프리카 공화국의 한 지역인 스웨토 정부가 수도를 놓으라고 허가해서 수도관을 설치했는데, 동전을 넣어야 물이 나오게 만들어놨대요. 환장할 노릇이잖아요. 옛날에 흑인들은 동네 못에 가서 물을 떠 먹고 살았는데, 이젠 그것도 돈을 내야 먹을 수 있게 됐잖아요. 민영화는 이런 식으로 문제가 생긴다니까요. IMF, IBRD가 하는 민영화가 다 그런 식입니다. 선진국 자본들만 돈을 벌게 만들어버리거든요.

지 이민 정책이나 외국인 노동자 정책도 잘 써야 할 텐데요. 우리한테도 심각한 문제가 되지 않았습니까? 호주가 영국의 식민지 시절 농민들을 산업노동자로 고용하려고 비싼 토지정책을 썼는데, 결과적으로 이민자들이 미국으로 몰려가게 만드는 결과를 낳았는데요. 일부 정책이 의도한 바와 다른 결과로 나타나는 경우가 생기지 않습니까? 우리가 필요해서 외국인 노동자들을 불러서 쓰는 거면 합당한 대우를 해줘야 할 텐데요. 지금까지 부당한 대우가 많았기 때문에 동남아시아에서 한국인의 이미지가 좋지 않은 경우도 많지 않습니까?

김 우리나라 사람들의 국민성이 그렇다고 하기는 어렵지만, 높은 사람이나 힘센 사람한테는 굽실거리고 약한 사람 앞에서는 군림하려는 뭔가가 있다니까요. 역사적으로 형성되어온 거겠죠. 박정희 시절의 독재 상황에서 뭘 어떻게 하겠어요? 방법이 없잖아요. 외국의 침략을 받을 때도 그렇고, 실제로 역사 속에서 그런 모습이 많이 나타나요. 특히 공무원 사회에 그런 풍토

자본론으로 한국경제를 말하다

가 만연해있어요. 외국인을 대하는 것을 봐도 백인과 아시아인을 대하는 게 전혀 다르다구요. 반성을 많이 해야할 부분이죠.

지 백인에 대한 선망과 유색인종에 대한 경멸이 동전의 양면이라고 말하는 사람도 있는데요.

김 또 하나 지적할 게 있어요. 미국한테 우리가 의존한다고 할까, 미국을 숭상한다고 할까, 스스로 하위 파트너가 되고 싶어하는 모습도 보이거든요. 미국의 힘을 믿고 어디가서 행세하려고 그러는 거죠. 그게 아제국주의라고 하는 거잖아요.

지 새끼 제국주의라고도 하고, 우석훈 씨는 촌놈들의 제국주의라고 표현하던데요.

김 그것도 사실 실력이 없으면 안 되는 거거든요. 우리가 이라크에 파병할 때 정부에서 유전개발권 같이 뭔가 대가를 받아내겠다고 온갖 헛소리를 다했잖아요. 근데 옛날에 후세인이 국유화하기 전에 개발권을 가지고 있던 석유 회사들이 몽땅 가져가 버렸잖아요. 엑손모빌, 셸, 토탈, 브리티시페트롤리엄, 이렇게 4대 석유재벌이 다 가져갔어요. 우리는 알아서 기면서 뭔가 얻어먹으려고 하는데 그건 진짜 잘못된 생각이라구요.

지 우석훈 씨 얘기도 우리 경제가 이미 식민지를 필요로 하는 구조가 되어 버렸는데, 식민지를 운영할 능력은 없기 때문에 평화적 전환을 해야 한다는 건데요.

김 그런 얘기를 했어요? 맞는 얘기죠.

지 현재의 장기불황을 타개하기 위한 방안의 하나로 '국제적 케인스주의'가 주창되고 있다고 하셨는데요.

김 국제사회에서 모두가 재정금융 확장정책을 쓰자는 겁니다. 그러면 수요가 일어나고 상품이 잘 팔리니까 생산을 더 하는 식으로 한번 해보자는 거죠. 하지만 각 나라가 다 모여서 그런 합의를 볼 수는 없어요. 왜냐하면 물건을 잘 팔 수 있는 나라도 있지만, 오히려 수입이 더 많아져서 국제수지 적자가 나는 나라가 생길 가능성도 많잖아요. 그런 나라에서는 안 하려고 할 거 아닙니까? 그걸 알아야 돼요.

19세기에는 런던이 세계 금융의 중심지였어요. 어떤 나라가 수입을 많이 해서 적자가 나면 런던 금융시장에 와서 돈을 꿔갈 수가 있었다구요. 돈을 잘 꿔줬거든요. 그런데 1945년 이후에는 미국이 세계 금융을 지배하는데 미국은 그걸 잘 못해요. 돈을 주면 떼일지 모르니까 위험부담을 지지 않으려는 거죠. 결국 무역수지 적자가 나는 나라는 적자를 흑자로 만들려면 긴축해야 하고, 어렵게 살아야 하는 현상이 나타납니다. 다들 무역수지 적자를 안 보려고 노력하다 보니 GDP 중에서 수출의 비중이 아직도 1913년 비율하고 같다는 거예요. 그때는 제1차 세계대전이 일어나기 바로 전이잖아요. 당시 세계적인 교역이 굉장히 많았던 모양이더라구요. 각국이 합의를 본다는 게 이렇게 어려운 겁니다.

지 "국제적 케인스주의에 의거해 미국 정부가 전쟁을 계속하면서 무역적자와 재정적자를 대규모로 야기한다면, 미국 달러에 대한 신뢰도가 하락하고 미국 달러를 대체하는 새로운 화폐가 등장하면서 뉴욕의 증권시장에서 공황이 일어나서 미국 경제와 세계경제가 위기와 공황을 맞이할 것으로 예상한다"고 하셨는데요. 어쨌든 아직까지는 잘 굴러가고 있지 않습니까?

김 이번에 미국에서 비우량 주택담보대출 문제가 생겼잖아요. 그것을 기점으로 해서 발행했던 증권을 가지고 있는 은행들은 거의 많이 손해를 봤어요. 지난번에 베어스턴스라는 엄청나게 큰 증권회사가 망했지, 요새 메릴린치도 왔다갔다하고 있구요. 지금 큰 은행들이 엄청나게 손해를 보고 있거든요. 그러니까 다른 은행들도 대출해주기 겁난단 말이에요. 이러니까 FRB에서 금리를 엄청나게 인하했어요. 금융기관을 살리려고 금융기관들에게 대출도 직접 해주고 그랬잖아요. 금리를 2퍼센트까지 낮추니까 달러 가치가 떨어지잖아요. 그러니까 달러로 표시된 유가증권, 주식이나 채권을 가지려고 하지 않죠. 가지고 있으면 손해니까요. 달러 자체를 외환보유고로 안 가지려고 하니까 달러 가치가 더 떨어지고, 달러로 표시된 주식이나 증권이 더 떨어지고, 이렇게 되면 실제로 1929년과 같이 뉴욕증권거래소의 주가가 폭락해버리는 거죠. 그런 우려가 있으니까 달러 외에 세계화폐를 대체할 게 뭐가 있느냐 하는 문제가 생기잖아요. 유로 가치가 자꾸 올라가는 것은 사실입니다. 그런데 유럽은 미국과 같은 연합국이 아니잖아요. 물론 유럽중앙은행도 있지만, 독립적인 각 나라가 있으니까 미국처럼 통일된 외교력이랄까, 군사력이라고 할까, 그런 것이 뒷받침되지 못하고 있어요. 이러니 세계화폐로 유로가 달러를 대체할 수 있을까 하는 문제가 있어요. 어쨌거나 다른 나라에서 달러를 대체하려고 노력을 많이 하고 있는 것 같더라구요.

두 번째로 대미 무역에 있어서 가장 흑자를 많이 보는 나라가 중국입니다. 중국은 달러를 2조 5000억쯤 가지고 있습니다. 그게 유로로 가면 달러가 죽어버리겠죠. 그런데 중국이 보기에 자기의 가장 큰 시장은 미국이기 때문에 그 시장을 죽여버리면 결국 자멸하는 거잖아요. 지금은 사실 혼란기예요. 우리나라도 그렇고, 일본도 그렇고, 대만도 그렇고, 달러를 많이 가지고 있지만 실제로 다른 통화로 돌리지 못하죠. 우리나라 같은 경우 손해를 많이 보겠죠. 일부는 유로를 가지고 남모르게 해야 하는데 그렇게 못 하는 것 같더라구요. 지난번에 한국은행에서 우리도 달러에 집중하지 말고, 다른 통화를 가지자고 했더니 신문이 대서특필하고 그랬잖아요. 당장 미국한테 야단을 맞는 거죠. (웃음)

지 미국은 제대로 이긴 전쟁도 없고, 지금은 경제적으로 남들 원조해줄 만큼도 아닌 것 같습니다. 일견 허약해 보이는데, 왜 이렇게 오래갈까요? (웃음)

김 그렇게 보면 안 돼요. (웃음) 무기 생산 기술력이나 수출량은 미국이 세계 최고잖아요. 최신 무기도 굉장히 많이 갖고 있는 대단한 나라죠. 사실은.

지　포커에서 조커가 너무 많은 게임과 비슷한 것처럼 오히려
첨단 무기를 많이 가지고 있을수록 쓸 수가 없지 않습니까? 이
라크진도 그런 무기를 썼다면 빨리 끝났을지는 몰라도 전 지구
적인 재앙이 오니까 결국은 쓸 수 없는 무기라는 건데요. 베트
남에서도 못 이기고 나왔잖아요.

김　미국의 세력이 자꾸 약해지는 것은 사실이죠. 라틴아메리
카에서도 큰 소리를 못 치고 있는 것을 보면, 세력이 약화된 것
은 분명 사실인 것 같아요.

지　1980년대 영국에서는 유색인종의 폭동이 많았는데요. 한
국도 앞으로 그것을 우려해야 될 시점은 아닐까요? 외국인 근
로자들이 가진 좌절감이 아직은 개인적인 범죄 형태 정도로만
나타나고 있는 것 같은데, 우리 경제에서 그 사람들이 가진 비
중이 점점 커지고 그들의 불안이 축적되면 언젠가 다른 형태로
나타날 가능성도 있지 않습니까?

김　그럴 수도 있겠죠. 그런데 지금은 세력이 굉장히 약하잖
아요. 외국인 노동자들이 한국 사람들의 지지를 얻어낼 뭔가가
있어야 돼요. 외톨이로 배제된 상황에서는 운동을 해도 아무런
효과를 내지 못하잖아요. 세력 형성이 안 된다구요. 어떤 식으
로든지 세력을 만들도록 한국에서 자기들을 좋아하는 사람을
자꾸 만들어내야 힘을 얻을 수 있어요.

지　프랑스나 영국에는 못 미치더라도 외국인 근로자들이 점점 많아져서 이젠 만만치 않은 숫자 같거든요. 시골에 가면 코시안이라고 해서 어떤 학교는 3분의 1 정도를 차지한다고 하더라구요. 베트남 같은 데서 신부를 많이 데리고 왔잖아요.

김　다민족 사회로 갈 수 밖에 없죠. 그리로 자꾸 가야죠. 세력이 안 되면 문제로 등장하지 못해요. 묻혀버리니까요. 지금은 문제없는 것처럼 보이지만 임계점에 다다르면 폭발할 수도 있겠다는 생각이 들어요. 안산 전교조에서 강연을 해달라고 해서 제가 안산에 자주 내려갑니다. 거기가 엄청나게 큰 도시더라구요. 외국인 노동자가 제일 많은 곳이라잖아요.

지　패니치와 긴딘 예를 들면서 자본주의를 변혁하는 계기에 대해 "어떤 갑작스런 경제적 붕괴에서 찾기보다는 현재의 지배적인 이데올로기의 정치적 정당성을 문제 삼는 것에서 찾아야 한다고 본다. 시장에 맡기면 번영이 온다는 이데올로기에 대해서는 금융 위기의 빈발, 실업의 증가, 빈부격차, 고용의 불안정 등을 반대 증거로 제시해야 하며, 또한 투명성과 책임성을 강조하지만 언론과 월드콤 등 거대기업에서는 오히려 회계 부정이 더욱 널리 퍼졌다는 점, 테러와의 전쟁을 선포하면서 정부 스스로 비전투원인 민간인에게 테러를 자행하고 있는 점, 민주주의를 확대한다고 이야기하면서 정부 스스로 재판에 의거하지 않고 피의자를 장기간 감금하고 있는 사실 등을 문제 삼는 것이 현재의 체제를 붕괴시키는 시발점이라고 생각하는 것 같다"고 하셨거든요. 저번에 말씀하신 것처럼 인터넷이나 이런 정보매체를 통해서 지배하려는 사람들의 이데올로기가 많이 폭로되기도 하잖아요. 사람들이 똑똑해져서 쇠고기에 대해서도 사람들이 더 정확하게 알지 않습니까? 이런 모습이 새로운 사회로 가는 계기가 되고 자본주의를 변혁하는 계기도 될 것 같은데요.

김 신문이나 TV는 이 사회가 막연히 좋다고 하는 환상을 자꾸 깨줘야 해요. '아, 우리 사회에 이런 문제가 있구나, 이제 새로운 사회를 만들어야겠구나, 그러면 새로운 사회는 무엇이 될까'라는 논의가 계속 나와야 됩니다. 현실에 안주해서 이 사회가 괜찮다든지 이 사회가 아니면 다른 것이 없다는 생각을 하면 새로운 사회로 나아가려는 욕구가 생기겠습니까? 사람들이 문제의식을 갖지 못하면 변화가 일어나지 않는다구요. 불만을 가진 사람들이 정부에 반대해봐야 대부분 '저 친구들 왜 저래?' 하고 생각해버리잖아요.

지 시민들의 자발적인 움직임을 보면 자본주의를 변혁할 수 있는 싹은 트인 것 같은데요. 구체적인 논의로 발전시키려면 어떻게 해야 할까요?

김 시작은 쇠고기 문제였지만, 자꾸 범위를 넓혀 가는 과정에 새로운 요소가 들어갈 거라고 생각합니다.

지 쇠고기로 촉발됐지만, 초기부터 민영화 반대, 대운하 반대 같은 이슈들을 논의하고 있었으니까요.

김 그렇죠.

지 "자본주의가 발달하면서 세계가 하나로 통합되면 세계적인 차원에서 자본가계급과 노동자계급이 형성될 것이고, 만약 이 세계적인 노동자계급이 계급투쟁에서 승리해 권력을 장악한다면 일국 사회주의가 아니라 만국 사회주의가 건설될 수 있을 것이다"는 주장도 있지 않습니까? 그런 가능성에 대해서는 어떻게 생각하십니까?

김 그것은 장기적인 관점인 것 같은데요. 한미FTA가 타결되면 미국의 대기업이나 대농업 자본가와 우리의 재벌과 같은 부유층은 잘 나갈 거라구요. 하지만 밑에 있는 노동자계급과 서민들은 타격을 입을 가능성이 많잖아요. 실제로 한국경제체제가 신자유주의적인 미국경제체제를 닮아가면서 사회보장제도는 없어지는 쪽으로 간다구요. 서민들은 더 어렵게 되겠죠. 그럴 때 미국과 한국의 서민층이 한편이 되고, 자본가들끼리 또 한편이 될 수밖에 없는 거죠. 구성 자체로 보면. 현실적으로 세계경제에서 혁명이 어떤 식으로 진행될 거냐를 놓고 보면, 동시혁명이라는 것은 불가능하다고 생각해요. 레닌이 얘기하듯이 약한 고리에서 자본주의 세계경제를 뛰쳐나가는 식으로 될 수밖에 없어요. 그것이 자꾸 확대되어서 세계 전체가 새로운 사회로 간다고 보는 거죠. 예를 들면, 이라크나 아프가니스탄 때문에 미국이 정신없는 사이에 라틴아메리카의 몇 나라가 체제 전환을 해서 확고하게 자리 잡고, 그 다음에 또 다른 일이 일어났을 때 다른 나라가 변화를 하는 식으로 해서 점진적으로 전환되는 과정이 가장 현실적이라고 생각합니다. 전 세계 동시 혁명이라고 하는 것은 좀 불가능한 일이 아닌가 생각합니다.

지 보통 지금 세계화나 신자유주의의 문제는 대세라서 어쩔 수 없다고 하는 사람이 있는 반면, 저항을 하는 사람도 있지 않습니까? 아까의 논리대로라면 세계화되는 것이 새로운 사회로 가는 하나의 과정이라고 볼 수도 있지 않습니까?

김 저는 대세라고 하는 것은 말이 안 된다고 생각해요. 단지 자본의 힘이 세서 그렇게 가는 것 뿐입니다. 만약 각국 국민이 '미국은 왜 이렇게 자꾸 문호를 개방하고 자유화하라고 우리를 못살게 구느냐, 다음 선거할 때 그러면 절대로 안 찍어주겠다, 차라리 문을 닫아라, 고립을 해라'든지 이런 식으로 해버리면 정치세력도 어쩔 수가 없다구요. 아일랜드에서 EU헌법을 부결시켰다잖아요. 각국이 그런 식으로 해버리면 자본의 세계화라는 건 진전이 안 된다구요. 그럴 가능성도 있다고 봐요. 마르크스는 자본이 자기의 가능성, 생산력을 끝까지 발전시키도록 놓아두는 것이 진보라는 생각을 많이 했거든요. 그리고 그때 새로운 사회로 갈 수 있는 길이 열릴 거라고 봤어요. 지금처럼 세계화 자체가 점점 더 사람을 못살게 구는 상황에서는 끝까지 갈 수가 없죠. 중간에서 터져버린다구요.

지 입장에 따라 다른 것 같은데요. 스위스 같은 경우 극우파들이 파병을 막지 않았습니까? 사실 그게 맞는 것 같구요. 세계 수출 규모가 아까 1913년 수준이라고 하셨는데요. 생각하기에 다 열려있는 것 같은데, 실제로는 예전보다 인적 교류가 줄어들었다가 1970년대 이후에 다시 열리는 과정이 있었다는 건데요.

김 이민은 1910년대에 비해서 지금은 3분의 1이 안 된다고 나오던데요. 실제로 엄청나게 막잖아요.

지 미국 같은 경우 옛날에는 온갖 나라의 이민자들이 들어가서 만든 나라인데, 지금은 많은 나라가 투자이민 아니면 잘 안 받는 것 같습니다.

김 그렇죠.

지 '저개발국이 노동착취에 근거해 수출 확대를 시도하는 것을 저지하기 위해 타국이 보호무역주의를 채택하는 것은 국제주의에 어긋나지 않으며 정당하다'고 하셨는데요. 그 일자리조차 없어지면 아이들이 굶는다는 반론도 있지 않습니까?

김 예컨대 선진국에서 '후진국은 노동자를 착취해서 생산을 하니까 경쟁력이 있는 것 아니냐? 후진국 상품이 들어오는 것을 막자'고 이야기한다고 해봐요. 후진국의 노동자들은 그거라도 팔아야 쥐꼬리 같은 임금이나마 얻어서 겨우 살 수 있는데 그것까지 막느냐, 이렇게 나온다는 말이잖아요. 그런데 실제로는 이게 자본주의적으로 발전하는 것이 발전하지 않는 것보다는 낮다는 논리하고 연결되는 겁니다. 선진국은 '우리는 노동자들을 죽이려는 것이 아니고, 자본가 저놈들이 착취를 못 하게 하려는 것이다'라고 주장하는 거잖아요. 지금 한미FTA도 그런 문제가 생기잖아요. 작년 4월에 협상을 했다가 이번 6월에 재협상했던 것은 미국 의회에서 노동과 환경 규제기 작다고 했기 때문이잖아요. 후진국의 노동착취 문제와 결국 똑같은 이야기라구요. 한국 상품이 저임금 정책을 써서 들어올 때 미국이 관세 인하를 철폐할 수 있다고 개정한 거니까요. 환경도 마찬가지 거든요. 환경을 파괴해서 상품을 싸게 팔 때 환경보호를 하라고 요구하는 건 맞죠. 그런데 나이키 제품을 아시아에서 싸게 만들어서 미국에서 비싸게 팔아먹으니까 미국 학생들이 제품 불매운동을 하거든요. 그때 나이키는 이걸 당신네들이 팔아줘야 불쌍한 사람들이 살 수 있다고 한다구요. 그건 말이 안 되는 거죠. 그걸로 자신들이 얼마나 많은 이익을 챙기는데, 그런 논리로 엄청난 착취를 정당화할 순 없죠.

지 예전에 월드컵 때 진보 진영에서 이슈가 되었던 것도 축구공을 만드는 아시아 아이들의 엄청난 저임금 때문이잖아요.

김 그랬죠.

미친 사유화를 멈춰라

지 '사회주의에서는 공산주의적 생산의 필요성을 자명하다고 보는 새로운 인간을 만들어내기 위해 인위적 수단을 사용해야 한다'고 하셨는데요. 인위적 수단에는 어떤 것이 있습니까?

김 자본주의에서 공산주의로 가고자 노력하는 과정에서 저 사회가 지금보다 훨씬 낫다는 것을 증명해야 할 것 아닙니까? 그러려면 노동자들을 교육해야 할 뿐만 아니라 공장에서 노동자들이 전권을 가지고 스스로 관리하는 자주관리가 이뤄져야 합니다. 노동자의 능력을 자꾸 키워주고, 정치적으로 독재도 없어져야죠. 이 사회보다 저쪽이 낫다는 것을 알 수 있도록 제도를 자꾸 만들어주고 그리로 끌고 가려는 노력을 엄청나게 해야 합니다. 그렇지 않으면 사회는 뒤로 가게 돼요. 소련의 실패가 바로 그런 거라구요. 미국이 더 잘사네, 이런 식으로 생각하게 되는 거잖아요.

지 소련경제의 몰락은 계획경제의 한계를 드러낸 건가요?

김 소련이라는 나라가 엄청나게 자원도 많고 굉장해요. 그런데 체제의 문제로 노동자들이 창의성을 발휘한다든지 자발성을 개발한다든지 하는 노력을 하지 않게 됐다는 거죠. 마음껏 자기의 능력을 발휘할 수 있다면 좋았을 텐데, 그것을 못 했잖아요. 그러니까 술이나 먹고 일도 안 하고, 자꾸 생산성이 낮아져 후퇴하는 거죠.

지 '영국 노동당의 역사에서 노동당은 자본주의 경제가 위기 또는 불황에 빠지면 언제나 노동자계급을 희생시켜 경제를 회복시키려고 했다. 그 근본 약점은 자본주의 체제를 유지하면서 노동자의 복지를 증진시킨다는 노동당 그리고 사회민주주의의 이념 그 자체의 약점 때문이다'라고 하셨는데요. 개혁을 얘기하면서도 노동자에게 허리띠를 졸라매라고 하지 않습니까? IMF 때 '금 모으기 운동'을 했던 것처럼요. 자본주의를 극복하지 못한 사회민주주의는 그럴 수밖에 없다는 건가요?

김 사회주의나 공산주의와 달리 자본주의 체제 하에서 노동자계급의 이익을 최대한 추구하고 이익을 보장하는 것이 사회민주주의의 기본적인 개념입니다. 영국 노동당은 1929년 공황 때에 집권하고 있었고, 1974년부터 1979년까지도 집권을 했어요. 1930년대 대공황 시절에 실업이 많이 발생해서 재정적자가 나기 시작했습니다. 거의 금본위제를 탈피할 때였을 텐데, 파운드 가격이 떨어지니까 적자를 메우려면 미국에서 돈을 빌려와야 했어요. 미국 은행은 돈을 빌려주는 조건으로 실업수당을 깎으라고 요구했습니다. 실업수당이 높기 때문에 재정적자가 나고, 재정적자가 자꾸 나면 파운드 가치가 더 떨어질 테니까 실업수당 주는 것을 깎으라는 거였죠. 노동당은 그것을 그대로 받아들였어요. 그래서 람지 맥도널드 수상을 노동당에서 쫓아냈습니다. 그 사람은 총선에서 노동당으로 나오지 않고 거국내각으로 나와서 또 총리를 했어요. 1976년, 1978년 그때는 사회계약을 통해서 노동당이 실질임금을 낮췄거든요. 사민주의의 근본적인 부분에 문제가 많다는 건 바로 이런 얘기예요. 그렇다고 해서 경기가 회복되는 것도 아니거든요. 공황이 오고 이럴 때는 정부가 앞장서서 경제계획을 강화해서 어떤 식으로든지 뭘 만들어내야 하거든요. 북구에서는 조금 달리 가는 건데, 그렇다고 자본주의를 폐기하는 것은 아닙니다. 정도의 차가 있다는 얘기죠.

지　'공공부문의 사유화에는 하나의 근본적인 조건이 있다. 그것은 사유화한 기업이 이윤을 획득해야 한다는 점이다. 그렇지 않으면 어느 민간투자자가 사유화에 참가하겠는가? 따라서 사유화는 결국 수익성 있는 국영기업과 공익사업에 국한될 수밖에 없었고, 아니면 정부가 수익성을 보장하기 위해 헐값에 매각해야 했다. 이러한 제약 때문에 사유화의 이익으로 선전한 경쟁의 강화나 기술혁신은 구호에 불과했다. 더욱이 보수당 정부는 공기업의 조속한 사유화를 위해, 공기업의 경영자와 노동자의 지지를 얻어야 할 필요가 있었고, 모든 국민이 주주가 된다는 '인민자본주의'라는 장밋빛 환상을 심어줄 필요가 있었다. 이리하여 정부는 경쟁체제보다 사적독점을 창출하는 방법을 채택한 것이다'라고 하셨는데요. 결국 사유화된 기업의 주식소유자만 큰 이익을 얻는 것 아니겠습니까?

김　마가렛 대처가 처음에 브리티시 텔레콤을 민영화시켰어요. 그게 최초의 민영화였어요. 민영화시키면 요금이 올라간다고 국민이 반대하니까 텔레콤 주식을 원하는 사람들에게 전부 조금씩 팔았어요. 헐값으로 팔았는데 막상 민영화가 되니까 주가가 오르잖아요. 그때 사람들이 좋아했어요. 인민 자본주의 people's capitalism가 뭐냐면 모든 사람이 주주가 된다는 거거든요. 사람들은 주식을 샀다가 나중에 주가가 오르니까 전부 팔아버렸죠. 그때 한 놈이 브리티시 텔레콤을 독점해버린 거죠. 이렇게 국영기업을 헐값으로 파는 논쟁은 계속 나왔다구요.

지 블레어 정부에 대해서 '신자유주의의 부패한 형태에 가깝다고 할 수 있다. 진정한 신자유주의는 시장원칙에 간섭하는 모든 행위를 배격하기 때문이다'라고 하셨는데요. 그리고 '노동의 유연화를 강조함으로써 수많은 비정규직 노동자를 양산했고, 노동조합은 정규직이 중심이어서 비정규직의 이익을 제대로 보호하지 못하고 있다는 점에서 사회민주주의의 부패한 형태라고 할 수 있을 것이다'라고 하셨는데요.

김 토니 블레어는 마가렛 대처를 꼭 닮았어요. 영국 신문은 만평에서 몸은 토니 블레어로, 머리는 마가렛 대처로 그려서 토니 블레어를 욕합니다. 신자유주의라면 시장에 맡겨야 할 거 아닙니까? 옛날 사민주의처럼 개입을 하니까 신자유주의라는 것이 작동을 안 하죠. 영국에서는 토니 블레어와 고든 브라운을 마가렛 대처의 자식들이라고 얘기하고 있습니다. 마가렛 대처의 정책을 그대로 답습하고 있다는 거죠.

지 좌파 신자유주의네요. (웃음)

김 그렇죠, 말하자면 그렇게 되는 거죠. (웃음)

지 그런 모순 속에서는 제대로 된 경제정책이 나오지 않을 것 같은데요. 왜 그렇게 하는 걸까요?

김 토니 블레어가 노동당 당수가 되어서 개혁할 때 문제 삼은 게 이것이었어요. '노동당은 재정적자를 많이 내서 사회보장제도를 하는 당이라는 이미지 때문에 중산층이 투표를 안 한다, 그래서 늘 진다'라고 사태를 판단했단 말이에요. 이런 생각 때문인지 블레어는 1997년 선거에서 우리는 앞으로 2년 동안은 보수당 정부가 미리 계획했던 예산을 그대로 집행하겠다고 얘기했어요. 블레어는 자기가 그런 공약을 내세워서 당선됐다고 생각하기 때문에 경제정책을 자꾸 보수당식으로 하는 겁니다. 대학생들한테 등록금을 받겠다고 하니까 노동당 국회의원이 전부 반대했어요. 그런데 억지로 노동당 국회의원들한테 사정 사정해서 그것을 통과시켜서 등록금을 받게 했다구요. 이런 식으로 자꾸 가는 거죠. 블레어는 자기를 좋아하는 정치기반이 중산층이라고 생각합니다. 그래서 자꾸 그렇게 하는데, 중산층에서도 '너무 한다. 우리를 죽이려고 하느냐, 자꾸 우리를 못살게 군다' 고 하니 이반이 일어나는 거죠.

지 결국 노동당이 집권하려고 국민정당화 노선을 걸으면서 변질된 것 아닙니까? 투표에서 더 많은 표를 얻어야 되겠다고 생각하고, 그것 때문에 표를 더 얻고 있다고 착각을 한 건데요.

집권을 위한 진보정당의 우경화나 국민정당화 노선은 어떻게 보십니까? 우리 진보정당한테도 그런 교훈이 있지 않겠습니까? 진보정당한테는 대중정당이 되서 선거에서 이겨달라는 요구도 있는데요. 바꾸려면 집권을 해야 하잖아요?

김 모르겠어요. 진보정당이 집권을 하리면 국회 안에서 하는 활동과 길거리에서 하는 활동, 이 두 개가 맞아 들어가야 돼요. 특히 길거리에서 힘을 얻어야 집권할 수 있다구요. 그것이 없으면 진보정당이 집권하기는 힘듭니다. 길거리라고 하는 것은 여러 사람의 동의를 얻는 거잖아요. '이 정당이 괜찮겠다. 새로운 것이 나오겠다'고 사람들이 동의하면 찍어줄 거라구요. 의회 안에서는 힘이 없어요. 아무리 해봐야 법 하나 통과시킬 수 있겠어요?

지 요즘 길거리에서 보이는 강기갑 의원처럼요? (웃음)
김 그래야죠. 근래 선거가 있었다면 민주노동당이 엄청난 표를 얻었을 거예요.

지 "김대중 정부는 첫째 금융실명제, 부동산실명제, 종합소득세 등의 실시에 철저하지 못했을 뿐 아니라 부정, 부패의 방지에도 전혀 성공하지 못했다. 둘째로 정리해고, 변형근로제, 파견근로제를 노사정위원회에서 민주노총의 합법화와 노동조합의 정치활동 허용 등과 맞교환해 통과시켰다"고 하셨는데요. 정치적인 것을 얻기 위해서 실질적인 것을 많이 내줬다고 해석할 수 있는 건가요?

김 저는 DJ에 대해서 좋게 생각하지 않아요. 야당 시절에 대중경제론이라고 해서 내세웠던 것과 대통령이 되고 나서 했던 것은 전혀 달랐어요. 자기 가신들도 전혀 통제하지 못했잖아요. 권노갑도 그랬죠. 부패한 정치인이었잖아요. 벤처기업으로 재벌의 독점을 방지한다든지 저지한다고 해놓고는 뒤에서는 부추겨서 주식 값 올려주고는 전부 팔고 돈 챙겨서 도망치고 그랬거든요. '묻지마 투자'라는 거잖아요. 그런 걸 보면 하는 짓이 엉터리였어요. 물론 이전에 못 했던 남북 긴장완화를 이뤄낸 것은 상당히 잘했다고 생각해요. 그런데 IMF 사태가 딱 터졌단 말입니다. 당연히 외국 자본은 한국에 와서 돈 벌려고 생각하겠죠. 모든 것을 헐값에 사려고 할 텐데, 그건 정부가 막아야죠. 제가 좀 과민해서 그럴지 모르지만, 김대중 전 대통령이 노벨 평화상을 탄다고 해서 외국 사람한테 굉장히 잘해 줬다구요. 노벨 평화상 때문이 아니더라도 외국 사람들한테 굉장히 잘해줬어요. 남북관계도 실제로 관심이 있어서 그랬는지, 노벨 평화상을 타려고 그랬는지 의심스럽더라니까요. (웃음) 하지만 어쨌든 결과적으로 남북관계가 진전이 잘된 것은 사실이잖아요. 그건 잘한 건데요. 이해가 안 되는 건 왜 대량해고를 하냐구요. 전교조를 합법화시켜주고 대량해고 안 해도 되는데, 완전히 IMF가 하라는 대로 다 해주고, 외국 자본이 하라는 대로 다 해준 거예요. 그것이 다 신자유주의적인 아이디어라니까요. 노동유연화정책이 바로 거기서 시작된 거라구요. 비정규직 문제도 거기서부터 나오는 거구요. 굉장히 위험한 단계였는데, 그래서 문제가 있다고 생각하는 겁니다.

지　김영삼 때는 세계화니 하면서 구호를 만들어놓고, IMF 오면서 김대중 시절에 세도화가 된 것 같은데요.
김　제가 볼 때는 노벨 평화상 때문인데……. (웃음)

지　정치인으로서 가진 노욕이라고 보시는 겁니까?
김　옛날에 야당 시절 대중경제론이라 해서 서민이 어떻고, 민중이 어떻고, 떠들어댔지만 하나도 한 게 없다니까요. 거기서 문제를 찾아야 돼요. 그쪽은 반성해야 합니다. 사실 자기 가신은 다 부정부패를 하고 돌아다녔는데 어떻게 할 거예요. DJ가 쭉 야당생활을 하면서도 치부는 많이 했거든요.

지　또 그 시절에 "금융기관이나 공기업은 주인이 없어 부실하게 되었으므로 구조 조정의 핵심은 '주인 찾아주기'여야 한다는 철학은 금융기관과 공기업을 모두 외국인에게 팔 수밖에 없었다는 이야기와 같다"고 지적하셨는데요. 그때 사실 많이 넘어가지 않았습니까?
김　주인 찾아주자는 것도 아이디어가 아닙니다. 주인이 없어서 안 되는 게 뭐가 있어요? 주주가 주인이라고 하면 되잖아요. 이해할 수가 없어요. 공기업 같으면 주인이 정부면 왜 안 됩니까?

지 때로는 정부에서 보증서 주고 싼값에 팔기도 했는데요. IMF의 요구가 있다고 하더라도 그렇게까지 할 필요는 없었을 것 같은데요.

김 그게 문제인데, 우리나라는 대통령뿐만 아니고 장관이나 모두가 친미파예요. 그렇기 때문에 미국이 뭐라고 하면 꼼짝 못해요. 외환은행도 분명히 이헌재든지 그런 사람들이 팔아먹은 것이 사실일 거예요. 외국 펀드가 뭘 알고 와서 먹냐구요. 내부에서 다 도와줘서 가져가라고 한 거겠죠. 김앤장이니 그놈들하고 엘리트층이 전부 친미주의자들이예요. 이 사람들은 거기에 붙어야 한다고 생각하니까 미국한테 다 팔아먹은 거죠.

지 DJ는 야당 시절 탄압받을 때 미국이 목숨을 구해주기도 했으니까 호감이 있었던 것 같습니다. "빈민과 실업자와 저소득층을 위한 사회안전망의 구축에는 엄청난 재정지출이 필요하다는 것을 강조하면서도 불요불급한 정부지출을 제거하거나 새로운 세원을 개발하거나 세금을 철저하게 징수하거나 고소득층에 높은 세금을 부과하는 조세개혁을 실시하지 않았다"는 지적도 하셨는데요.

김 옛날하고 똑같다니까요. 고통분담하자고 해놓고 분담한 게 없다니까요. 전부 밑에 못사는 사람들만 임금 깎이고 실업당하고 한 겁니다. 위에서 고통당한 게 뭐 있어요? 세금이라도 많이 냈어야죠.

지 국민연금을 실시한다든지 의료보험제도를 실시한다든지 사회보장을 실시한 부분은 있지 않습니까?

김 그게 우리나라로서는 사회보장제도의 첫 시작이라고 볼 수 있죠. 규모는 엉터리지만. 노무현이 선거공약에서 군대를 줄인다는 얘기를 했던 것 같은데, 그건 긴 참 좋은 생각이라구요. 남북정상회담을 했으면 실질적인 후속 조치가 있어야 할 것 아닙니까? 군대를 상호 감축해서 남는 돈으로 복지를 확충한다든지 해야죠. 잘사는 사람들 중에는 자기 아들 군대 안 가게 해주면 세금 얼마든지 내겠다고 하는 사람들도 있을 것 아닙니까? (웃음) 우리 사회에서 군대가 굉장히 큰 문제라구요. 가서 죽기도 하고, 군대 문화도 그렇고.

지 자본주의라는 것이 공황을 필요로 하고, 그것을 통해 회복하는 경향이 있다고 하셨는데요. 지금 공황이 장기화되고 있다는 말씀도 하셨구요.

김 1974~1975년에 공황이 일어났어요. 석유파동 이후에 일어난 공황인데, 그게 지금까지 계속 된다고 봐요. 장기불황이죠. 그 사이 경기가 좋아진 적이 없어요. 물론 미국은 1995년부터 해서 IT 혁명이 와서 조금 나가다가 2000년에 과잉생산이 와서 야단이 났잖아요. 석유파동 나고 그래서 1974~1975년에 일어난 것이 신자유주의라니까요. 복지국가 때려치우고 신자유주의로 간다고 해서 나온 건데, 신자유주의가 아직 성공을 못했단 얘기죠. 그러니 이제 다른 게 나타날 수밖에 없다구요.

지 어떤 게 있을 수 있을까요?

김 계획참여경제나 계획참여자본주의, 이런 얘기가 나오는데요. 펀드나 금융을 가만히 놔둬버리면 멋대로 돌아가는 거잖아요. 이게 전부 불안정 요인이에요. 금융규제는 많이 강화 할 필요가 있고, 또 강화할 거라구요. 안 그러면 전 세계가 금융공황에 빠져서 망해버릴 텐데요. IMF하고, BIS라는 세계중앙은행 연합에서도 다 계획을 하고 있어요. 컴퓨터가 발달됐기 때문에 전 세계적으로 대기업들 간에 과잉생산이 일어나지 않도록 조절하는 것도 가능하다고 봅니다. 물론 실제로는 잘할 수 없겠죠. 그래도 자본주의를 유지하려면 그런 요소를 도입할 수밖에 없지 않겠느냐는 겁니다. 그러면 노동자 문제가 생기죠. 자꾸 경쟁하고 자동화하고 이러니까 일자리가 없잖아요. 일자리는 정부가 자꾸 만들어내야 돼요. 국민의 삶의 질을 향상시키는 방향으로 해줘야 해요. 우리나라 여성들이 애를 안 낳는다고 하면 육아지원책을 확충해주고, 그런 일자리를 만들어서 육아의 부담을 경감해줘야 하고, 교육도 정부가 담당할 수밖에 없어요. 지금처럼 사교육비가 많이 들면 살 수가 없죠. 그러니까 신자유주의가 만들어놓은 여러 가지 폐해라고 할까, 여러 가지 문제점을 해결하는 그런 경제체제가 아무래도 나오겠죠.

지 이명박 정부는 특목고니 해서 교육도 따로 받고, 미국 유학을 갖다오든지 해서 계급적으로 나눠지는 것을 원했을 텐데요. 한국 사람은 평등주의가 워낙 강해서 그런지 저항에 부딪

힌 것 같습니다. 불과 몇 개월 전에 50퍼센트 가까운 대중의 지지를 얻었던 사람에 대해 이런 불만과 저항이 나오는 이유는 뭐라고 생각하십니까?

김 이명박 대통령이 당선된 것을 보면 하나는 노무현 정부에 대한 반감이 많아서였다고 생각해요. 다음으로 우리 국민이 굉장히 치우치는 점이 있기 때문이기도 합니다. 조중동의 이데올로기 공세에 넘어가잖아요. 촛불시위는 그런 부분에 대한 반성의 의미도 있는 거란 말이죠.

지 "노무현 정부는 우리나라의 자본이 세계 시장에 더 많이 수출하고 외국 자본이 한국에 더 많이 투자함으로써 한국경제가 회복된다고 믿고 있다. 이런 전략을 추진하기 위해 노무현 정부는 보수대연합과 부르주아 민족주의를 통해 노동자, 민중을 제압할 수 있는 헤게모니를 구축하고자 한다. 보수대연합과 부르주아 민족주의는 한국계 초국적자본인 재벌이 국내와 국외에서 외국계 초국적자본과의 치열한 경쟁에서 승리하는 것을 열렬히 응원하기 위한 것인데, 이 맥락에서 노동자와 민중은 '국가의 이익'을 위해 재벌의 요구 사항에 복종하지 않으면 안 된다는 친재벌적이고 파시즘적인 이데올로기가 강화되고 있다"고 하셨는데요. 노무현 정부도 양극화해소라는 구호를 내걸었지만 반대로 가는 정책을 쓰지 않았습니까? 그게 분열적인 상태를 만든 것 같은데요. 자기가 뭘 하고 있는지 모르는 상태에서 말하고 있다는 생각이 들 때도 있더라구요.

김 이정우 같은 친구는 똑똑할 뿐만 아니라 중도좌파쯤은 하려고 노력했잖아요. 쫓겨나긴 했지만. 노무현의 연설문은 한 번은 이쪽이 쓰고, 한 번은 저쪽이 써서 결국 연설문 쓰는 사람의 이야기가 아닌가 하는 생각까지 들더라구요. (웃음) 전혀 개념이 없으니까요. 노무현뿐만 아니고 열린우리당도 똑같았잖아요. 탄핵 때문에 정신이 없고 전혀 개혁적이지도 않았다구요. 난리 났을 때 국가보안법을 없애버렸으면 인기라도 확 올라갔을 텐데, 그것도 못 했잖아요.

지 농업을 살리려면 어떻게 해야 한다고 생각하십니까? 마르크스경제학에서는 농업 얘기를 하는데, 주류경제학에서는 농업을 경쟁력이 없다고 말하지 않습니까? 농업이 죽으면 건강문제도 생기고, 식량이 무기가 되는 일도 벌어질 텐데요.

김 전 농업 문제에 대해서는 잘 모르겠어요. (웃음)

프롤레타리아 독재의 진정한 의미

지 "공산주의를 건설하기 위해 '무엇을 해야 할 것인가'에 관해서 마르크스는 거의 언급하지 않았다. 마르크스의 기본과제는 자본주의의 특수성과 한계를 해명하는 것이었기 때문이다"고 하셨는데, 그 이후 학자들이 '무엇을 해야 할 것인가'에 대해서 어떤 이론을 내놓았습니까?

자본론으로 한국경제를 말하다

김　요즘 나오는 이야기 중에서 기본소득제도라는 것이 있어요. 독일에서 굉장히 논의가 많이 되고 있습니다. 이것은 복지국가보다는 한 단계 더 넘어가는 거예요. 모든 사람에게 어린이나 어른 할 것 없이 일정한 금액의 현금을 줘버린다구요. 사회보상제노라고 하는 것은 진짜로 실업을 했는지 조사를 해야 하는데, 그런 부분에 행정비용이 엄청나게 듭니다. 아동에 대한 수당을 주거나 연금을 준다고 해도 재산이 얼마 있는지 일일이 조사해야 하니까 경비가 굉장히 많이 들어요. 그것을 확 없애버리고 일정한 금액을 줘버리는 게 훨씬 더 효율적이고, 돈이 덜 든다는 얘기까지 나오고 있는데요. 그러면 그 돈을 받아서 자기가 원하는 것을 하면 되는 거죠. 그것도 새로운 사회로 가는 하나의 방법이에요.

지　이런 얘기가 나오면 한국의 우파들은 늘 재원이 어디서 나오느냐고 하지 않습니까? (웃음)

김　영국은 1946년에 병원을 국유화했어요. 병원을 나라가 운영을 해야 하는데, 그 돈이 어디서 나와요? 그래서 해외 식민지를 전부 해방시킨 것 아닙니까? 거기서 엄청난 예산을 감축했거든요. 우리도 마찬가집니다. 남북 간에 긴장완화만 돼도 엄청난 국방비를 감축할 수 있는 부분이 생기잖아요. 그러려면 국민이 정치적으로 동의를 해줘야 한다는 말이에요. 남북 간에 긴장완화를 하겠다는 정부가 선거에서 이겨야죠. 우선 국민이 정치적으로 결단하는 것이 가장 중요한 거예요. 그런 생각을 가진 정치인들이 다수당이 되면 변화가 가능해지는 겁니다.

지　엥겔스가 공장의 계획성과 사회의 무정부성을 자본주의의 주요한 모순으로 지적했다고 하셨는데요. 자본주의가 경쟁자본주의 → 독점자본주의 → 국가독점자본주의 → 사회주의로 발전해간다고 했지만, 지금 한국에서는 2, 3단계가 바뀌어 있는 것 아닌가요? 박정희가 했던 것이 일종의 국가독점자본주의 형태고, 지금은 독점자본주의 형태로 가는 것 같은데요.

김　자본주의 이후의 사회가 어떤 사회일지 상정하지 않으면 자본주의의 발전 단계는 구분할 수 없어요. 엥겔스의 자본주의 발전 단계는 계획성이 도입되어 점점 계획경제로 간다는 겁니다. 그래서 사회주의는 계획경제라고 한 거예요. 그런데 소련 공산당은 이것을 그대로 받아들이면서 노동해방, 인간해방이라는 개념은 확 빼버렸어요.

경쟁자본주의에서는 자본가들이 서로 경쟁을 하니까 무계획적이잖아요. 독점자본주의에서는 몇 개의 독점체가 담합을 하더라도 생산이나 가격을 조절할 수 있기 때문에 무정부성은 사라지죠. 그 다음엔 국가가 개입을 한다는 겁니다. 국가와 독점자본이 같이 하면 계획이 더 잘될 거 아닙니까? 이러다가 자본은 사적이윤을 추구하기 때문에 독점자본을 빼버리고 국가가 공공성을 위해서 계획하는 사회주의가 된다고 봤거든요. 저는 여기서 사회주의를 계획경제라고 이야기하는 것이 잘못됐다고 봅니다. 노동자를 해방시키고 인간이 해방되는 사회에서 인적,

물적 자원을 사회 전체를 위해서 어떻게 이용할 수 있느냐, 이 것을 해결하는 수단으로 계획이 나와야 한다는 겁니다. 다시 말해, 계획은 노동 해방과 인간 해방을 위한 수단이어야 한다는 거죠.

지 사회마다 진행 방향이 다르다는 말씀이군요.
김 그렇죠.

지 "부르주아지는 작업장의 계획적인 운용이 생산성을 향상 시킨다고 찬양하면서도, 사회 전체의 생산과정을 통제하고 조 정하려는 온갖 시도를 개별자본가의 소유권, 자유, 자율성, 독 창성에 대한 침해라고 맹렬히 비난하고 있다"는 내용이 나옵니다. 지금 한국에서도 통용될 수 있는 얘기 아닙니까?
김 공장에서는 자본가가 독재를 하잖아요. 자본가가 금년 생산 목표를 정하면 재료 얼마를 사서 나중에 이 제품 값을 얼마로 하겠다는 계획을 세운다구요. 개별 자본가들은 자기 계산 하에서 생산을 해서 내다 팔잖아요. 그러니까 시장에서는 수요 와 공급이 안 맞는다구요. 무계획적인 생산이 되는 겁니다. '공 장에서 계획적으로 생산했으면 시장에서도 그런 계획을 세우면 된다. 금년 수요가 얼마니까 각 공장마다 몇 개를 생산하라고 하면 된다, 그러면 자본가가 이윤을 마음대로 할 수 없다.' 마르크스는 이렇게 생각해요. 하지만 자본가들이 그렇게 안 한다는 거죠.

지   시간당 임금을 단순 비교하면서 다른 나라에 비해 보수를 많이 받고 있다고 하는 경우가 있는데요. 주거비나 생활비 등 여러 가지 사회적 환경을 떼놓고 생각할 수는 없지 않습니까?

김   기업과 정부는 우리나라 노동자의 평균 월급이 영국보다 많다고 주장합니다. 그런데 영국에서는 학교나 병원은 전부 공짜고 실업수당도 많이 나옵니다. 그 다음에 일정한 나이가 되면 연금이 나오거든요. 이것을 간접 임금, 사회적 임금이라고 생각해야 되겠죠. 영국 노동자들은 회사에서 임금을 적게 받더라도 이런 혜택이 있으니까 살 수 있다구요. 우리는 이와 같은 제도가 없기 때문에 직접 임금으로 받을 수밖에 없는데, 그런 것은 고려하지 않고 단순하게 임금만 비교하잖아요. 그건 이데올로기 공세란 말입니다. 노동자들의 임금을 깎으려고 그런 식의 비교를 하는 거니까요.

지   박정희 시대에는 가족수당이나 이런 것을 회사에서 줬는데, 요즘은 그런 것조차 없어지지 않았습니까?

김   성과급이라는 게 노동자의 필요를 전혀 고려하지 않다 보니 가장이 임금을 받아서 살 수 없는 경우가 많이 생기죠.

지   '신노동당은 신자유주의와 마찬가지로 조합주의적 정치를 실천하지 않기 때문에, 개별 정치인과 개별 기업가 사이의 유착이 심화하고 이른바 도덕불감증이 만연하고 있는 것이다'라고 하셨는데요. 우리도 비슷한 상황 아닙니까?

김 노동당은 원래 노총과 경총을 모아서 정부가 이렇게 하자고 하면 3자 협의를 한다구요. 그런데 이제는 그걸 안 하잖아요. 그러다 보니 기업가가 필요하면 정부한테 쫓아가서 '이걸 좀 해달라'고 요구해서 뒷거래가 된다는 말이죠. 부정부패가 많이 생기는 거죠. 마가렛 대치 정부에서도 마찬가지였어요. 공개적으로 이야기를 못 하고, 결정을 못 하는 게 많았어요.

지 '영국과 독일에서는 주로 신자유주의적 방식을 통한 사회보장제도의 개혁에 초점이 맞추어져 왔다면, 프랑스의 경우 신자유주의적 방식과 더불어 공화주의적 연대의 강조를 통한 사회적 안전망의 확충을 동반한 사회보장제도의 개혁이 이루어져 왔다는 사실은 주목할 만하다'고 하셨는데요. '성장과 고용' 대신 '연대와 고용'이라는 더 진보적인 안을 내놓았다고도 하셨구요. 프랑스가 다른 나라의 제3의 길과 차이나는 것은 어떤 점인가요? 프랑스는 공화주의적 전통이 있어서 그런지 거꾸로 역사를 돌리려고 하면 다 거리로 뛰어나오더라구요. (웃음)

김 맞아요. 그런 게 괜찮은 것 같더라구요. 우애랄까, 연대랄까, 그런 부분이 발달해 있더라구요. 아마 프랑스 대혁명하고도 관계가 있는 것 같아요. 프랑스가 다른 나라들보다는 연대를 잘해요. 가령 빈곤층에 대해서 지원을 하자고 하면 다 같이 옳다고 동의하는 부분이 많이 있어요.

지 프랑스에서는 똘레랑스tolerance도 중요하지만, 쏠리다리

떼solidarite라는 게 있어서 연대를 강조하잖아요. 선생님도 그것이 더 진보적인 안이라고 하셨잖아요. 그래서 영국이나 독일이 걸었던 제3의 길보다 나은 것 같기도 합니다.

김 훨씬 나아요. 연금개혁에 대해서 전체가 반대하지, 철도 민영화에 전부 반대하지, 그건 굉장한 거거든요. 파업을 가장 잘하는 데가 프랑스잖아요.

지 독일은 어떻습니까? '독일 사민당은 계급정당에서 좌파 국민정당을 거쳐 현대적 경제정당으로 변화해왔다고 요약할 수 있다. 한마디로 계급성을 탈피해가는 과정이었다'고 하셨는데요.

김 슈뢰더도 토니 블레어 같은 친구더라구요. 며칠 전에 보니까 사민당이 붕괴되어간다는 식으로 얘기하더라구요. 지금 정부의 하위 파트너로 연정을 하고 있잖아요. 그 안에서도 인기를 잃어서 주정부 선거 때도 자꾸 집니다. 사회민주당에서 당이 하나 분리돼나갔던데, 그게 동독 지역이나 이런 데서 표를 좀 얻고 있더라구요.

지 그쪽은 어느 정도 좌파적인 것을 실행해봤기 때문에 제3의 길 얘기도 나오는 건데요, 우리는 그 정도로 왼쪽으로 가본 적이 없잖아요?

김 역사가 다르죠. 우리는 사회보장제도라든지 복지국가를 한 번도 안 해봤는데, 저쪽에서 복지수준을 낮춘다고 하니까 우리도 덩달아 나오는 거죠. 우리는 더 깎을 것도 없잖아요. (웃음) 저쪽에서 진행하는 정책의 맥락과 우리 내부의 맥락이 전혀 다른데, 안 맞는 것을 그대로 따라 한다구요.

지 "정치적 민주주의를 확대하는 깃과 민중의 이익을 옹호히는 것은 동일한 것인가? 전혀 다른 차원의 문제다. 노무현 대통령은 참여정부가 정치적 민주주의의 확대에 기여하기 때문에 자기를 '좌파'라고 부르는 모양인데, 자본가계급을 위해 실업자와 비정규직을 양산하고 농민을 희생시키는 것은 우파이지 좌파가 아니다"고 지적하셨는데요. 노무현 정권을 보면서 절차적 민주주의와 사회경제적 민주주의가 다르다고 느꼈는데요.

김 노무현 대통령이 역대 대통령 중에서는 가장 민주주의적이었다고 생각해요. 권위주의적이지 않았던 것은 사실이죠. 하지만 그것과 서민을 위한 정책을 한다는 것은 전혀 다르다는 말입니다. 서민을 위하는 것이 아니라, 신자유주의적으로 나가는 게 옳다고 생각하니까 문제가 생기는 거죠.

지 "양극화의 해소 → 내수기반의 확충 → 경제의 안정적 성장 → 인권유린과 증오의 해소 → 사회적 타협의 확대로 나아갈 것인데, 이것이 바로 유럽의 선진국들이 걸어온 길이다. 유럽의 선진국들은 1945년에 이미 사회보장제도를 확대, 개선하여 복지국가를 건설했는데, 한국은 60년이 지난 지금도 자살, 범죄, 인권유린이 판치는 야만 상태에 있다는 것은 매우 부끄러운 일이 아닌가"라고 하셨는데요.

김　우리는 IMF 이후에 모두가 자기 상태를 개선하고자 각개 격파식으로 나갔어요. 그러니까 전체적으로 조화가 이뤄지지 않는 거예요. 자기 아이들을 위해서 사교육비 들이고, 유학 보내고 난리를 치잖아요. 사회가 교육 문제를 해결하기 위해 노력하면 전체적으로 비용이 덜 들 텐데, 그걸 못 하니까 가정에서 비용이 많이 들고, 사회 전체적으로도 부담이 되는 거잖아요. 이제 사회적 제도 개선에 힘을 쏟으라고 요구해야 합니다. 촛불시위가 그런 문제 제기를 많이 했다고 생각해요. 이런 개선은 누가 혼자 하는 것이 아니고 사회적으로 토론하고 자꾸 힘을 모을 때 새로운 제도가 나오고 옳은 방향으로 진전될 수 있는 거거든요. 지금 TV에 암 의료가 어떻고, 암 보험이 어떻고, 대출하라는 광고, 약 광고 같은 게 수없이 나오잖아요. 사실 이런 게 전부 낭비라는 거죠. 정부가 전체적인 틀을 짜서 해결해버리면 문제가 없는데, 정부가 손을 대지 않으니 개인들이 피해를 입는 겁니다.

지　불신 때문에 생기는 비용도 엄청나겠군요.

김　그럼요. 엄청나죠.

지　지금도 정부를 믿지 못하니까 나름대로 엄청나게 따져보고 그러지 않습니까? 이게 아주 소모적인 건데요.

김　다들 죽을 지경이죠. (웃음)

지 "사회보장제도를 위한 재원이 어디에서 나오는가를 기득권층은 큰 문제로 삼고 있지만, 세금의 탈루 금지, 불요불급한 정부 지출의 제거, 남북평화체제의 구축을 통한 군사비와 정보비의 삭감, 투기이득에 대한 과세, 부유층의 더 큰 조세부담 등으로 충분히 재원을 마련할 수 있을 것이다. 어려울 때 서로 돕는 정신이 필요하다"고 하셨는데요.

김 우선 국가 예산의 낭비를 줄여야 돼요. 가장 중요한 것이 군사비라고 생각해요. 그리고 학생들을 징병하는 것, 이것도 사회적인 낭비거든요. 직업군인제를 도입해서 군인 수를 확 줄이고, 평화체제를 만들어야죠. 다음으로 변호사, 의사 등 고소득자들이 오히려 소득세를 적게 내는 경향이 있는데요, 이런 사람들한테 세금을 제대로 거둬야 돼요. 미국은 그런 일을 제대로 합니다. 세금을 안 내면 공적 생활을 할 수가 없어요. 투기로 얻은 이익이나 불로소득에 대해서는 엄청나게 세금을 매겨야 한다구요. 정부가 돈이 없어서 뭘 못 한다고 하면 그건 직무유기에 해당해요. 돈이 왜 없어요? IMF 때 공적자금이 160조였어요. 그걸로 은행들 다 구제해줬잖아요. 은행장들이나 이사들이 잘못한 것을 국민의 혈세로 해결했다구요. 앞으로는 사회보장제도를 해서 국내 시장을 늘려 해외 의존적인 경제가 아니라 국내에 기반을 둔 단단한 경제를 만들어야 됩니다. 앞으로 미국 서브프라임 때문에 전 세계적인 대불황이 올지도 모릅니다. 그럴 때는 우리가 자꾸 경제를 내수 지향적으로 만들어가야 한다구요. 사회보장제도는 국민 간의 위화감도 없애고, 소득불평등도 없애고, 빈곤율도 낮추는 엄청나게 좋은 아이디어라고 생각해요.

지 공적자금에 대해서 국민 세금을 투입해놓고도 제대로 감시를 못 한다든지, 공적자금을 쓰는 주체가 자기를 고용한 사람의 눈치를 보기 때문에 문제가 많이 발생한다고 지적하셨는데요.

김 그렇죠. 원래는 공적자금을 줬으면 국영은행으로 만들어야 돼요. 국유화시켜야 한다니까요. 5조나 줘서 살려놓고는 몇천 억에 팔아먹으면 그게 말이 됩니까? 금융기관이라는 것은 공공기관으로 봐야 한다구요. 개인이 그것을 가지고 이윤을 추구한다든지 하면 안 됩니다. 금융기관이 어려웠을 때 정부 돈으로 살아났으면, 당연히 일정한 부분은 저소득층 소액대출도 해주고, 중소기업에도 자금을 빌려주고, 주택 없는 사람들이 모기지 대출할 때 금리를 싸게 해주는 식으로 국민한테 보상을 해줘야죠. 금융기관의 공공성은 굉장히 중요하다고 봅니다. 개인이 대주주가 됐다고 거기서 나오는 돈을 자기가 챙기는 것은 말이 안 된다고 생각합니다.

지 재원 같은 경우에는 국가에서 하는 부분이 있을 것이고, 사회적 합의로 치면 사교육비 같은 것을 줄이는 방법도 있을 텐데요.

김 그렇죠.

지　정부에서 툭하면 내수를 진작시키고 사람들의 투자 의욕을 고취시킨다면서 세금인하 정책을 쓰자고 하지 않습니까?

김　부자들한테 세금을 인하해주면 뭐하겠어요? 해외에 놀러 나가든지, 외국 상품을 사든지 이래버리기 때문에 국내 시장을 활성화시킬 수 있어요. 못사는 사람들이 돈 생기면 뭘 하겠어요? 국내 상품을 사지 않겠어요?

지　부자들은 자기들이 룸살롱에서 돈을 쓰면 그 아가씨들이 미장원에 가거나 화장품을 사는데 돈을 쓰게 되니까, 그게 연쇄 소비가 된다는 논리를 내세우기도 하는데요. (웃음)

김　말은 맞는데, 노동이라고 하는 게 부정부패와 연관이 된다든지 그 사회의 도덕성을 파괴한다든지 하면 곤란하죠. 그러면 갈수록 나쁜 사회가 되는 거잖아요. 술집에 가서 돈을 쓴다고 국내 시장이 활성화된다는 것은 말이 안 되는 거예요.

지　"마르크스는 자본주의 이후의 사회를 인간에 의한 인간의 착취가 없는 사회, 또는 자유로운 생산자들의 연합the association of free producers, 또는 공산주의communism라고 불렀다"고 하셨는데요. 그러기 위해서는 부르주아 독재를 타도하는 프롤레타리아 독재 과정을 거쳐야 한다고 하셨는데, 그런 사회는 아직 없지 않습니까?

김　예. 아직은 나타나지 않았어요.

지　현실 사회주의 국가들이 그런 것을 시도하긴 했잖아요. 실패한 이유는 무엇이라고 보십니까?

김　자본주의 이후의 사회로 가는 이행기, 이것을 프롤레타리아 독재라고 하는데 그건 프롤레타리아가 자본가들을 무력으로 어떻게 한다는 의미가 아닙니다. 자본주의 사회를 부르주아 독재라고 하거든요. 부르주아가 다른 계급, 그러니까 프롤레타리아의 동의를 얻든지 무력으로 지배하는 것을 의미해요. 반면에 프롤레타리아 독재는 노동자계급이 사회의 헤게모니를 쥐고 있다는 얘기입니다. 사회의 생산수단을 자본가가 아닌 사회의 것으로 만들어 내는 과정이 곧 프롤레타리아 독재가 해야할 과제죠.

지　아무리 제도가 좋아도 사람이 운영하는 것이기 때문에 아까 유고의 예처럼 처음에 좋은 취지로 만들었어도 변질되는 경우가 있지 않습니까? 처음에는 열심히 일하다가 게을러진다든지 자신이 가진 권력을 사유화한다든지 하는 경향이 생길 수도 있는데요. 인간으로서 그것을 막는다는 것이 어렵지 않습니까?

김　그러니까 과정이 중요한데, 공산당이 1당 독재를 하면 안돼요. 노동조합도 있어야 하고, 시민단체와 함께 모든 문제를 토론하면서 나가야 합니다. 누구 하나가 엄청나게 큰 힘을 가지면 안 된다니까요. 자본주의 사회에서 자유롭고 평화롭게 잘 살았는데, 자본주의 이후의 사회에서 그렇게 못 한다면 누가 그리로 가자고 하겠어요? 모두가 의식적으로 굉장히 노력을 해야 한다구요.

지   80년대의 힘을 정치인 몇 사람이 가져가버린 측면도 있는
것 같은데요. 돌이켜보면 10년 가까이 한 세대의 상당수가 노
력해서 민주화를 일어낸 과정이 대단한 거라는 생각도 들더라
구요. 어떻게 평가하십니까?
김   그렇죠. 촛불시위에 나오는 아이들이 전부 386의 아들, 딸
이라구요.

지   섣불리 얘기해버리면 386이 또 면죄부를 얻게 될 것 같아
요. (웃음) 세상이 이렇게 된데 어떤 책임을 져야 할 상황이 온
것 같은데요.
김   하나의 전통이 있었다는 건 쉽게 사라지지 않아요. 계속
견지가 되든지, 유산으로 남아 있다고 봅니다. 프랑스가 프랑
스 혁명을 일으켰다는 게 정치적, 사회적 유산으로 남아 큰 힘
으로 계속 작용하고 있다고 보니까요. 한국인들은 다른 나라에
비해서는 열정적이고, 역동적인 사람들이에요. 앞으로 좋은 사
회를 만들어갈 수 있는 역량이 충분하다고 생각합니다. 그런
면에서 전 낙관적이라고 봐요. 지난번 경상대학교에서 열린 반
세계화 국제학술대회에 캐나다 요크 대학 정치학 교수도 오고,
남아프리카의 시민운동가도 오고, 영국에서도 누가 왔어요. 그
런데 이 친구들이 촛불시위에 나와 보고는 '야, 이런 게 있구
나' 하고 깜짝 놀랐잖아요. 새로운 운동의 형태라고 생각한 거

죠. 자기네 나라에서 이루어지면 엄청난 효과를 얻겠다고 생각했겠죠.

지 현재 선생님 자신을 이념적으로 어떻게 규정하시는지요?

김 좌파에 해당하죠. 그런데 소련이나 북한식 사회주의에는 반대합니다. 사회주의라는 것도 점진적으로 이행한다고 보는 것이 옳다고 생각해요. 그 과정에서 복지국가가 필수적인 하나의 단계가 될 수 있다고 생각합니다. 이 정도 하면 안 될까요? (웃음)

지 자동차 여행 말고 다른 취미는 없으세요?

김 제가 중고등학교 때 연식 정구 선수였어요. 다리를 다쳐서 요즘은 못 하고 있어요.

지 영화도 좋아하세요?

김 잘 봅니다. 그렇다고 특별히 챙겨 보는 것은 아니구요. 아내하고 산에 다니는 걸 좋아합니다. 제자들이나 후배들이 오면 같이 술 먹는 것도 좋아하지요.

지 전공서적 외에 다른 책은 안 읽으세요?

김 별로 안 읽어요. 소설도 잘 안 읽구요. 생각보다 시간이 부족하거든요. 요즘 성공회대에서 하고 있는 강의는 A4용지 다섯 장 분량으로 세 시간을 진행하는데요. 강의안 만드는데 한 주가 다 갑니다. 딴 생각할 틈이 없는 셈이죠.

지 성공회대에서 친분을 쌓은 교수님이 계신가요?

김 교수들보다는 제자들하고 주로 만납니다. 동창회 같은 데는 안 나갑니다. 대부분 동창회에 나가는 걸 좋아하는 모양인데, 저는 싫어해요. 같은 학교 나왔다고 해서 자기들끼리 봐주고 이런 것은 보기 싫거든요.

지 아무래도 자주 만나다보면 같이 일하게 되고, 좋은 자리 있으면 소개시켜주게 되고 그렇겠죠. (웃음)

김 그렇죠.

세계적 **금융 위기**를 넘는 **한국경제**의 해법

The Korean Economy
Examined in the Light of Das Kapital Soo-Haeng Kim

고삐 풀린 자본주의, 한국경제의 위기

지   지난번에 스웨덴의 임노동자기금에 대해 얘기하시지 않으셨습니까? 그것도 논란 끝에 도입하지 못한 것 같은데요.

김   그 문제는 신정완 교수가 박사 논문에서 다룬 건데요. 신교수는 스웨덴에 가서 실제로 임노동자기금안을 만든 사람을 만나기도 했다더라구요. 그 논쟁을 보면 왜 꼭 노동조합이 그 기금을 관리해야 하느냐 하는 부분에 대해 다른 생각을 가진 사람이 많다고 합니다. 예를 들면 지역 공동체나 전국적인 차원에서 그것을 관리해도 되는 것 아니냐 하는 식의 논의가 많았어요. 말하자면 자본가계급을 완전히 배제하고 가는 게 과연 스웨덴경제에 합당할까, 스웨덴경제가 제대로 나아가는 걸까, 하는 우려가 많다는 거죠. 지금 상황을 보니 자본가나 기업가계급에서 엄청나게 반대시위를 해서 정치적으로 사회민주당이 감당을 할 수 없는 측면도 있는 것 같아요. 그리고 선거에서 졌거든요. 그런 문제가 있죠.

지 로버트 브레너가 "1993년 이후 미국경제의 '부흥'은 장기하강의 기본문제들이 해결되었기 때문에 나타난 것이 아니었다. 따라서 세계경제는 1997~1998년에 위기를 겪었고, '신경제'의 거품이 꺼진 이래 미국경제와 세계경제는 잠재적으로 더욱 심각한 위기를 겪을 가능성이 크다"고 했다고 하셨는데요. 미국경제가 고어가 얘기한 소위 정보고속도로를 주창하면서 호황을 겪게 된 배경은 무엇이었습니까?

김 미국이 IT 산업 분야에서 새로운 발명을 한 것은 사실입니다. IT 혁명을 일으킨 거죠. 거기서 새로운 투자 기회가 왔고, 세계의 여유 자금들이 그리로 다 몰렸죠. 벤처자본이 많이 형성되고, 뉴욕 주식시장도 부흥하는 과정에서 호황은 90년대 중반 이후 그대로 진행됐어요. 그런데 2000년 되니까 과잉투자가 일어났다고 해서 IT 산업이 붕괴된 거죠.

지 70년대 이후의 불황에서 호황으로 들어오는 조짐으로 받아들여졌을 수도 있을 것 같은데요. 그게 금방 꺼지지 않았습니까?

김 브레너가 이야기하는 것은 미국경제가 독일경제, 일본경제에 비해 경쟁력에서 뒤떨어졌지만 미국의 철강 공업이나 자동차 공업이 살아남을 수 있는 여지가 있었다는 겁니다. 설비가 과잉되어 있었다는 거예요. 기업이 망해버리면 기존에 있는 설비는 소용없잖아요. 하지만 상품의 가격이 재료비나 임금을 충당할 수준만 되면 계속 생산하는 편이 낫다고 생각한 거죠. 고정자본은 망하면 다 없어져 버리니까 고정자본의 감가상각이나 거기에 대한 비용을 회수하지 않고, 경상비용만 회수할 수 있다면 기업을 없애는 것보다는 생산하는 편이 낫다고 본 겁니다. 그렇게 보면 상품 가격을 굉장히 낮출 수 있잖아요. 그 때문에 과잉설비가 그대로 남아 있을 수 있었다고 봅니다. 70, 80년대 미국의 장기불황을 브레너는 이렇게 설명했다구요. 그러다가 나타난 것이 IT 혁명이죠.

지 한국에서도 IMF 직후 벤처 붐이 일었다가 거품이 빠졌는데요. 한동안은 지식산업, 지식혁명하면서 인류의 미래인 것처럼 얘기가 나오다가 금방 거품이 빠져버렸는데요.

김 그것과는 달라요. 우리는 사실 벤처기업이라고 해서 성공한 것이 거의 없어요. 김대중 정부의 생각 자체는 재벌 중심이 아니고, 벤처 산업을 육성하자는 의도를 가지고 돈을 많이 넣었어요. 벤처라고 하는 것이 원래 실패할 확률이 굉장히 많지만, 김대중 측근들이 지원을 한다는 풍문 때문인지 여유 자금이 전부 그리로 들어가 버렸단 말입니다. 벤처기업의 주식은 오르는데, 실제적으론 내실이 없었던 거예요. 미국의 IT 벤처하고는 성질이 많이 다르죠. 미국은 사실상 IT 혁명을 일으켰다구요. 우리는 소위 묻지마 투자라고 해서 중산층의 돈이 많이 들어갔다가 나중에 엄청난 손해를 보는 결과를 낳았죠.

지　미국 같은 경우에도 PC 통신에 기반을 둔 회사들과 초기의 인터넷 회사들이 영화사, 언론사, 방송사와 적대적 합병을 한다든지 이런 움직임이 있었는데, 그 회사들이 지금은 흔적도 없이 사라진 경우가 많지 않습니까?

김　미국은 IT 산업을 중심으로 1990년대에 상당히 발전했는데, 그건 세계 각국의 여유 자금이 투자되었기 때문입니다. 엄청난 투자가 이뤄지다 보니 그만큼의 성과를 내지 못하는 경우가 많았죠. 그게 나중에 2000년대 들어서 전부 망하는 결과로 나타났어요.

지　"자본주의의 불황은 기업가의 장래예상이 낙관에서 비관으로 교체하기 때문에 발생하며, 비관론이 낙관론으로 전환되지 않는 한, 불황이 계속된다고 케인스는 생각한 것이다"라고 하셨는데요. 이 얘기는 지금 보수 언론들이 말하는 것과 논조가 비슷하지 않습니까? 기업가들이 경제를 낙관해야 투자할 수 있으니 규제를 완화해달라고 하는 건데요.

김　그렇죠, 논조는 비슷하지만 문제는 왜 기업가들의 전망이 낙관에서 비관으로 가느냐 하는 부분에 대한 얘기가 없다는 겁니다. 보수주의자들은 규제 완화를 하고 노동을 유연화하라는 식으로 자꾸 주장하는데, 그것은 케인스의 의견과는 달라요.

케인스는 그런 이야기를 한 적이 없다구요. 오히려 케인스는 정부가 개입해서 유효수요를 창출하면 비관적 전망이 낙관적으로 바뀐다고 생각하는 겁니다.

지   기업가들이 경제를 비관적으로 보면 가지고 있던 유효자금을 사업에 투자하지 않고 땅을 산다든지 하는 투기로 가지 않습니까?

김   그렇죠. 보통 케인스의 확대정책은 금융재정을 확장한다구요. 투자를 하게 만드는 건데, 지금 말씀하신대로 1970년대 중반이 되면 산업에서 이윤이 날 수 있는 가능성이 굉장히 줄어듭니다. 기업가들은 산업에 투자해봐야 이윤이 잘 안 생기니까 위험하지만 단기간에 이윤을 얻을 수 있는 곳으로 투자처를 옮깁니다. 그런데 1972년에 전 세계적으로 원자재 가격이나 농산물 가격이 엄청나게 상승하는 일이 벌어지죠. 그게 상당 부분 투기의 영향이라고 보면 됩니다. 1973년 10월에 OPEC에서 석유 가격을 확 올려버리니까 산업이 몰락해서 땅투기하고 원자재 투기했던 것도 함께 망하게 됩니다. 그래서 1974, 75년에 세계적인 대공황이 일어나잖아요.

지   '케인스에 따르면 기업가는 전망이 비관적이면 투자를 중단한다고 말한다. 그러나 마르크스에 의하면 이윤추구욕과 경쟁 때문에 기업가는 '끊임없이' 투자에 몰두하지 않을 수 없다고 본다'고 지적하셨는데요.

김 보는 시각의 차이라고 생각합니다. 자본가들은 경쟁을 하기 때문에 호황 때 투자를 많이 할 뿐만 아니라 불황에서도 살아남으려고 투자를 계속하게 됩니다. 현실적으로 불황이 되면 투자가 적어지는 게 사실이지만, 투자가 중단된다고 볼 수는 없다는 거죠. 기본적인 매커니즘 자체가 그렇다는 겁니다. 불황일 때 오히려 새로운 발명이 많이 나타납니다. 불황 때문에 상품 가격이 떨어지면 생산비를 낮추기 위해 새로운 기술이 필요하잖아요. 상품이 안 팔려 시장이 포화상태라면 새로운 상품을 만들어 수요를 진작하는 방법밖에 없다구요. 이런 이유로 마르크스는 불황에서 새로운 발명과 기술이 더 잘 일어난다고 보는 거죠. 그래야 그 다음에 경제가 회복되니까요.

지 말씀하신대로 케인스는 '금리생활자의 안락사'를 주장했구요. 마르크스도 "최초의 혁신적인 기업가들은 대체로 파산하고, 건물·기계 등을 값싸게 매수하는 나중의 기업가들이 비로소 번창하게 된다. 따라서 인간정신의 보편적 노동의 모든 새로운 전개들과 결합노동에 의한 이것들의 사회적 적용으로부터 가장 큰 이익을 얻는 사람은 대체로 가장 가치 없고 비열한 화폐자본가들이다"라고 《자본론》에서 얘기했는데, 지금 그렇게 되지 않았습니까?

김 처음에 투자나 발명을 하는 사람은 엄청난 수고를 하고 R&D 비용도 굉장히 많이 들잖아요. 일단 개발이 되면 쉽게 모방할 수 있으니까 다음 사람은 생산 원가가 훨씬 낮아져요. 그러니까 처음에 기술을 개발한 사람들이 망하는 겁니다. 대부분 현금 부족으로 망하잖아요. 화폐자본가들은 현금을 많이 가지고 있으니까 낮은 금액에 기업을 인수하게 된다는 이야기죠. 세계적으로 봐도 IMF 이후 외국에서 우리나라에 직접 투자를 많이 했지만 공장 지역이 아니었어요. 기업을 싼 값에 매수하는 식이다 보니까 금융자본들이 수익을 얻을 수 있는 것을 독점하는 경향이 강화되었다는 거죠.

지 론스타니 이런 회사들은 투자해서 먹고 튄다고 해서 외국계 먹튀 금융자본이라고 하기도 하는데요.
김 론스타가 외환은행을 헐값에 인수해서 직원을 엄청나게 감원했거든요. 직원을 해고하면 비용이 줄어드니까 이윤율이 굉장히 올라갑니다. 그리고는 되파는 거죠.

지 그것을 도와주는 한국 관료들이나 로펌들이 있으니까요.
김 그렇죠.

지 "내가 강조하고 싶은 것은, 케인스가 자유방임 시장주의를 배척하는 과정에서 상당한 정도로 국가물신주의에 빠졌다는 점이고, 케인스주의자들이 대체로 민중에 대한 관심이 없는 채로 국가의 개입을 주창하기 때문에 파시즘의 경제정책을 높이 평가한다는 점이다"라고 하셨구요. "1997년의 IMF 사태 때 아시아 모델 때문에 공황이 발생했다고 주장하는 사람들은

자본론으로 한국경제를 말하다

IMF와 신고전파였고, 아시아 모델의 해체 때문에 공황이 발생했다고 생각하는 사람들은 케인스주의자들이었는데, 이들은 박정희 체제를 크게 찬양하고 있었다"고 지적하시지 않았습니까? 이 얘기를 보면 노무현 정권의 경제정책에 대한 이해가 좀 될 듯도 한데요. 그 사람들이 개혁을 한다고 했지만 민중의 입장에서 생각하지 않았거나 대체로 민중에 대한 관심이 없었던 것 같거든요. 그래서 아시아 모델의 해체 때문에 공황이 발생했다고 판단하고 박정희 체제의 이상한 부분들을 가져오려고 했던 것 같습니다.

김 노무현 정부는 처음에는 서민의 이야기를 굉장히 많이 하다가 점점 자유주의적으로 갔잖아요. 그 다음에는 한나라당 쪽을 포섭해서 보수대연합을 시도했단 말입니다. 한나라당의 근원이었던 박정희 일파와 민주화 세력을 결합해서 보수대연합을 만들어내자고 이야기했다가 진보 세력에게 완전히 배척당하는 결과가 났잖아요.

지 우석훈 씨도 노무현 정권의 경제 기조에 대해 "케인스 우파, 악질 케인스주의자들이죠. 케인스를 제일 악랄하게 해석한 경우입니다"라고 했거든요. 그런 얘기에 대해서 어떻게 생각하십니까?

김 실제로는 노무현 정부에서 케인스주의적으로 한 것도 없어요. 그러려면 정부가 투자를 많이 해야 하는데, 그렇지도 않았잖아요.

지 우석훈 씨의 얘기는 아까 말씀드린 것처럼 박정희 정권에서 자기 입맛에 맞는 규제완화라든지 이런 부분만 가져온 것에 대해서 얘기하는 것 같은데요.

김 재벌들이 이윤을 많이 내면 재벌 중심으로 경제를 재건할 수 있다, 지금 세계화가 진행되고 있는데 우리나라는 수출을 많이 하니까 수출하는 기업을 도와줘야 한다고 말합니다. 그러면 재벌들이 노동조합을 탄압하고, 임금을 내리고 비정규직을 써서 원가를 낮춰 해외 수출을 많이 하라고 말하는 거죠. 박정희는 규제를 완화하는 타입은 아니거든요. 국가중심적으로 나갑니다. 그에 비해 노무현은 규제완화로 가는 거니까 실제로 딱 맞아들지는 않는데, 다만 재벌들이 수출을 많이 해서 한국경제를 살릴 수 있다는 생각을 했기 때문에 비정규직의 임금을 깎고, 노동의 유연화 정책을 자꾸 쓸 수밖에 없었다고 봐야겠죠.

지 흔히 선거 때가 되면 집권 여당은 선심성 정책을 발표해서 경기를 부양시키려고 하고, 선거가 끝나면 다시 물가를 잡으려고 긴축정책을 쓴다고 하지 않습니까? 이런 얘기에 대해서는 어떻게 생각하십니까? 선생님은 여러 가지 경기 사이클을 봐도 5년 주기로 움직이지 않기 때문에 그런 주장은 틀렸다고 말씀하시지 않았습니까?

김 그게 무슨 말이냐면 실제로는 경제를 정부가 마음대로 할 수 없다는 거예요. 우리나라는 민간 주도라고 해서 점점 더 재벌 중심으로 가잖아요. 그러면 정부가 어떤 정책을 쓴다고 해도 그대로 먹히지 않습니다. 박정희 시대 때는 정부가 모든 것을 다 잡고 있으니까 어느 정도 효과가 있는데, 이제는 정부의 정책이 큰 영향을 주지 못한다는 얘깁니다. 강만수가 환율을 올려서 수출한다고 했는데, 지금 수출이 잘 됩니까? 오히려 큰 문제가 돼서 돌아왔잖아요. 물가만 자꾸 올라가고.

지 강만수 장관 때문에 지금까지 까먹은 돈이 몇십 조라는 주장도 있던데요. 더 까먹더라도 경제성장률을 높이기 위해 거기에 올인하겠다고 말한 것 같은데요.

김 환율 정책은 두 면이 다 있어요. 환율을 올리면 수입 물가도 올라가 버린다구요. 수입 물가가 올라가면 수출 물가도 올라갈 수밖에 없는 겁니다. 한계가 분명히 있는 거예요.

지 정부의 정책이라는 게 큰 영향을 주지 못한다 해도 정부에서는 어떻게든 경제정책이라는 것을 써야 하지 않겠습니까?

김 재벌들은 자기들이 불리하게 되면 정부가 개입을 안 한다고 난리치고, 자기들이 잘 나갈 때는 정부가 개입한다고 야단을 떨잖아요. 그러니 정부가 어떻게 해야 할지 입장이 불분명하게 됩니다. 그렇지만 저는 소득불평등을 줄이는 방향으로 가고, 국내 시장을 확대하는 식으로 해서 국민이 더불어 사는 사회로 만들어가는 것이 정부가 할 수 있는 가장 좋은 방법이라고 생각합니다.

지 정부에서 물가는 신경을 많이 쓰는데요. 이명박 대통령도 '라면값 100원은 서민들에게 큰 의미가 있다'고 얘기하지 않았습니까? 물가와 경기, 경제는 어떤 상관관계를 가지고 있습니까?

김 이명박 정권의 의도는 고환율 정책을 해서 수출을 증가시키자는 거였는데, 다른 국제적인 영향이 없더라도 고환율 정책을 쓰면 금방 물가가 올라가게 되어 있다구요. 지금 원자재, 농산물, 석유 가격이 올라가서 큰 사회적 문제가 되고 있잖아요. 정책을 그렇게 하면서 물가를 잡겠다는 게 앞뒤가 안 맞는 이야기입니다.

지 눈에 띄는 경제적 성과는 없는데, 이상한 쇠고기를 가져다 먹으라고 하니까요. (웃음) 폴 스위지와 폴 바란은 《독점자본》이라는 책에서 "세계의 위계적 질서를 유지하는 데 군사비 지출이 필요하며, 또한 군사비 지출이 독점자본주의의 장기정체 경향을 해소하기 때문에 자본가나 노동자 모두 군사비 지출에 반대하지 않는다"고 주장했다고 하셨는데요.

김 그것은 굉장히 문제가 있는 주장입니다. 군사비는 실제로는 완전 낭비라구요. 국민에게 세금을 거둬서 군수품을 사는 거잖아요. 다시 말해, 국민의 돈을 거둬서 군수산업을 육성하는 거죠. 군수산업 자본가는 엄청난 이익을 보겠죠. 하지만 군수산업이라는 것도 산업의 일부일 뿐이거든요. 한쪽에서는 이익을 보지만, 평화적인 산업은 국제 경쟁에서 밀리는 거잖아요. 이렇게 보면 미국도 엄청나게 손실을 보는 겁니다. 보통 부

자본론으로 한국경제를 말하다

자들이나 대기업이 세금을 많이 낸다고 생각하기 쉬운데, OECD 통계를 보면 부자들이나 대기업이 세금을 내는 비중은 평균 30퍼센트 정도밖에 안 돼요. 그러니까 장기적으로 군수산업을 통해서 경제를 부흥시킨다는 것은 논리가 맞지 않습니다.

지 군대는 방어적 목적으로라도 존재해야 한다고 생각하는 사람들이 대부분이구요. 적이 있다는 핑계로 전쟁을 한다거나, 전쟁을 경제적 목적으로 수행하기도 하지 않습니까? 스위지와 바란이 얘기했듯이 '노동자도 군사비 지출에 반대하지 않는다'는 것을 지난번 이라크 전쟁 때 봤던 것 같은데요. 우리도 다수의 노동자가 한국군 파병에 대해서 반대하지 않았잖아요. 속으로 어떤 경제적 이익을 기대하면서 그랬던 것 같은데요.

김 실제적인 이익은 하나도 없었잖아요. 미국은 전쟁을 많이 했기 때문에 군수산업을 중심으로 해서 어느 정도 고용이 느는 것은 사실입니다. 그렇다고 앞으로도 계속 군사비를 늘린다고 경제가 돌아가는 건 아니죠. 사실 미국이 이라크나 아프가니스탄을 공격했던 이유는 석유자원 때문이잖아요. 경제적인 힘으로 세계를 지배할 수 없으니까 군사적인 침략으로 석유자원을 독점해서 이익을 보겠다는 거죠. 석유를 통한 이익과 군사비 지출, 사람 죽는 것의 손익 계산이 어떻게 될지는 누구도 모르는 거예요. 저는 훨씬 손해를 본다고 생각합니다. 전 세계적으로 반전운동이 일어나서 미국이 엄청나게 타격을 입는다구요. 가격은 '원가＋이윤'인데, 군수산업은 원가를 기밀로 하기 때문에 가격이란 게 전부 엉터리인데요. 군수산업은 적어내는 원가를 정부가 다 받아줘야 하기 때문에 가장 비능률적인 산업 중 하나입니다.

지　흔히 좌파 진영은 '군사비는 낭비이므로 그것을 복지에 써야 한다'고 주장하고, 우파 진영은 전쟁을 통해서라도 경제를 돌리려고 하지 않습니까?

김　미국이 왜 복지 부분에 투자를 못 하느냐 하면, 병원 자본이나 학교 자본이 엄청나게 크기 때문입니다. 그것을 무료로 하거나 정부가 개입해서 값싸게 하는 것을 전부 반대하는 거예요. 정부가 실제로 투자할 수가 없다구요. 기껏 한다는 게 자동차 산업을 육성해서 도로나 닦는 정도입니다. 미국은 공영 교통수단이 거의 없잖아요. 버스나 철도도 제대로 안 다녀요. 전부 자가용이잖아요.

지　대체 에너지 없이 석유만으로는 그런 경제를 감당하지 못할 텐데요.

김　그렇죠.

지　"이윤율이 저하하는 것을 노동자들의 임금수준의 상승 때문이라고 자본가들이 주장하는 경우, 노동자들은 자본가들이 생산기술이나 경영기술을 혁신하지 않기 때문에 이윤율이 저하하는 것이라고 충분히 반격할 수 있다"고 하셨는데요. 노동조합은 기술혁신에 따른 해고를 반대하기 때문에 노동조합 세력이 강할 때는 기업이 기술혁신을 도입할 수 없다는 지적도 하시지 않았습니까? 일견 모순되는 얘기인데요. 자본가들에게 노동자들이 생산기술을 혁신하라고 요구하지만, 그것이 노동자 해고의 빌미가 될 수도 있잖습니까?

김 1960년대에 노동운동이 굉장히 심해졌어요. 1968년에 프랑스에서 노동자와 학생들의 큰 시위가 있었고, 이탈리아와 영국 등, 전 세계에서 노동운동이 일어났습니다. 노동운동이 강하다는 건 자본가들의 세력이 후퇴한다는 의미잖아요. 그렇기 때문에 1974~1975년 발생한 공황은 이윤율 저하라는 원인이 있었어요. 1979년부터 신자유주의가 시작되면서 노동자의 힘이 확 줄어듭니다. 노동법 개정을 많이 해버리고, 실업자가 늘면서 자본이 노동자계급으로부터 굉장히 독립되어 버렸거든요. 그 이후에 호황이 왔을까요? 안 왔거든요. 이런 부분은 어떻게 설명하느냐는 문제가 생기는 거죠.

지 생산성을 혁신시키려고 이윤율을 올리면서 급여 수준은 일정하게 유지하려니까 정규직과 비정규직의 문제가 발생하는데요. 비정규직의 희생을 통해 정규직과 타협하는 경우가 생기잖아요. 예전에 마르크스에 대한 근본적 비판 중 하나가 '마르크스는 인간의 이기심을 배제했기 때문에 실패한 것이다'라고 보수주의자들이 얘기해왔는데요. 기업가에게 문제가 있다고 하더라도 정규직과 비정규직 사이의 갈등이 어느 정도는 이기

심 때문에 발생하는 게 아닐까요? 그래서 해결이 쉽지 않은 거 구요.

김 경제의 움직임을 분석하는데 개인의 성향에다 초점을 맞 추면 모든 게 개인의 문제로 환원됩니다. 하지만 중요한 것은 경제 제도나 체제 전체가 어떻게 돌아가느냐 하는 문제거든요. 개인이 어떠한가보다는 자본주의라는 것이 어떤 식으로 움직 이느냐를 분석하는 게 관건이죠. 자본주의는 자본가계급이 이 윤을 얻으려고 투자를 해서 돌아가는 경제잖아요. 그러니까 자 본가계급의 이윤추구가 잘 안 될 때 문제가 생기는 겁니다. 거 기에는 여러 가지 요인이 있겠죠. 예를 들면, 노동자계급의 힘 이 세서 자본가들이 노동자를 통제하지 못한다거나, 임금을 달 라고 하는 데로 다 줘야 하거나, 새로운 기술을 도입할 때 발생 하는 인원감축 문제로 어느 선에서 타협을 해야 한다면 자본가 계급은 이윤을 제대로 못 얻는다구요. 한편, 어떤 부분에서 이 윤이 많이 난다고 할 때 그쪽으로만 대규모 투자를 하다 보면 과잉이 돼서 이윤을 못 얻을 거 아닙니까? 그런 경우도 많이 있 는 거죠.

1980년대 이후 신자유주의라고 하는 것은 자본가계급이 권 력을 장악한 겁니다. 여기서 자본가들이 더 이윤을 보겠다고 나오니까 당연히 노동자계급을 분할 통치하는 방법을 만들어 낸 겁니다. 바로 정규직과 비정규직을 나누는 방식인 거죠.

지 그런 제도가 만들어지기 전에 연대를 호소하고 이기심을 자제하는 것을 호소하는 방법도 필요할 텐데요. 그렇게 경쟁을 하면 결국 모두가 힘들어지지 않습니까?

김 그렇죠. 예를 들면 이렇게 돼요. 만약 자본가계급이 전부 나서서 어느 부문에다가 똑같이 투자를 하기 시작하면 정부는 이것이 과잉으로 간다는 것을 알 수 있겠잖아요. 그땐 정부가 규제를 해야죠. 그게 말하자면 산업정책이라구요. 산업정책을 제대로 만들어서 어느 부문에 너무 몰릴 때는 규제를 해야 합니다. 허가를 안 해준다든가 하는 방식으로 말이죠. 박정희 이후에는 산업정책을 많이 썼어요. 정부가 규제를 하지 못하면 자유로운 경쟁이라는 것이 과잉을 낳고, 결국 자본가계급 전체가 손해를 보는 결과가 나오게 되니까요. 지금 금융 위기라는 것이 그런 예죠. 모두가 이익을 보려고 점점 더 위험한 곳에 투자하고, 위험한 금융상품을 만들어내고……. 그러다가 결국 망하는 거라구요. 금융 부문에서 규제를 강화해야 한다는 이야기는 계속 나오고 있어요. 미국도 비우량 주택담보대출 때문에 금융이 망하고 있잖아요.

지 정부가 어떤 특별한 경제정책을 써서 경제를 살린다고 하는 것은 어렵더라도 위험 요소를 사전에 관리하고, 범죄적인 행위 때문에 문제가 생기는 것을 미연에 방지하는 노력이 경제정책의 핵심일 수 있겠네요.

김 그렇죠. 제가 자꾸 애덤 스미스 이야기를 하는 것도 마찬가집니다. 지난번에도 얘기했지만 애덤 스미스가 시장에 맡기라고 이야기할 때 중요한 것 중에 하나는 그 시장이 경쟁체제로 남아 있어야 한다는 거예요. 독점이 있는 상태에서 시장을 풀어버리면 독점이 장악하잖아요. 법체계를 잘 정리해서 사람들이 나쁜짓을 못 하게 해야 사회적 이익이 증진됩니다. 이런 이야기가 《국부론》에 엄청나게 많이 나옵니다.

지 "경제의 금융화를 나타내는 다양한 수량적 지표가 크리프너와 뒤메닐, 레비에 의해 제시됐다. 그 핵심은 비금융 부문의 자산과 이윤에 비해 금융 부문의 자산과 이윤이 상대적으로 더 빠르게 증가한다는 사실과, 비금융 부문의 이윤 중 금융활동에서 나오는 비중이 점점 더 증가한다는 사실이다. 그리고 세 학자 모두 이 금융화가 미국에서는 1980년대 이래 크게 진전된 것을 통계적으로 보여주고 있다"고 하셨는데요.

김 미국은 금융 기법이 세계적으로 가장 발달한 나라예요. 뉴욕 금융시장이 세계 최대고, 달러가 세계화폐잖아요. 미국은 금융 부분이 엄청나게 발달했지만 제조업이나 서비스업이나 생산업에 들어가면 이익을 볼 데가 없어요. 그러니까 미국은 전 세계적으로 자본을 자유화하고 개방해서 금융자본을 중심으로 해서 이익을 보겠다고 작정하고 오로지 금융화로 나가는 겁니다. 전 세계를 미국 금융자본이 지배하고 있으니까요.

지 금융은 실제로 뭔가를 만들어내는 건 아니지 않습니까?
김 그렇기 때문에 문제가 되는 거예요. 노름을 하는 것과 같아요. 돈이 이리저리 오고가도 새로운 부를 생성하는 건 아니잖아요. 금융도 그런 문제가 자꾸 생긴다구요. 비우량 주택담보대출도 누가 손해를 보면 어느 누구는 이익을 보잖아요. 새로운 부가 형성되지 않고 고용도 늘지 않죠.

지 "뒤메닐과 레비는 금융화의 진전을 금융권이 경제에서 헤게모니를 잡는 것으로 파악하며, 역사적으로는 19세기 말부터 1929년 세계 대공황의 발발까지의 시기에도 볼 수 있었다고 한다"고 하셨는데요. 그 후 금융의 헤게모니는 사실상 후퇴했다고 하시지 않았습니까? 그건 금융화 때문에 생긴 문제가 있어서 규제를 한 것일 텐데요.

김 그때 미국에 글래스-스티걸법Glass-Steagal Act이 있었어요. 그게 뭐냐면 예금은행은 예금과 대출 업무만 하고 투자은행은 주식과 다른 것을 하는 식으로 업무를 나눈 겁니다. 주택담보대출을 하는 은행은 주택담보대출만 하라고 한 거죠. 이런 식으로 금융 업무를 부문별로 나눠서 규제했어요. 그 법에 따라서 금융이 성장은 하면서도 어느 정도 제재를 받았어요. 그런데 자동차 산업 같은 새로운 산업들이 나타나면서 전체적으로 이윤을 많이 볼 수 있는 길이 열린 겁니다. 여기서 금융은 산업자본들에게 돈을 대주는 역할만 하게 되었지요. 금융의 역할이 수동적으로 바뀌어버린 거죠. 원래 GE는 전기전자회사인데, 생산을 하는 것보다 남은 돈으로 주식투자하고 해외 주식이나 사는 편이 낫다고 그리로 자꾸 가버렸단 말이에요. 산업에서 이윤이 안 나니까 자꾸 그리로 가는 거예요.

지 자동차 같은 경우도 한동안 할부 금융을 내부에서 했다가 실패하지 않았습니까?

김 실패했죠. 자동차 부문에서는 할부 금융을 많이 한 회사가 오히려 수익률이 낮아졌어요. 도요타나 혼다 이런 데서는 그런 것을 많이 안 해요. 그러니까 자동차 산업이 훨씬 더 커지는 거죠. 할부 금융을 하거나 자동차 리스는 전부 수익성이 없는 것으로 판명 났어요.

지 개인도 카드를 많이 쓰면 파산하는 것처럼 금융화가 많이 진행되면 공황의 확률도 높아지는 것 아닙니까?

김 그렇습니다. 지금은 금융이 굉장히 발달해 있어서 가계가 엄청나게 금융에 의존하고 있어요. 소득이 별로 없더라도 돈을 빌려서 소비하고 있거든요. 이렇게 소비가 늘어나면 경제성장에 도움을 주긴 합니다. 하지만 지속적으로 고용을 유지하지 못하면 임금이 낮아지고, 가계는 대출금을 갚을 수가 없잖아요. 그러면 가계의 소비 지출이 줄어들고 연이어 시장도 확 줄어드는 연쇄반응이 일어나는 거죠.

현재 미국은 세계경제의 중심이자 정치의 중심이기 때문에 미국경제가 망하면 세계경제가 망하고, 자국의 경제도 굉장히 어려워진다고 생각하니까 각국 정부가 이 체제를 지금까지 유지해온 거라구요. 그런데 미국경제가 진짜 망할 가능성이 있다고 하면 다들 피해가겠죠. 지금 세계경제 전체의 협력이랄까 이런 부분이 점점 낮아지잖아요. 세계경제가 해체될 위기가 자꾸 생기는 거죠.

지 EU가 거래대금으로 유로화를 쓰는 것이나 러시아가 루블화로 지불하려고 하는 것도 달러를 쓰는 위험을 줄이려는 행동 아닙니까?

김 그렇죠. 미국의 헤게모니가 사라지면서 새롭게 국제적인 협력체제를 만들어야 하는데, 미국이 주도권을 안 놓으려고 하거든요. 그래서 군사력도 쓰고 문제가 심각해지는 거죠.

지 지금까지는 미국이 강하니까 두고 보고 있었지만, 앞으로는 유럽연합이나 중국, 러시아, 일본 등도 에너지를 두고 미국하고 경쟁을 하게 될 텐데요.

김 미국이 무력으로 자기의 헤게모니를 유지하려고 하면 더 혼란에 빠지는 경험을 하게 될 거예요.

새로운 부를 창출하지 못하는 금융자본의 허구

지 "크리프너는 미국경제의 금융화가 다음과 같은 의미를 가진다고 말한다. 첫째, 비금융법인들이 점점 더 금융소득에 의존한다는 사실은 비금융법인들도 점점 더 금융법인들을 닮아

간다는 것을 의미하며, 또한 산업자본과 금융적 자본이 하나로 융합되고 통일되어 간다는 것을 의미한다. 이런 의미에서 힐퍼딩의 《금융자본》과 레닌의 《제국주의》를 경청할 필요가 있다. 둘째로 금융화는 비금융법인들이 생산 활동에 의존하는 것을 감소시키고 따라서 노동자들에 대한 의존을 감소시키기 때문에, 자본과 노동 사이의 '사회적 합의'에 의거하는 복지국가는 축소되지 않을 수 없다"고 하셨는데요. 결국 금융화가 진행되면 복지국가는 축소될 수밖에 없다는 이야기 아닌가요?

김　힐퍼딩은 산업자본과 은행자본이 통합되어 최고 형태의 독점자본이 된다고 얘기했어요. 그런데 역사적으로 보면 통합되어가는 모습이 안 나타난다구요. 왜냐하면 산업은 고정투자를 해야 하거든요. 그것도 엄청난 고정투자가 필요하죠. 그에 비해 은행자본이나 금융자본은 증권 가격이 낮으면 사서 값이 올라가면 파는 것으로 이윤을 보는 거거든요. 어디에 고정되어 있지 않은 겁니다. 화폐는 늘 이동하고 자꾸 움직여야 합니다. 그러니까 산업자본의 운용 형태와 금융자본의 운용 형태가 다른 겁니다. 이것을 통합해버리면 이상해져요. 삼성이라는 거대 기업은 자기 밑에 보험회사도 있고, 증권회사도 있고, 다양한 회사가 있다구요. 삼성생명의 경우, 돈을 가지고 있다가 삼성 그룹에 있는 어떤 기업이 무너지려고 하면 거기에 빌려줍니다. 그건 금융자본으로서 이윤을 추구하는 방식이 아니거든요. 독립적으로 운용해야 하는데, 왜 망하는 기업에다 투자를 하냐구요. 현실에서 이런 일이 벌어지는 것만 봐도 금융과 산업이 통합한다는 것은 역사적으로 증명이 안 된 것이구요, 순전히 재벌들의 힘을 키워주려고 하는 거죠. 억지로 그렇게 하면 재벌 자체도 정상적으로 성장을 못 해요. 산업이 망하려고 하면 생명보험회사가 가진 돈을 망하는 산업에다가 집어넣으라고 하는데, 그렇게 되면 전체적으로 이윤이 올라갈 수가 없죠. 잘 안 될 거라구요.

지 결국 전체적인 효율성은 떨어지더라도 삼성은 자기 회사를 살리기 위해서 금산분리 원칙을 깨려고 하고, 자꾸 통합하려고 노력하고 있지 않습니까?

김 맞아요. 그렇게 하더라도 삼성 자체가 더 커질 수는 없다니까요. 망하는 기업은 망하게 하고 새로운 산업을 하게 하는 것이 정규적인 방법이지, 망하는 산업을 자꾸 잡고 있으면 뭐 할 겁니까? 그렇게 되면 재벌 자체도 위험해지는 거예요.

지 그것을 빨리 파악하고 손을 놔야 할 텐데, 정부에서는 다른 수단으로 보조를 해주는 등, 삼성을 도와주려고 하지 않습니까? 규제를 완화해주고, 금산분리 원칙 같은 것도 완화해주고 있는데요.

김 나중에 삼성생명이 망하는 경우가 생긴다고 하면 어쩔 수 없이 공적자금이 들어갈 거라구요. 공적자금을 어느 정도까지 줘야 하는가를 따지면 한계가 없습니다. 그러면 삼성이 전부 망하는 거예요. 지금 미국 FRB도 베어스턴스인가 큰 투자회사가 망하려고 하니까 돈대주고 난리를 쳤는데, 그것도 원래의 규정에서 벗어나는 거라구요. 그 금융회사가 망하면 다른 금융회사도 망할까 겁이 나서 그러지만, 크게 보면 그렇게 하는 것은 잘못된 방식이라고 생각합니다.

지　금융화의 문제에 대해서 아까도 말씀하신 것처럼 고용효과가 별로 없기 때문에 노동자에 대한 의존이 감소되고, 자본과 노동 사이의 사회적 합의에 따라 복지가 축소될 수밖에 없다고 말씀하셨는데요. 1원 1표 식으로 힘없는 사람들이 권리를 주장할 수 없는 사회가 되어버리는 것 같은데요.

김　금융산업은 펀드라는 것이 특징적인데, 자본의 규모가 엄청나게 크잖아요. 그런데 밑에 고용은 하나도 없어요. 돈이 혼자 왔다갔다하는 겁니다. 그 엄청난 자본이 산업 노동자에게 소득을 준다든지 하는 실체가 하나도 없어요. 금융이 중심이 되어 버리면 자본은 노동자계급이나 서민과 완전히 떨어져 있기 때문에, 자본과 노동이 대타협을 한다든지 자본이 자기의 시장을 확대하기 위해서 서민들에게 사회보장제도를 확대해준다든지 하는 개념이 생길 수가 없어요. 과연 금융 중심으로 어디까지 가겠어요? 새로운 부가 하나도 창출이 안 되는데.

　제가 지난번에도 얘기했잖아요. 《자본론》에도 나와요. 은행에서 연 이자율을 10퍼센트 준다고 하니까 금융을 하는 친구들이 산업하지 말고 은행에다 예금을 해라, 그러면 10퍼센트 이윤은 받는 거 아니냐고 주장했단 말이에요. 산업하는 사람들이 정말 은행에 돈을 전부 넣는다고 하면 은행이 이자를 어떻게 주겠어요? 산업이 없어지면 돈을 빌려갈 사람이 없어지는 거고, 생산이 안 되니 이자를 받을 데가 없어집니다. 그런데 은행이 어떻게 10퍼센트의 연 이자율을 주겠어요. 그런 현상이 발생할 가능성이 있다는 겁니다.

지 금융화의 원인 중 하나로 생산 분야에서 수익성 있는 투자처를 찾지 못한 화폐자본이 금융적, 투기적 활동에서 이득을 보려 한 결과로 해석할 수도 있다고 하셨는데요. 대기업의 땅투기 같은 것도 여기에 해당하는 것 아닌가요? 옛날에 일본이 일본 땅을 다 팔면 미국을 다 살 수 있다고 했다가 거품이 붕괴되면서 힘들어진 것 아닙니까? 한국도 그렇게 되고 있는 것 같은데요. 한국도 회장님 숙원사업으로 200층짜리 빌딩을 짓고 하는데, 그런 것으로 수익을 창출하기는 힘들지 않을까요? 사무실에 들어가거나 거기서 살 수 있는 사람도 제한적일 텐데요.

김 그렇죠. 부를 창조하는 게 없으면 그런 것은 전부 허공에 뜬 거라구요. 일반 서민들은 주식투자를 하면 안 된다니까요. 주가가 엄청나게 내려갔다는데, 거기에 목숨을 거는 사람이 굉장히 많아요. 일반 사람들이 주식을 샀다가 망해버리면 정상적인 소비를 못 하니까 시장이 죽어버리는 거죠. 물건을 만들어도 누가 사갑니까? 우리가 지금 그런 상황입니다. 전 강연할 때마다 제발 주식투자하지 말고, 은행에 넣어놓고 스트레스 받지 말고 생산적인 활동을 하라고 하거든요. 늘 강조하지만 이런 기본적인 게 굉장히 중요해요.

지　주식하는 사람들은 자기가 투자한 것이 결국 산업에 도움
이 된다는 말을 하는데요. 은행에 넣어놔도 필요한 사람이 충
분히 대출할 수 있을 텐데요.

김　주식시장을 통해서 기업이 자금을 조달하는 비율은 거의
없다고 보면 됩니다. 기업 전체로 보면, 기업이 주식을 발행해
서 자금을 조달하는 금액과 기업이 자기 주식을 구매하기 위해
자금을 지출하는 금액이 거의 비슷하기 때문입니다. 주식회사
가 주식을 처음 발행했다고 하면 그 돈은 주식회사에 들어가서
기업경영을 하는데 쓰입니다. 그런데 발행이 끝난 뒤에는 유통
시장에서 돈이 왔다갔다하는 겁니다. 여기는 생산적인 게 아무
것도 없어요. 그저 막대한 자금이 유통시장에서만 돌고 도는
거라구요.

지　새로 들어오는 돈은 없는데 주가가 폭락하거나 하면, 적
대적 인수합병을 방어하기 위해서 주식을 사야 하는 경우만 생
기겠군요.

김　그런 식으로 자금이 움직인다는 말입니다. 옛날에 주식시
장에 대해서 비판을 했더니 '그럼 주식시장 문 닫으란 말이냐.
우리가 얼마나 투자를 많이 했는데' 하고 전화를 걸어 야단하
는 친구들이 많아서 아주 혼났어요. (웃음) 하지만 저는 주식시
장이고 뭐고 투기 활동은 반드시 억제해야 한다고 봅니다. 이

건 케인스도 마찬가지로 얘기하는데, 저도 그 이야기에 동의하거든요.

지 파인과 해리스는 "자본의 재생산은 종전의 순환의 재생산을 요구하는 것이 아니라 근본적으로 새로운 순환으로의 비약을 요구하게 된다. 다시 말해 기존 순환의 중단, 즉 공황을 필요로 하는 것이다"고 지적했다고 하셨는데요. 자본주의가 계속되는 한 공황이 온다는 건데, 다음번 공황은 어떤 형태가 될까요? 과연 앞으로 새로운 재생산의 순환 수단이 나올 수 있습니까?

김 기존 산업을 중심으로 투자를 해서 이윤을 내다보면 이 산업이 시장의 수요에 비해서 생산이 과잉되는 국면이 나타납니다. 그때는 새로운 산업이 나타나야 합니다. 새로운 산업이 나타난다는 것은 기존 자본은 망한다는 얘기죠. 이게 공황의 형태라구요. 새로운 산업이 나와서 이끄는 식으로 계속 나가는 거죠. 우리는 IT 산업이 성장하다가 2000년 들어서 망했지만 앞으로 또 어떤 새로운 산업이 나올지는 모르는 거죠. 어쨌거나 지금 상황으로서는 새로운 기술이나 발명의 속도가 굉장히 빠르잖아요. 자본가들은 이를 위해 엄청난 금액을 들여서 연구개발을 했단 말입니다. 투자한 사람들은 자기가 투자한 이상의 자본을 회수할 때까지 이윤을 보장받으려고 하지 않겠어요? 그런데 그게 안 되는 거예요. 금방 경기가 바뀌고 주도산업이 바뀌니까요. 이런 문제가 생기니까 참여계획경제라는 이야기가 자꾸 나오는 거라구요. 하일브로너도 앞으로 경제는 참여계획경제로 나아갈 수밖에 없을 것 같다는 얘기를 자꾸 하거든요.

지　경제에 있어서 불안한 요소는 생산과 소비의 균형이 안 맞아서 온다는 건데요. 소규모일지는 몰라도 편의점 같은데 보면 포스 시스템POS system이라고 해서 전국의 편의점에서 판매하는 제품이 실시간으로 중앙에 등록되어 나중에 필요한 만큼 가져다주지 않습니까? 그것을 좀 더 큰 단위로 확대하면 생산과 소비의 균형을 기술적으로는 맞출 수 있지 않을까요?

김　참여계획경제라는 이야기를 한다고 해도, 생산할 수 있는 능력이 있는가 하는 문제와 달리 과연 수요를 얼마로 할지를 예측하는 것은 쉬운 일이 아닙니다. 정확히 예측하지 못하기 때문에 어떤 때는 과잉생산이 되고, 어떤 때는 과소생산이 되어 야단이 나거든요. 그런데 이것을 자본가에게만 맡겨 놓으면 어떻게 되겠어요? OPEC도 카르텔, 그러니까 독점적인 조직이잖아요. OPEC에서 석유값을 정해 놓았지만, 더 생산해서 이윤을 볼 수 있다는 식으로 각국에 할당된 생산량을 넘어가려는 동인은 다 있습니다. 사우디아라비아 같은 나라는 자기네가 석유를 더 많이 생산할 수 있다고 하는 거구요. 카르텔이 무너진다는 것은 바로 이런 겁니다. 각 기업에서 이윤을 얻을 수 있는 새로운 기회를 찾으려고 하니까 카르텔이 유지되지 않는다구요. 그럴 때는 공권력을 통해서 조정해야만 원래 수요와 공급을 맞추는 것이 가능해집니다.

1970년대에 영국 노동당에서 정부가 각 대기업과 함께 플래

닝 어그리먼트planning agreement라고 해서 계획 합의를 보자는 아이디어를 냈어요. 각 기업이 앞으로 얼마만큼 투자를 해서 얼마만큼 생산을 할 건지 계획을 받아서 과잉생산 우려가 들 때는 정부가 대기업들을 모아서 '현재 시장 상황이 이러니까 이렇게 해야 한다'는 것을 제안하자는 거죠.

지 OPEC도 카르텔이 유지되다가 한 나라가 갑자기 전쟁을 하거나 돈이 필요해지면 과잉생산을 해서 가격이 무너지게 되는 건데요.

김 석유값은 계속 올라간 게 아니라구요. 올라갔다가 내려갔다가 다시 올라가는 식이잖아요. 이건 카르텔이 잘 유지되지 않는다는 얘기라구요.

지 계획적인 부분을 도입해서 생협이나 이런 곳에서도 포스 시스템을 도입하거나 인터넷을 통해서 거래할 수 있게 만들면 되지 않을까요?

김 그러면 좋죠. 모든 기업이 그런 식으로 했다고 하더라도 전체를 통괄 못 하면 무계획적인 생산이 나올 수 있어요. 또 중요한 건 투기가 없어져야 합니다. 누가 중간에서 사서 가지고 있으면서 물가를 올리는 일이 없어져야 하거든요. 지금도 석유 가격, 농산물 가격, 원자재 가격이 오르는 큰 요인 중 하나가 투기 세력 때문이잖아요. 미국 공정거래소 위원이 발표한 것을 들어보니 석유 선물거래에 대해 규제만 하더라도 석유값이 25퍼센트는 떨어진다고 하더라구요. OPEC에서는 석유 가격이 자꾸 올라가는 것 중에 '가장 큰 요인은 투기다. 각국에서 석유에 세금을 많이 붙이고 있으니 세금을 낮춰라. 그러면 석유 가격은 떨어진다'는 식으로 얘기하거든요. 자기네가 생산을 적게 하기 때문에 석유 가격이 오르는 게 아니라는 겁니다.

지금 말씀하신 생협 같은 것을 하면 투기가 없어지는 거예요. 이게 중요한 얘깁니다. 화물연대 파업만 보더라도 화물 주인이 내는 돈 하고, 실제로 운송하는 사람이 받는 돈은 엄청나게 차이가 나거든요. 이게 문제잖아요. 그 돈이 도대체 어디로 가는 거냐는 얘깁니다. 그게 다 거품이잖아요. 화물을 운송하려는 사람하고 운전수하고 직거래를 해버리면 원가도 훨씬 낮아지고 문제가 없어지거든요. 일본에서 화물을 많이 취급하는 사람들은 자기네 회사 밑에 운전수가 다 있어요. 고용해서 운용하면 문제가 없어지는 겁니다.

지 어려운 사람들끼리 연대랄까 이런 게 필요할 텐데요. 《88만원 세대》를 보면 20대끼리 카페 사장도 되고, 거기에 가서 커피를 마셔주기도 하면 한 사람이라도 고용이 창출된다는 건데요. 규모가 커지면 옆에 있는 커피숍에서 커피값을 내려서 판다든지 하는 식으로 괴롭히지 않습니까?

김 그런 것은 공권력이 담당할 수밖에 없어요. 서민을 위한 공권력 즉 정부가 성립된다는 것은 굉장히 중요한 거잖아요. 정부에서 자원을 합리적으로 이용하고, 서민의 생활을 안정시키고, 고용을 유지하는 것을 법으로 정해야 합니다. 그걸 무시하고 재벌들만 이윤을 보게 만들어 놓으니 제대로 안 되는 거죠. 법체계가 대기업과 재벌 중심으로 되어 있어서 그 친구들이 법원에 소송을 하면 꼼짝 못하잖아요.

지 "일본의 지식인들은 경제 문제를 계급 사이의 문제라고 보기보다는 국가 사이의 문제라고 보는 경향이 강하다"고 지적하셨는데, 이것은 일본경제의 특성 같기도 합니다. 어떤 분은 일본이 진정한 공산사회라고 지적하는 사람들도 있는데요. 잘사는 일본, 못사는 일본인이라는 말이 있는데 일본 국민의 저항이 크지 않구요. 경영진과 지도층은 책임감이 강하지 않습니까? 미국이나 한국에 비해서 월급도 많이 가져가지 않구요. 그게 일본의 독특한 특성 같은데요.

김 일본은 제2차 세계대전으로 망했잖아요. 미국이 들어와서 점령하고 군정이 들어오고 하니까 일본공산당도 일본이 미국의 식민지라고 얘기했어요. 1960년대까지도 그랬다구요. 일본은 식민지니까 민족이 전부 단결해서 경제를 일으켜야 한다는 식으로 몰아간 겁니다. 그러니 계급투쟁이라는 개념이 없어졌지요. 자주적이고 독립적인 운동이 (시민운동이든, 노동운동이든) 커질 수가 없었다구요.

일본의 큰 산업과 대기업들은 국내 시장이 좁으니까 해외 시장을 개척해서 발달한 건 사실입니다. 국가적으로도 그것을 적극 도왔거든요. 그런데 이렇게 번 돈이 지금 어디에 있습니까?

기업이 다 가지고 있어요. 일본의 아파트를 보세요. 우리는 일본의 서민 생활을 얘기할 때 그들이 굉장히 절약한다고 하지만 사실 생활수준이나 삶이 그러면 안 되는 겁니다. 국민은 못살고 기업에 돈이 전부 들어가는 사회가 되어버렸다구요. 그렇다고 일본이 스웨덴 같은 복지국가가 된 것도 아니잖아요. 이게 굉장히 큰 문제예요. 일본 사회에 노동운동이나 시민운동이 활성화되어서 '우리가 이렇게 희생해서 기업이 부를 쌓았으니 이제 서민의 생활을 개선해 달라. 사회보장제도를 확충하라'고 요구해야 선진국이 되는 거라니까요.

지 돈을 기업 자체가 가지고 있는 건가요? 생명이 있는 것처럼?

김 기업이 돈을 많이 가지고 있으면 주주한테 배당을 많이 해야 하잖아요. 결국 주주에게 가고 사장에게 가는 식으로 되는 겁니다. 서민들만 희생하는 거죠. 기업 살린다고.

지 '저스트 인 타임'을 표방하는 도요타주의에 대해 '부품을 공급하는 중소기업들이 항상 긴장상태에서 대기하지 않을 수 없고, 이런 수탈체제가 성립되어 있지 않으면 이런 관행을 유지할 수 없다'고 지적하셨는데요. 국민이 희생하고, 하청업체들이 희생해서 도요타가 유지된다는 건데요.

김 도요타 공장을 보면 하청업체가 죽을 지경이라는 거잖아요. 컨베이어벨트 돌아가는 속도가 엄청나게 빠릅니다. 그래서 노동자의 과로사가 생긴다니까요. 1990년에 들어서는 불황이

와서 실업자도 많았어요. 자살하는 사람도 많고 비정규직도 많아졌어요. 얼마 전에 동경에서 무차별로 살인을 저지른 사람도 비정규직이었다잖아요.

지 그런 좌절감으로 인한 '묻지마 살인'이 일본에서 늘어나고 있는 것 같은데요. 곧 우리한테도 닥칠 일 같습니다.

김 그렇기는 한데, 우리 사회는 굉장히 역동적이어서 거기까지 가기 전에 저항을 많이 할 가능성이 있어요. 촛불시위도 하나의 형태잖아요. 거기까지 가기 전에 정권을 바꾸자는 논의가 나올 가능성도 충분히 있어요.

지 "자본의 집적과 집중이 진행하고 이에 따라 자본의 최소규모가 증대하기 때문에, 일부의 개별산업자본들이 생산업무를 계속할 수 없게 되어, 또는 산업자본으로 전환하려던 화폐자본이 산업자본으로 전환할 수가 없어, 신용제도의 자금 원천이 되었다는 이야기다. 이 잠재적 화폐자본의 과잉은 자본의 집중을 더욱 촉진하고, 자본의 집중은 또 다시 잠재적 화폐자본의 과잉을 더욱 촉진하게 되는 식으로 모순은 더욱 악화된다"고 하셨는데요. 마르크스가 표현한 '자본의 과다'가 자본의 집중을 낳게 된다는 말 아닙니까?

김 사회가 발전하면 할수록 아파트로 투자하거나 토지나 주식으로 투자하는 유동자금이나 여유자금이 많이 생기게 되어 있습니다.

지 이런 산업자본과 금융적 자본의 융합 형태인 금융자본이
지배적인 자본 형태가 될 것인가에 대해서는 부정적인 견해가
크다고 하는데요. 두 자본의 이질적 특징 때문이라는 거죠?

김 그것 때문에 이야기한 거죠.

지 "마르크스에 의하면 경제는 생산, 유통, 분배, 소비의 통
일체이며 이 통일체 안에서 생산이 지배적인 위치를 차지한다"
고 하셨는데, 최근에는 유통의 영향력이 더 커지는 감이 있지
않습니까? 유통망을 확보하지 못하면 좋은 상품을 만들고도 팔
길이 없구요.

김 마르크스가 얘기하는 것은 원론적인 입장입니다. 생산이
안 되면 결국 할 게 뭐가 있냐는 거죠. 유통 부문에서 투기이익
을 얻든지, 상업이윤을 얻든지 하더라도 결국은 생산에서 새로
운 부가 창출되지 않으면 아무 지속성이 없다는 겁니다. 얻을
수 있는 것에 한계가 있기 때문이에요. 물론 금년에 생산된 부
가 아니더라도 그 전에 생산된 부가 자꾸 이전될 수 있다구요.
재산이 이전하는 것과 금년에 새로 생산된 잉여가치가 분배되
는 것은 차원이 달라요. 마르크스는 늘 금년에 새로 생긴 잉여
가치나 부가가치가 어떻게 분배되는가에 관심을 가졌지만, 사
실은 유통 부문, 금융부문에서 이윤을 본다는 것은 사실상 금
년에 생긴 부가가치가 아니고 예전에 발생해서 축적된 재산을
이전하는 거거든요. 미국 금융자본이 해외에 가서 투자하고 투
기해서 벌어가는 돈이 금년에 생긴 것은 아니거든요. 재산을

자꾸 이전하는 행태가 되니까 상당한 기간까지 갈 수 있는 거예요. 근본적으로는 새로운 부가 창출이 안 될 때는 한도가 있다는 얘기죠.

지 생산만이 잉여가치를 창조할 수 있다면, 연예산업이 만들어내는 가치에 대해서는 어떻게 평가해야 할까요?

김 그것도 전부 산업입니다. 마르크스가 산업이라고 할 때는 농업, 제조업, 서비스업을 모두 포함합니다. 그러니 서비스업 중에서 새로운 가치를 창조할 수 있는 것은 산업이라고 봐야죠. 영화나 연예산업도 새로운 상품을 만들어내고, 새로운 사용가치를 창출해낸단 말이에요. 이런 것은 생산적이라고 보는 거죠. 부가가치를 생산한다고 보는 겁니다. 만약 생산을 안 하면서 이윤을 본다고 하면 그건 다른 데서 가져온 거라고 봐야겠죠.

지 소위 섹스산업 같은 것도 종사자들이 많다보니까 쉽게 없애기 힘들고, 과연 없앨 수 있느냐는 논란도 있지 않습니까? 이것도 산업이라고 봐야 할까요?

김 어제 제가 한 마지막 강의가 '새로운 세상'이었어요. 거기서 퇴폐산업에 있는 노동자들이 새로운 세상이 되면 산업으로 돌아온다고 했거든요. 요즘은 여성의 문제를 섹슈얼리티의 문제라고 하더라구요. 제가 보기에 사회의 소득이 균등해지고, 기업이 자기의 경비를 마음대로 안 쓰고, 사회보장제도가 잘되면 퇴폐산업이 크게 발달한다고 생각하지 않아요. 인간의 성적 욕망이 그것과 어떤 식으로 관련이 있는지는 모르겠지만, 사회가 능동적으로 변화하면 그런 산업은 상당히 쇠퇴할 수밖에 없다고 봅니다. 다른 나라를 봐도 마찬가집니다. 스웨덴도 그렇잖아요.

지　거기는 자유연애를 하니까요. (웃음)

김　자기 몸을 팔아서 살아간다는 게 사실 굉장히 어려운 일이에요.

지　그렇죠. 어떻게 보면 영혼을 파는 거니까요.

마르크스, 불안한 한국경제에 일침 놓다

지　지금 이 시대에 《자본론》이 경제를 설명해줄 수 없다고 생각하는 사람들이 많은 것 같습니다. 왜 《자본론》인가에 대해서 정리를 좀 해주십시오.

김　자본주의는 일부 사람들이 생산수단을 독점하고 있습니다. 대다수의 사람들은 일을 해서 자기의 노동력을 팔지 않으면 먹고살 수가 없어요. 마르크스는 이것이 자본주의 사회의 기본 특징이라고 이야기하고 있습니다. 이 기본 특성은 마르크스 당대나 지금이나 변하지 않았습니다. 일부의 사람이 다른 사람을 억압하고 착취하는 문제는 여전히 생기고 있으니까요. 근본적인 관점에서 보면 자본주의가 아무리 발달하더라도 그 토대는 변하지 않는다는 점에서 이 시대에 《자본론》을 다시 되짚어볼 필요가 있습니다.

지　어떤 점에서 한국의 마르크스경제학자들이 대중적 글쓰기를 등한시 한 것은 아닌가 하는 생각도 드는데요. 대중들에게 다가가는 부분에서 좀 부족하지 않았나 싶거든요.

김　지금도 마르크스경제학이라고 하면 금방 떠오르는 것이 자본주의를 타도하고 공산주의를 건설한다는 도식입니다. 그렇기 때문에 마르크스라고 하면 일단 거부감부터 생긴다고 봅니다. 저는 자본주의에서 사회주의를 거쳐 공산주의로 간다는 데에는 동의해요. 그렇게 가야 한다고 생각합니다. 그러나 자본주의에도 여러 가지 형태가 있어요. 스웨덴의 자본주의는 자본주의의 한 형태로서는 굉장히 훌륭합니다. 우리는 우선 그리로 가는 것부터 배우기 시작해서 거기에 있는 사회보장제도나 여성 문제, 환경 문제를 배워야 합니다. 그래야 나중에 좋은 공산주의, 좋은 사회주의를 만들어낼 수 있다고 봅니다. 마르크스주의를 공부하는 사람들은 우리 사회가 조금이라도 나아갈 수 있는 것부터 이야기를 해야죠. 궁극에 대한 이야기는 지금 할 수가 없어요. 서로 투쟁하고 연대하는 과정에서 어디로 갈지 모르지만, 지금은 우선 얻을 수 있는 것부터 시작해서 꾸준히 나가는 태도가 필요하다고 봅니다.

지 마르크스경제학의 성과에 대해서 한 말씀 해주십시오. 한국 사회를 변화시킨 성과 같은 것이요.

김 한국 사회가 굉장히 악랄한 자본주의 사회라는 것을 밝힌 것은 명백한 사실이구요. 그것을 통해서 노동운동을 활성화하는데도 큰 기여를 했지요. 흔히 박정희라고 하면 구국의 영웅처럼 이야기하는데, 그게 엉터리라는 것도 밝혀냈습니다. 재벌이 어떤 것이라는 점도 여실히 밝혔어요. 민주노동당이 의석을 10석이나 얻은 것과 더불어 한국에 이런 세력도 있구나 하는 사실을 알린 것도 큰 성과였다고 생각합니다. 물론 앞으로 할 일이 훨씬 더 많지요. (웃음)

지 마르크스경제학의 현주소를 어떻게 봐야 할까요?

김 지금 상당히 열의가 커졌고 마르크스경제학에 대한 관심도 많아졌다고 생각해요. 실제로 마르크스를 연구하는 잡지, 이를테면 경상대학교에서 만들어낸 〈마르크스주의 연구〉 같은 것도 상당히 잘돼 있구요, 한국사회경제학회도 운영이 잘되고 있습니다. 여러 분야에서 마르크스에 대한 관심이 커지고 있다고 생각합니다. 더구나 지금 전 세계적으로 자본주의에서 여러 가지 문제가 생기고 있다 보니 거기에 대해서 올바르게 이해하고자 마르크스주의를 연구하는 움직임이 강화되고 있다고 생각합니다.

지 《한국의 좌파 경제학자들》이라는 책도 내셨는데요. 후임 마르크스경제학자들을 간단하게 소개해주십시오.

김　경상대학교에 있는 정성진 교수가 자본주의의 운동법칙에 대한 인식에서 가장 뛰어납니다. 자본주의에서 새로운 사회로 나가는 길에 대한 연구를 많이 하고 있고 중요한 연구 성과도 올리고 있습니다. 전남대학교의 이채언 교수는 마르크스의 노동가치설에 대해서 상당히 큰 업적을 남기고 있어요. 한신대학교의 강남훈 교수는 IT 산업에 대한 연구, 특히 정보재의 가치를 노동가치설로 어떻게 설명할 것인가 하는 문제와 아울러 정보재를 시장에서 사고팔 것이 아니고 모든 인류의 공동재산으로 만들자는 생각을 하고 있거든요. 그것도 매우 훌륭하다고 생각합니다. 국민대학교의 조원희 교수는 한국경제나 재벌 문제에 대해 상당히 좋은 아이디어를 가지고 있습니다. 특히 한국이 나아갈 길은 사회민주주의 방향이라고 설정해서 사민주의에 대한 연구를 활발하게 하고 있어요. 성공회대학교에 있는 신정완 교수는 박사 논문을 쓰기 전에 스웨덴에 가서 1년간 공부했고, 스웨덴 사민주의 연구에서 엄청난 기여를 하고 있습니다. 한국의 상황에 대해서도 깊이 연구하고 있다고 생각합니다. 한성대학교에 있는 김상조 교수는 마르크스주의자라고 얘기하기는 그렇지만, 재벌 문제에 대해서는 독보적인 연구를 많이 했어요. 재벌개혁과 같은 문제에 대해서 말입니다.

지　조원희 교수는 발달과정을 나누면 주주자본주의에서 이해당사자 자본주의로 가고, 노동자관리형 사회주의에서 마르크스적 공산주의 사회로 발전해나갈 것이라고 예상했는데요. 그런 식으로 구분을 한다면 선생님께선 어떻게 보십니까?

김　전에도 얘기했지만 어느 사회든지 확실한 목표라는 것은 없다고 생각해요. 어떤 방향으로 가든지 여러 세력이 투쟁하는 과정에서 자꾸 움직여간다고 생각합니다. 서민들이 힘을 합쳐서 얻을 수 있는 것부터 하나씩 얻어가면서 그 과정을 통해 교육받는 게 중요하다고 봅니다. 그런 성취를 기반으로 한발짝 앞선 것을 모색해 나가야 한다고 생각합니다. 저는 우리나라 국민이 스스로 배우는 과정이 앞으로 많이 필요하다고 생각하고 있어요. 좀 더 새로운 것을 얻고 그 위에서 앞을 더 내다보는 식으로 차츰차츰 나아가는 게 굉장히 중요한 방향이라고 봅니다.

지　새로운 사회로 나아가는 합의를 하는 과정에서 지금의 상황이 매우 중요한 것 같습니다. 합의를 도출하고 조금이라도 빨리 나가야 한다는 강박관념이 생길 수도 있는데요. 지금 정권은 거꾸로 가고 있지 않습니까? 참여연대를 압수수색하기도 하고, 촛불집회 관련 포스터를 붙인 사람의 구속영장을 신청하기도 하구요. 과잉진압 논란도 여전하잖습니까?

김　이명박 정부는 현재 우리 사회를 어떻게 통치하고 운영하겠다는 분명한 철학이 없어요. 밑에서 반발하면 일단 억누르고 보자는 상황인 거죠. 지금 이들은 박정희, 전두환, 노태우 같은 모델을 생각하고 있는 것 같습니다. 옛날에 억눌렀을 때 국민이 죽어지내더라, 그 생각을 하고 있다고 봐요. 하지만 이제는 그렇게 안 될 테니 무엇을 계기로 해서든 변화의 조짐이 나타날 거라고 기대하고 있습니다.

지   혹시 정부에서 경제정책에 대한 조언을 구하거나, 경제부 치장이 되신다면 한국경제를 어떻게 개편하시겠습니까?

김   저한테 조언을 구할 게 있겠어요? (웃음) 저는 우선 복지 국가를 지향하고 사회보장정책을 펴서 국내 시장을 넓히는 방향을 생각해보는 게 좋다고 생각합니다. 정부도 어려운데 우선 국민의 표라도 얻어야 할 것 아닙니까? 이 기회에 그런 것을 한번 해보는 게 어떠냐고 조언해주고 싶네요.

지   김수행노믹스라는 게 있다면 어떤 걸까요? (웃음)

김   저는 그런 건 잘 몰라요. (웃음) 그건 아무래도 현실을 분석하는 데서 나와야 하는데, 저는 그쪽으로는 연구를 깊이 한 건 아니기 때문에 그런 이야기를 할 계제는 아닙니다.

지   올해 특별한 계획이 있으신가요?

김   별건 없어요. 예전에 낸 책들 개정판을 좀 내야겠어요. 그리고 옛날부터 여러 가지 책들을 요약한 게 좀 있는데 이걸 어떤 식으로 공개해서 사람들이 원전을 보기 힘들 때 참고할 수 있도록 할까, 그런 고민을 하고 있어요. 또 지금까지 쓴 원고 중에서 발표하지 않은 것을 정리하는 시간도 필요합니다. 성공회대학교에서 2학기에 학부학생들을 대상으로 '알기 쉬운 정치경제학' 강의를 엽니다. 앞으로 일반 시민들이 무료로 와서 들을 수 있는 강의를 많이 해야겠다는 마음입니다. 이번에 했던 강의에는 일반 시민들이 많이 왔거든요. 그동안 서울대학교 교수가 일반인을 상대로 무료 공개강좌를 하는 경우는 거의 없었거든요. 이번에 그런 기회가 생겨서 그런지 사람들의 반응이 굉장히 뜨거웠어요.

지 일반 시민과 학생들의 반응에 차이가 있나요?

김 아뇨, 똑같아요. 우리가 20~30분은 토론을 합니다. 그게 참 좋더라구요.

지 경제에 대한 전반적인 이야기를 하신 건가요?

김 우리가 살아가는 이야기, 세계경제를 어떻게 볼 것인가부터 시작해서 제국주의론도 다루고 지금 상황과 같은 금융 위기, 미국경제, 일본경제, 중국경제, 인도경제의 발전이 세계경제에 어떤 영향을 미치고 있는지에 대한 이야기도 했습니다. 한국경제에서는 IMF 사태, 한미FTA, 스웨덴 사민주의에 대해 하루 강의를 했어요. 어제는 '새로운 세상이 뭐냐'에 대해서 강의했구요. 사람들이 관심을 가지고 있던 주제였지요. 늘 생각하던 문제니까요.

지 새로운 사회에 대해서 뭐라고 하셨나요? (웃음)

김 새로운 사회에 대해서 마르크스와 엥겔스는 이렇게 생각합니다. 강의에서 제가 강조한 부분인데, 자본주의로부터 공산주의로 가는 중간에 있는 이행기를 사회주의라고 보자는 겁니다. 사회주의의 토대가 되는 공산주의의 요소는 생산수단의 공동소유, 참여계획경제의 확립, 직접적인 민주주의의 확대라는 기예요. 이런 공산주의적 요소가 자본주의에서 이룩한 성과보다 더 나은 성과를 낸다는 것을 보여줘야 주민들이 공산주의로 가자고 할 것 아니겠어요? 이것이 사회주의의 가장 중요한 역사적 과제라는 겁니다. 소련과 동구권은 그것을 실제로 보여주지 못했기 때문에 자본주의로 후퇴했습니다. 이것을 늘 기억하라고 강조를 많이 했습니다. 새로운 사회를 꿈꾸는 우리가 잘해야 새로운 사회가 실제로 옵니다. 이행기라는 것은 그런 의미가 있다는 거죠. 이미 말씀드렸듯이 저 역시 마르크스처럼 자본주의, 사회주의, 공산주의로 가는 것을 원하고 있지만 역사라는 것은 미리 정해진 목표가 있는 것이 아니고 모든 사람들이 지금 당장의 문제, 지금의 불안을 해결하는 과정에서 새로운 과제가 생기고 그것을 해결하면서 지속적으로 나아가는 것이라고 봐요. 그런 과정은 시대적 상황이나 조류와 맞물려 있기 때문에 무턱대고 공산주의를 건설하자고 떠드는 것은 말이 되지 않는 것이다, 지금 이 자리에서 할 수 있는 부분부터 하나씩 쟁취해나가야 된다, 이런 태도가 무엇보다 중요하다고 강조했습니다.

지 중국, 인도의 경제가 세계경제에 미치는 영향에 대해서는 어떻게 설명하셨나요?

김 중국과 인도에는 대규모의 임금노동자가 생겼지요. 세계 자본주의 전체로 보면 자본가계급의 세력이 이전보다 훨씬 더 강해진 거죠. 미국을 예로 들면, 노동자의 임금 수준이 마음에 안 들거나 노동자들이 말을 안 들으면 자본가들이 중국으로 회사를 이전해 버리겠다고 쉽게 얘기할 수 있는 구실이 하나 생겼어요. 그러나 중국경제의 발전이 야기하는 문제도 있지요. 석유에 대한 수요, 원자재에 대한 수요가 엄청나게 늘어나기 때문에 가격이 점점 높아질 수밖에 없다구요. 중국경제가 발달하면 노동집약적인 산업에서만 우위를 차지하는 것이 아니라 점점 더 기술집약적인 산업으로 나갈 겁니다. 그러면 선진국도 엄청나게 타격을 많이 받게 됩니다. 점점 산업 자체나 노동자계급의 일자리 문제와 같은 혼란이 나타난다는 거죠. 이럴 때는 어떻게 할 것인가 하는 문제가 생기니까 스웨덴 모델을 이야기했던 겁니다. 이런 문제가 발생했을 때 미국이나 영국의 자본가들은 수익률을 유지하고 올리기 위해서 사회보장제도도 줄이고, 노동자에게 양보를 강요해서 점점 더 야만적인 사회를 만들었거든요. 그런데 스웨덴은 사람들끼리 더불어 살고 나눠 먹고 산다는 개념의 복지를 유지하면서도 국내 시장을 중심으로 경제 성장을 유지하고, 사회보장제도를 유지하고 있잖아요. 스웨덴 모델은 신자유주의적인 여러 나라들이 본받아야 할 모델이 되고 있다고 볼 수 있는 거죠.

지　요즘 소위 브릭스BRICs라고 해서 새로 떠오르는 강자들이 있는데요, 그 나라들에 대해서는 어떻게 전망하십니까? 브라질, 러시아, 인디아, 차이나에 요즘 남아프리카 공화국을 넣었던데요. 다들 자원 강국 아닙니까?

김　세세는 앞으로 나극체세라고 해서 여러 나라가 균형을 이루는 방향으로 나갈 것 같아요. 미국이 홀로 세계를 지배하지 못하면, 세계 전체를 어떤 식으로 조화롭게 발전시키고 세계 빈곤을 어떻게 해결할 것이냐 하는 문제를 여러 나라가 공동으로 논의할 수 있는 터전이 자꾸 생긴다고 봅니다.

지　미국경제나 한국경제에 대해서는 어떻게 설명하셨나요?

김　미국경제는 당분간 상당히 어려워질 것 같아요. 자기네가 영향력을 잃어가는 부분을 어떻게 해결할지 고민하고 있겠죠. 저는 한미FTA는 미국경제가 영향력을 잃어가니까 정치적으로 예속되었다고 생각하는 한국에서 득보려고 개정하리라 생각합니다. 한국경제는 국민 대다수가 자꾸 어려워지고 있기 때문에 우선 사회보장제도를 실시하는 복지국가 쪽으로 가야하고, 그 다음엔 남북한 관계의 긴장을 해소해야 합니다. 그러면 무기를 사올 필요도 없잖아요. 남북 긴장 때문에 생기는 엄청난 사회적 비용을 줄이고, 북한과 화해하는 방향으로 가야 우리 사회 전체가 살아남을 수 있다고 생각하고 있습니다.

지　지금 보면 북한이 핵무기 폐기를 선언하면서 미국과 화해

무드로 가고 있지 않습니까? 어떤 면에서는 남한이 소외될 가능성도 있을 것 같은데요.

김   소외라기보다는 남북통일의 가능성이 있다고 생각해요. 통일이 된다고 생각했을 때 북한은 산업을 살리고 자기 국민을 먹여 살릴 수 있는 체제를 유지할 경제적인 기반이 있어야 한다구요. 그것을 하는데 미국이 도와주면 좋죠. 북한에 자꾸 개방을 하라는 식으로 접근하는 건 안 될 것 같아요. 북한이 실질적으로 살아갈 수 있는 기술을 제공하거나 공장을 짓거나 해서 북한의 경제를 올려줘야죠. 물론 정치적으로 1당 독재 같은 것은 없애고 국민의 창의성이랄까 자발성이랄까, 이런 것을 개발할 수 있도록 도와줘야 하지 않나 그런 생각을 하죠. 북한에 투자해서 바로 자본주의적 이윤을 보자고 하는 형태의 접근법은 별 의미가 없다고 생각해요.

지   통일에 대한 말씀을 하셨는데, 어떤 형태로 통일이 될 가능성이 있다고 보십니까?

김   우선 남한과 북한이 비자를 받아서든 사람들이 상호 교류하는 것부터 시작해야 합니다. 세계 어떤 나라든 다 가는데 왜 북한은 못 가냐구요. 관광하러 가든지 뭘 하든지 우선 자유롭게 서로 오고갈 수 있는 것부터 시작해서 어느 단계에서는 두 체제로 나아가면 되지 않을까 싶은데요. 그 다음 단계는 어떤 식이 될지 모르지만.

지　남북한이 통일을 이루려면 미국의 역할이 크지 않겠습니까? 절대적일지 어떨지는 몰라도 방해를 하면 힘들어지고, 도와준다면 좀 편해지는 것은 사실일 텐데요.

김　우리는 이제 미국으로부터 자주적인 노선을 취할 필요가 있어요. 한미FTA를 반대하는 것도 그런 이유입니다. 한미FTA를 해버리면 완전히 미국 체제로 포섭됩니다. 저는 이런 생각도 하는데요. 한미FTA를 미국에서는 부시가 있을 동안에는 하기 힘들잖아요. 미국 의회에서 통과되기도 힘들고, 우리 쪽에서도 통과되기 힘들다고 봅니다. 그렇다면 우리가 조금은 더 자주적으로 해야 한다고 봐요. 미국에 민주당이 들어서면 농업, 자동차, 서비스 같은 문제를 걸고 한국에 양보를 강요할 가능성이 있는데, 그러면 우리가 따라갈 수가 없거든요. 한미관계라는 것이 냉전 시대의 유물이라는 중국의 시각도 말이 되는 것 같아요. 이제는 옛날과 다르게 봐야 합니다. 국제적인 시각을 가지고 세계 평화에 기여할 수 있는 식으로 새롭게 생각해야 할 것 같아요.

지　한국이나 미국이나 한미FTA를 하겠다는 의지는 확고한 것 같은데요. 어떤 형태로든 통과되지 않을까요?

김　한미FTA 기본 정신과 법체계가 곧 미국의 체계입니다. 우리 체계는 아닙니다. 그게 통과되면 남한에서 민주화 운동이라고 할까, 서민들이 주체적으로 뭘 주장한다고 해도 한미FTA 때문에 억제될 가능성이 굉장히 크다구요. 한미FTA라는 협정 때문에 국내의 민주화 운동이 엄청나게 탄압을 받을 가능성이 높습니다. 그렇기 때문에 저는 한미FTA가 한국 국회에서 통과되기 전에 한 번 더 싸워야 한다고 생각합니다. 분명 미국이 요구하는 새로운 조건이 더 많아질 거니까요.

지 촛불집회도 논란이 많은데요. 이제 촛불은 그만 들어야 한다고 하기도 하고, 의회민주주의 안에서 해결해야 한다고 말하는 분들도 계신데요.

김 저는 촛불집회에서 제기된 문제가 쇠고기만은 아니라고 생각하거든요. 이명박 정부가 들어와서 하는 정책 전반에 대한 반대뿐만 아니라 한국 사회 전반에 대한 문제가 생기면 촛불은 언제든지 또 들고 나와야죠. 촛불시위라고 하는 건 직접 민주주의를 확대하는 중요한 계기가 되고 있습니다. 대의정치라는 것은 두 보수정당이 결탁해버리면 서민은 그냥 다 죽는 거거든요. 전에 베네수엘라 얘기를 했지만, 그런 일은 우리가 막아야 하는 겁니다. 한국과 미국의 보수가 대연합을 하면 서민은 죽습니다. 미국의 민주당이나 공화당 역시 서민에 대해서 개념이 없는 사람들이니까요.

지 투표로 심판하기 전에 서민경제에 대한 생각을 심어줘야 될 텐데요.

김 시민운동, 촛불시위 같은 것을 계속 진행하고 투표할 때마다 자꾸 주장하면서 서민의 의사를 반영하도록 요구할 수밖에 없죠. 정치권이 '아, 이러다가는 다음에 세력을 확대하기 힘들겠다'고 느끼면 생각을 바꾸지 않을 수가 없는 거거든요. 그런 식으로 몰고 가는 것이 무엇보다 중요하다고 봐요. 레닌도 이중권력이라고 했잖아요. 의회에서의 권력이 하나 있고, 거리에서의 권력이 하나 있다는 겁니다.

지   마지막으로 정리하는 말씀 좀 해주십시오.

김   별다른 건 없어요. 저는 우리 사회에 뭔가 불만이 있다든지 잘못된 게 있다고 하면 공개적으로 발표하고 토론하면서 어떤 것을 고칠까, 이렇게 생각하는 사회적 인식이 점점 커져야 한다고 생각합니다. 그런 기회가 많아져야 사회가 건전하게 나갈 수 있거든요. 시민들이 일상적인 운동에 적극적으로 참가하고 자기 생각을 분명하게 제시하는 기회가 반드시 필요하다고 봐요. 일반 시민들도 시민단체에 가입을 하든지 정당에 가입을 하든지, 조금은 사회적 문제에 능동적으로 대처하는 것이 굉장히 필요하다고 생각합니다. 우리 사회는 아직 전반적으로 시민의 수준이 낮아요. 사회 참여를 하려면 여유가 좀 있어야 하는데, 그렇기 때문에 사회보장제도를 확대한다는 것은 우리 사회의 발전에 엄청나게 기여하리라 봅니다. 실업 문제만 하더라도 실업수당을 제법 많이 받으면 그 사이에 다른 생산적인 일을 할 수 있잖아요. 또 우리 사회는 노동시간을 많이 줄여야 한다고 봅니다. 그래야 집에 가서 좀 쉬기도 하고, 연구도 좀 하지 않겠어요? 바로 이런 여유가 사람의 능력을 계발하는 사회의 기본 토대가 되는 겁니다. 전반적인 사회 변화를 위해서는 공권력이 법률 제정으로 도와줘야 합니다. 그래서 정치가 굉장히 중요한 거죠.

지　강제로 주5일 근무를 하게 한다든지요.

김　그렇죠. 하루 노동시간을 줄여버리면 실업자도 그만큼 줄어들죠. 우리가 해결할 과제는 어떻게 보면 굉장히 쉬운데, 그걸 못 하고 있는 게 많아요.

지　욕망과 관성 때문에 그런 것 아닐까요?

김　아뇨. 늘 가진 사람과 힘 있는 사람들이 우리 사회를 지배해왔기 때문입니다. 그들의 생각을 우리가 받아들이고 익숙해져서 그런 거죠.

지　거기서 벗어나서 새로운 패러다임을 만들어야 할 텐데요.

김　그래야 새로운 것이 보이죠. 지금까지 한 방식대로 따라간다면 아무 것도 안 되니까요.

개인적인 생각으로는 마르크스경제학의 형태가 될지, 아니면 연장전 형태의

비판적인 경제학이 될지, 그것은 잘 모르겠지만 경제 원론에서 가르쳐준 것이 아닌

다른 방식의 접근이 늘 필요했고, 지금이야말로 절실하게 필요하다고 봐요. 경제

원론을 가지고 공부했던 사람들이 장관이 되서 지금 문제를 못 풀고 있지 않습니까?

이럴 때 좀 비판적인 생각들을 해야 하고 그것을 이론화하거나 정형화시켜서 소통

가능한 형태로 만드는 작업이 필요하다고 생각합니다. 90년대까지

마르크스경제학을 했던 사람들과 시민들 사이에는 소통이 불가능하다고 생각하는

측면이 있는 것 같아요. 아직도 저런 얘기를 하냐고 생각할 수도 있거든요. 앞으로

이런 문제를 어떻게 풀면서 대안점을 찾아내느냐 하는 것이 숙제겠죠. 정치 쪽에서

이명박이 이상하다고 얘기하기는 쉽지만, 구체적으로 무엇을 해야 할지에 대해서

학계와 지식인이 답을 만들어내야 할 것 같습니다.

CHAPTer 03

한국경제,
신화는 없다

신자유주의 이후의
한국경제, 자본론에 길을 묻다

추락하는 MB노믹스, 그 끝은 어디인가

지승호(이하 **지**)   두 분이 전부터 인연이 있으시다면서요.

우석훈(이하 **우**)   예전에 한겨레에서 《청년을 위한 경제학 강의》였나요? 그때 제가 생태경제학에 대해서 첫 번째 글을 썼거든요.

김수행(이하 **김**)   그때 잘 썼잖아. (웃음)

우   그걸 읽은 사람들이 많아서 덕분에 제가 알려지게 됐습니다. 선생님께서 저를 데뷔시켜주신 셈이죠. (웃음)

김   그랬어? 다행이네. (웃음)

우   그거 업데이트 안 하느냐는 요구가 많았어요.

김   팀을 짜서 목록을 만들고 각계 전문가들한테 부탁을 하면 다시 나올 수는 있는데, 지금 그 책을 업데이트하는 건 좀 이상

하잖아.

우　그걸 업데이트할 필요는 없구요. 그런 형식으로 지금 다시 한 번 해보는 게 어떠냐는 건데요. 그 책이 그때 한국에 있는 사람들이 작업한 것 중에서는 그나마 최근 이론들을 정리한 것이라고 학생들에게 얘기를 했거든요. 그러다보니 한 번 더 안 하느냐고 묻는 사람들이 많더라구요.

지　영국의《더 타임스》가 9월 1일 '골치 아픈 원화로 인한 문제들이 쌓이면서 한국이 검은 9월로 향하고 있다'는 기사를 통해 한국 금융시장의 심각성을 보도 했는데요. 이로 인해 9월 위기설이 나돌고 있지 않습니까?

우　대충 정리가 된 것은 9월 위기설은 없는데, 한국경제의 위기는 있다는 겁니다.

김　꼭 9월이 아니더라도. (웃음)

우　좌파, 우파 다 표준적으로 동의를 하는 것 같더라구요. 논리적으로는 조금씩 다른데, 부동산 위기와 유가 위기라는 것이 있고, 개인 채무나 소비와 관련된 위기가 있다는 진단은 동일한 것 같습니다.

김　그것과 관련해서 건설회사가 자꾸 무너지면 결국은 은행도 타격을 받고, 미국의 서브프라임 모기지 사태로 세계적인 금융 위기가 오면 우리도 빠질 수 없거든요. 그것과도 관련이 있으니까 아무래도 위기감을 가질 수밖에 없구요. 한미FTA가 비준이 될지 안 될지 모르겠지만, 비준이 된다면 우리 경제가 미국 자본주의로 완전히 체제를 바꿔야 한다는 말이거든요. 그런데서 오는 문제가 한꺼번에 걸려 있지요. 더구나 우리는 미국하고는 엄청난 군사 동맹인데, 미국이 군사적으로 세계를 제패하려고 달려들기 때문에 우리나라에게 군대를 해외에 파견하라고 더욱 강력하게 요구할 가능성이 있습니다.

우 이미 하고 있죠.

김 여기에 있는 미군들을 세계적으로 마음대로 이동시키려고 하기 때문에 우리가 굉장히 어려운 처지에 놓일 거라는 생각을 좀 하고 있습니다.

지 통화나 환율정책이 실패하고, 물가가 올라가는 와중에 이런 얘기가 나오는 것 같은데요. '개발도상국은 고정환율제를 실시해야 한다'는 주장도 있지 않습니까? 그런 주장에 대해서는 어떻게 생각하십니까?

우 어려울 거라고 봐요. 한국은 그나마 안정적인 금융경제를 가지고 있거든요. 생산력도 있고 수출경쟁력이 있는데도 흔들리거든요. 한국 밑에 있는 국가들이 답을 못 찾으니까 별 얘기가 다 나오는 것 같더라구요. 최근 우파경제학 쪽에서 하는 얘기는 지난 10년간 신자유주의가 호황이었다는 겁니다. 그리고 앞으로 몇 년간은 신자유주의가 불황일 거라고 해요. 세계경제가 위기일 거라는 부분에 대해서는 시각이 같은데, 해소법에서 조금씩 차이가 있는 것 같습니다. 제가 선생님을 뵙는다고 사람들에게 뭘 질문하면 좋을지 물어보니까 몇 가지 얘기를 하더라구요. 공통적인 게 신자유주의가 언제까지 갈 것인지에 대한 질문이었어요. 다음은 미국 대선에서 오바마가 이겨서 다른 흐름 같은 것이 생길지, 아니면 그래도 신자유주의가 계속될지 궁금하게 생각하더군요.

김 오바마 정책이 공화당 정책과 별반 다르지가 않더라구요. 권력기반이나 정치자금 모으는 것도 비슷해요. 월스트리트 금융기관으로부터 돈을 많이 모으고 있거든요. 그러니까 세계에서 제일 낫다고 생각하는 미국의 금융자본의 정책을 오바마도 계속 밀고 나갈거라고 생각합니다. 신자유주의를 시행한 게 30년이 넘거든요. 그게 이제는 끝났어요. 경기가 호황으로 간다는 보장이 없잖아요. 미국에 IT 거품이 한 번 일어났지, 주택 거품이 일어났지, 금이나 석유 이런 것도 전부 거품이란 말입니다. 미국의 금융자본이 장난친 거란 말이죠. 그런 위기의 징후가 속속 드러나고 있어요.

우 과다 유동성 위기라고 하죠. (웃음)

김 그렇죠. 미국 중앙은행이 지금 은행과 기업을 살린다고 공적자금을 엄청나게 뿌리는데, 그게 이제 한계에 달한 게 아닌가 하는 생각도 듭니다.

우 신자유주의가 클라이맥스를 지나고 내려간다고 생각하면 앞으로 어떤 식의 사회가 올 건지, 어떤 경제가 될 건지 상상을 해야 하는데 전혀 그러지 못하고 있거든요. 그게 사회주의는 아닐 것 같아요. 그렇다고 금융 형태의 자본주의도 아닐 것 같고요. 그럼 뭐냐는 건데요.

김　하일브로너는 21세기 자본주의에 대해 얘기하면서 자본주의에 계획을 도입해야 한다는 얘기를 자꾸 해요. 21세기가 되면 참여적이고 계획적인 자본주의가 나와야 한다는 주장을 하고 있는데, 그런 방향이 맞는 것 같아요. 어떤 식으로 할지는 모르겠어요. 어쨌거니 지금 미국이 계속 이런 식으로 나가면 저소득층과 빈민층이 가만히 당하고 있겠느냐는 겁니다. 뭔가 일어날 거라구요. 존슨이 했듯이 '위대한 사회' 같은 구호가 나올 가능성도 있고, 국내 시장을 안정시키면서 나갈 가능성도 좀 있다고 생각합니다.

우　상상을 하고 싶은데 상상할 수 있는 뭐라도 있어야 하지 않을까요? 1세기 전에는 혁명이라는 말을 가지고 문학이나 예술이 상상을 같이 한 거잖아요. 지금은 '틀린 것이라도 괜찮으니 경제학자들도 뭔가 얘기를 좀 해봐라. 신자유주의를 반대만 하고 뭔가 생산적인 얘기를 하지 못하고 있지 않느냐'는 얘기를 저한테 많이들 하더라구요. 정답이 아니라도 괜찮으니까 이렇게 하면 살 것 같다는 상상을 좀 하자는 거죠.

김　미국이 군국주의나 제국주의로 나가는 것에 대해 국민이 나서서 반대하면 국내 개혁으로 가지 않을 수 없겠죠. 그런데 그것을 할 수 있을까요?

우　부시가 두 번째 당선되면서 미국 시민 사회에서도 그렇고, 현재의 정치 환경에 저항하는 사람들이 충격을 엄청나게 받았나 보더라구요. 미국 시민 사회에서 나오는 것을 보면 보통은 부드럽게 표현하거든요. 그런 식으로 해봐야 별 볼일 없겠다는 생각까지 드는데, 부시가 또 당선되니까 이 사람들이 어느 정도 놀랐냐 하면 백인 우월주의자들이나 지역의 군인 출신들의 모임, 이런데 하고도 대화를 해야 한다고 얘기하고 있어요. 원래 시민운동 하는 사람들이 백인 우월주의를 싫어하잖아요. 그런데도 환경운동이나 인권운동을 하려다 보니까 '순수하게 우리끼리만 해서는 안 되겠다'는 생각을 하게 됐더라구요. 월남전 출신 군인들 모임 같은 곳과도 대화를 해서 뭔가 새로운 흐름을 만들어야 한다고 생각하던데요. 우리 식으로 얘기하면 HID하고도 얘기를 해야 한다고 생각하게 된 겁니다. 그렇게 보면 한국 민주주의는 아직 덜 당한 건지도 모르죠. (웃음)

김 더 당해보라고 이명박이 이 야단인 거야? (웃음) 의외로 미국의 경우 시민운동이 엄청나게 약해요. 노동운동도 약하고.

우 녹색당도 다른 나라에는 조금씩 있고, 일본에도 두 개나 있거든요. 이번에도 대선 출마를 합니다. 그런데 아무도 몰라요. (웃음)

김 미국은 사실 민주주의 제도 측면에서 굉장히 문제가 많아요. 선거할 때도 TV나 신문을 돈으로 딱 잡아버리니까 유권자하고 직접 통할 수 있는 방법이 없잖아요.

우 어떻게 보면 가장 극단적인 이미지만 남고 실체는 사라져버린 거죠. 유럽 쪽 시각이긴 한데, 미국엔 지식인이 없다는 얘기를 하거든요. 지금 사회가 이렇다 그러니 어디로 가야 한다는 얘기를 해야 하는데, 그런 식의 얘기를 할 고전적인 학자가 미국에 있느냐는 얘기를 10년 전에 유럽 사람들한테 많이 들었거든요. 요즘 미국 사람들도 그 얘기를 하는 것 같더라구요. 사르트르 같은 사람이 왜 미국에서는 안 나오느냐는 말이 나오는 걸로 봐서 미국도 답답하긴 한 모양입니다. 이라크전으로 갈 때 이건 아니라고 많은 사람들이 생각했는데 그걸 못 막았거든요.

김 지금 하는 걸 봐요. 오바마기 부시를 치려고 하면 이라크나 아프가니스탄 문제를 정면으로 공격해야 해요. 그래서 반전 성향의 국민을 자기편으로 만들어야 하는데 그렇게 안 한다구요. 공연히 표만 떨어진다고 생각하고 있는 거라구요. 그렇다고 미국 학생들이 움직이는 것도 아니잖아요.

우 지금 대학 등록금이 5만 달러가 됐다고 하던데, 4년이면 2억이 된다는 얘기잖아요.

김 장학금도 자꾸 줄어들어 버리고.

우 80년 후반이나 90년대 초반에 선생님께 수업을 들었던 사람들한테 들은 얘기인데요. 수업 내용으로 뭘 들었는지는 기억이 안 나지만 그때 수업을 듣는다는 것 자체로 역사 안에 들어가 있다는 느낌을 받았답니다. '지금 뭔가 역사가 움직이고 있는데 내가 그 현장에 있구나' 하구요. 20년 전에는 선생님 강의가 그렇게 감동적이었는데, 그 후 20년 동안 뭘 하신 건지 궁금하다는 약간의 질책성 얘기도 하던데요. (웃음) 그 역사는 멈춰선 거냐, 죽은 거냐, 끊긴 거냐, 아니면 없었던 거냐는 겁니다. 예전에 쓰셨던 선생님의 《자본론》을 지금도 가지고 있는 분들이 많이 있거든요.

김 그 얘기를 지금 어떻게 해야 할까요? (웃음) 좌우간 나는 이렇게 생각해요. 《자본론》에서 분석된 자본주의의 기본 성격은 아직 하나도 변한 것이 없다, 오히려 더 심하게 나가는 것이 아니냐는 거구요. 사회의 갈등이 점점 더 심해지는데 이 갈등을 어떤 식으로 극복하고 새로운 사회로 나가는 힘을 동원할 것인가 하는 중요한 문제들이 걸려 있다고 생각합니다.

우 경제학자가 모든 얘기를 하는 것은 좋은 사회가 아닌데요. 지금 경제 얘기를 많이 하다보니까 당신들도 이젠 뭘 좀 얘기해야 하지 않느냐고 하면서 강단 마르크시스트라고도 부르고, 카페 마르크시스트가 반성을 해야 한다는 얘기도 있거든요.

김 최근에 《한국 사회와 좌파의 재정립》이란 책을 재미있게 봤어요. 저는 소련이 망한 것을 이렇게 봅니다. 공산주의라는 새로운 사회가 있다고 하면, 자본주의에서 그리로 가기 위한 이행기로 사회주의가 있다고 본다구요. 이 사회주의 단계에서 실제로 노동자 해방이 일어나고, 사람들의 생활이 자본주의보다 훨씬 나아지고, 개인의 복지와 자유가 훨씬 더 나아져서 사람들이 '아, 공산주의로 가면 우리가 자본주의보다 훨씬 더 잘 살 수 있겠다'라고 생각하도록 뭔가 보여줘야 한다는 겁니다. 소련은 그걸 보여주지 못했기 때문에 망한 겁니다. 소련이 자본주의로 후퇴한 것은 그런 이유 때문이라구요. 사실 우리가 해야 할 것은 자본주의보다 더 나은 사회가 있다고 추상적으로만 얘기할 것이 아니라 과연 어떻게 하면 그리로 갈 수 있는지를 구체적으로 얘기해야 합니다. 정책적인 대안도 내면서 새로운 사회로 가면 훨씬 더 잘살 수 있다는 것을 사람들이 알도록 자꾸 알려줘야 하는데, 지금은 그게 안 되고 있는 거죠. 우리의 능력이 모자라는 측면도 있지만 우리 사회의 국민적 정서를 들여다보면 박정희가 제일 잘한 대통령이라고 생각하잖아요. 이린 상황에서는 어띤 대인을 내놓아도 인 먹히는 겁니다.

우 대안이 대안 같아 보이지 않으니까요. (웃음)

김 좌파들이 새로운 대안을 안 내고 있다든지, 국민이 납득할 수 있는 대안을 내놓지 못한다는 점도 사실이지만, 지금 분위기에서는 무슨 얘기를 해도 좀처럼 먹히지 않아요. 언론도 그렇고, 사회 전체를 신자유주의적인 부자들이 다 잡고 있는 상황에서는 자기들의 이익을 해치는 것은 보도조차 되지 않는다구요. 이런 갑갑한 상황을 어떤 식으로 타파해야 할지 아직 잘 모르겠어요. 촛불시위가 한참 벌어질 때 이런 생각을 했어요. '아, 이제 사회의 모든 사람들이 스스로의 문제를 진지하게 생각할 수 있는 기회를 만드는구나. 이건 상당히 좋은 결과를 낼수 있겠다' 하고 말입니다. 국민에 대한 계몽을 얘기하면 욕을 많이 하는데 이건 모두가 머리를 많이 써야 하는 문제입니다.

우 표준 용어로는 '성찰의 계기였다'고 하죠. (웃음) 저 역시 희망적인 생각을 했어요. 쭉 보니까 마르크시스트 르네상스라고 했던 시기가 1975년에서 78~79년이었어요. 가치론 논쟁이나 상당히 어려운 수학 논쟁도 그때 했고, 드브로이 같은 사람들도 그때 나왔거든요. 1974년도에 석유파동이 나서 일종의 과잉 축적이 잡혔는데 우파경제학에서는 그걸 설명하지 못했어요. 경제적으로 위기 상황이 오면 뭔가 설명을 해줘야 하는데, 사실 표준경제학에는 위기 이론이 없잖습니까? '다 균형이 잡혀서 잘될 건데, 왜 지금 그걸 문제라고 얘기하느냐'고 하거든요. (웃음) 반면 좌파경제학에서는 위기를 설명할 때 학문이 막 터져 나옵니다. 지금 한국경제도 어렵고 사회도 어려운데 이때 이것을 설명할 수 있는 틀을 가지고 있는 사람들이 그나마 《자본론》에서 여러 가지 영감을 받았거나 비판적으로 생각했던 사람들이 아닐까 생각하면, 다시 한 번 사회과학 르네상스가 올 수도 있겠다는 하는 희망적인 생각도 해봅니다.

김 그래요. 잘 돌아갈 때는 자본주의 체제에 대해서는 누구도 비판할 생각을 안 하죠. 그런데 지금은 실업자도 많고, 각종 사회 문제가 엄청나게 커지니까, 이건 개인의 책임이 아니라는 생각을 한다구요. '일하고 싶은데 일할 자리가 없으니 어떻게 하느냐?' 같이 사회에 대해 문제를 제기하니까 자본주의 체제를 근본적으로 반성하고 재검토하는 생각이 많이 나오고 있다고 봅니다. 저는 공산주의 사회, 그러니까 계급이나 국가도 없고 모든 것이 평등하고 연대하는 사회가 옳다고 생각해요. 그것이 궁극적인 지향점이라고 생각하지만 거기까지 도달하는 데는 굉장히 오랜 시간이 걸릴 거라고 봐요. 도달하는 방식에도 여러 가지 방법이 있겠지만 사민주의적인 방법도 괜찮다고 생각해요.

우 이름을 어떻게 붙이든 간에 지금 현실에서는 최소한 10년 동안 우리가 선택할 수 있는 건 그것 밖에 없다고 생각하거든요. 어떤 사람들은 법칙이라고 부르기도 하고 시민경제라고 하기도 하고, 조금씩 다르기는 한데요. 케인스가 자본주의에 국가를 집어넣어서 한 번 수정시킨 거 아닙니까? 그거랑 다른 차원의 수정이 필요하다고 하는 것은 우파들도 다 인정하는 거구요. 그게 국가가 아니고 뭔가 디른 요소가 있어야 한다는 건데, 사회민주주의라는 것이 결국 사회적인 거잖아요. 국가를 직접적으로 다루는 케인스하고는 조금 다른 건데, 어쨌거나 그렇게 갈 것 같아요. 이름을 그렇게 붙여서 가거나 이름은 다른데 하다보니까 그런 식으로 수정되더라도, 크게 보면 제2의 수정 같은 게 나올 때가 아닌가 생각합니다.

지 촛불집회에 대해서 많은 사람들이 희망을 가졌던 것 같은데요. 동력이 줄어들면서 보수의 반격이 나오고 있지 않습니까? 아고라 논객을 구속시킨다든지, 인터넷에서 집회를 나가자고 했던 사람까지 조사를 하고 있습니다. 그러다보니까 시민들이 좀 움츠러들고 있는데요.

김 이명박은 한물 간 신자유주의나 시장중심주의라고 할까, 시장근본주의로 가려고 하다 보니 거기에 반대하는 사람을 억압하려고 하는 거거든요. 지금은 공안정국이에요. 아무도 말을 못 하게 하려고 온갖 짓을 다하고 있잖아요. 촛불시위가 약화된 건 사실이죠. 하지만 이번에 촛불을 들고 나온 사람은 옛날 70년, 80년대에 돌 던지고 도망가던 학생이 아니라 순수한 시민이라구요. 그냥 보통 사람들이죠. 경찰이 나오라고 하면 깜짝 놀라서 죽을 지경이라구요. 그런 순진한 사람들을 겁주고 있는 거예요.

지　어쨌든 그게 어느 정도는 먹히고 있는 상황인데요.

김　이명박이 뽑힐 때는 경제를 살린다고 해서 된 거잖아요. 그런데 경제가 더 나빠지면 국민이 그 사람을 믿겠어요? 겁주니까 시청 앞에서 촛불은 못 들더라도 마음속으로 '이 사람 가만 보니 형편없다'고 자꾸 생각할 거 아니겠어요. 그렇게 되면 정부는 아무 일도 못 할 겁니다.

우　어떻게 보면 옛날 얘기긴 한데, 통치 중에 제일 중요한 게 덕치德治라고 하잖아요. 명분을 가지고 하늘의 흐름을 따른다는 의미잖아요? 지금 이명박 정권은 덕을 잃은 것 아닙니까? 촛불집회 때 나갔던 사람들을 만나보니까 한 번 촛불을 들었던 사람들의 마음은 바뀌지 않을 것 같아요. 지금은 무섭고 힘드니까 안 나오거나 못 나오지만, 마음의 촛불을 켰다고 생각하면 꺼진 게 아니라는 거죠.

지　그게 마음속에서 횃불이 됐다는 사람들도 있구요. (웃음)

김　저도 그렇게 생각해요.

우　오히려 밑바닥에서는 넓어지고 있다고 생각하구요. 최근 몇 사람을 만나서 얘기를 들어보니까 '그때 더 세게 해야 했는데 살살해서 이렇게 됐다'고 얘기하거든요. 다음번엔 더 세게 해야겠다고 생각하는 거죠. (웃음)

지 이명박 정부에 대한 실망은 커진 것 같지만 여론조사를 하면 한나라당에 대한 지지는 떨어진 것 같지 않거든요.

김 정당이라고 하는 것이 빤하니까 선택하기가 어렵겠죠. 한나라당을 좋아서 지지한다기보다는 다른 정당이 없다는 의미겠죠.

우 그 부분은 저한테도 굉장히 큰 딜레마인데요, 대안에 대한 정책 논의는 여러 가지로 할 수 있거든요. 기술적인 논의인데, 대부분 어떤 정당이나 정치 세력이 그걸 실행해야 할 텐데, '당신은 누굴 지지하냐?'고 물어보면 곤란하거든요. '아니면 만들어야 하는 거냐, 합쳐야 하는 거냐?'고 물어보면 사실 대답하기 어려워서 도망 다닙니다. (웃음) 최장집 선생 같은 경우에는 제도 내에서 처리하라는 대답을 하셨지요. 그런데 제도 내에서 처리할 가능성이 안 보인다면 어떻게 하냐구요. 국회로 간다고 해서 되는 것도 아니다 보니까 그게 어려운 질문인 것 같아요. 선택할 수 있는 정당이 법적으로 세 개밖에 없는데, 사람들이 보기에 전부 이상한 겁니다. 많은 사람들이 이명박이 아닌 것은 알겠는데, 그러면 대안으로 누가 있느냐는 거죠. 오세훈이나 한나라당에서 이명박 계열이 아닌 사람들이 반사 이익을 가져갔느냐 하면, 그것도 아닌 것 같구요. 방황하는 별들인 것 같아요. (웃음) 이럴 때 영웅이 나타나야 하는데, 기다리는 영웅은 나타나지 않고……

좌우대립을 넘어 쓰러지는 국민을 보라

지   김수행 선생님께서 계속 하신 말씀이 '대처의 정책이 실패했다'는 건데요. 지금 그 실험들을 한국에서 하려고 하고 있지 않습니까?

김   영국에서도 실패했다고 평가받은 정책 기조를 그대로 하고 있어요. 이명박 정부하고 집권층, 우리나라의 부자들은 그렇게 하면 자기들한테 이익이 된다고 생각해서 그러고 있는 거예요. 이명박 정부는 경제 살리기와 개인이 자기 재산을 불리는 것을 같은 거라고 착각하고 있습니다. 강부자 내각을 세운 것만 봐도 알 수 있잖아요. 자기들이 돈을 많이 벌었으니까 경제도 살릴 수 있다고 생각한 겁니다. 강부자 내각이라고 주변에서 말이 많다보니까 그 사람들을 몰아쳤지만 아직도 생각은 똑같아요. 부동산 투기를 하든 주식투자를 하든 개인이 돈을 많이 벌면 경제가 살아난다는 거죠. 부익부 빈익빈하면 경제성장이 된다는 주장이라구요. 그게 사실 '부두 이코노믹스'라고 해서 부시의 아버지가 레이건 시절 공화당에서 대통령 지명을 받을 때 레이건에게 "너희들 자꾸 그렇게 하는데 그것은 주술 경제학, 무당 경제학이다"라고 했다는 겁니다.

우   어떻게 보면 경영학과 경제학의 차이도 그런 것 같은데요. 경영학적인 생각으로 보면 회사만 잘되면 그만이잖아요. 경영학적인 생각만을 끝까지 밀어붙이면 국가 경제의 파국이 올 것 같아요.

김　그런데 사고방식이 자꾸 그렇게 되는 것 같아요.

지　얼마 전에 이명박 정부가 재벌 총수들을 사면, 복권해주고 나서 '풀어줬는데 투자를 안 한다'고 불평하지 않았습니까? 부자들이 투자를 히기만 히면 경제가 살이날 것이라고 생가하는 것 같은데요.

김　재벌들도 이익이 나야 투자를 하는 거지, 정부가 하란다고 하겠어요? (웃음)

우　어떻게 보면 지난 6개월 동안은 가난한 사람들은 이유도 없이 이명박을 지지했고 부자들은 자기들한테 도움이 될 것이라고 생각해서 지지했는데, 최근에 부자들 사이에서도 이명박에 대한 불신이 커지는 것 같거든요. 자기들이 가진 것을 지켜주지 못할 것 같으니까요. 최근 CEO들을 대상으로 여론조사를 했는데 거기서 이명박이 잘한다는 사람은 20퍼센트도 안 된답니다. 사장들은 이명박이 자기네를 도와줄 거라고 생각했는데, 지금 보니 무능하다고 생각하는 거죠. 한국경제가 일관성 있게 나가고 돈이 들어오는 것 정도는 유지가 되어야 투기도 할 텐데, 지금은 그것조차 안 되는 상황 아닙니까? (웃음) 신자유주의라도 하면 좋겠다는 겁니다. 신자유주의를 한다고 하더라도 우리나라처럼 재건축을 위주로 하는 그런 신자유주의는 없거든요. 일본만 그렇게 했던 거죠. 다른 나라는 건설 붐을 이렇게까지 끌어올리지는 않았는데요.

김　외국에는 사실 땅 투기나 아파트 투기라는 개념이 없는 거잖아요.

우 일본은 건설업 비중이 높으니까 토건국가라고 하던데요. 그러면 한국은 하이퍼 토건국가라고 해야죠. 신자유주의도 좀 아닌 것 같아요.

김 마가렛 대처가 시장에 맡긴다고 했던 것도 사실은 안 됐거든요. 엄청나게 독재를 했잖아요. 각 지방자치단체가 재무부에서 교부금을 받아야 하는데 재무부가 돈 줄을 잡고 있으니 경제 전체를 통괄할 정도로 독재권력을 행사했던 거죠. 대처에 반대하면 꼼짝 못하게 했어요. 시장만능주의라고 해서 시장은 자유롭다고 하는데 실제로는 그렇게 안 됩니다. 신자유주의도 결국은 권력이 집중되는 현상을 보인다구요. 지금 한국 정부가 하는 짓이 그와 똑같아요.

우 저는 학부 3학년 때 《자본론》을 보고 유학 가서 프랑스어로 된 책으로 다시 공부를 했는데요. 최근에 10대, 20대들하고 얘기를 할 기회가 있었거든요. 걔네들한테 《자본론》을 다시 잘 읽고 오라는 말을 하고 싶지만 입이 안 떨어지더라구요. (웃음) 《자본론》을 보면서 지난 역사를 생각해보고 앞으로 뭘 할지 생각하고 그러다 보면 날 샐 것 같구요. 짧고 읽기 편하면서도 핵심만을 가르칠 수 있는 뭔가가 있으면 좋겠다는 생각을 많이 합니다. 개인적으로는 《자본론》 볼 필요 없이, 김수행의 무슨 책 하나 보면 대충 된다고 할 수 있는 게 있으면 좋겠다고 생각합니다. (웃음)

김 안 그래도 성공회대학교 들어오면서 8번의 공개강의를 했

296
297
한국경제, 신화는 없다

어요. 동네 사람들도 많이 왔는데 그게 곧 책으로 나와요. 《새로운 사회를 위한 경제이야기》라고 해서 구어체로 쉽게 풀어썼습니다. 한국경제와 세계경제를 주제로 8주에 걸쳐서 한국 사회에 세계를 보는 눈을 심어주려고 의도했어요. 그런 게 도움이 될 수 있을런지 모르겠네요.

우 저도 책을 내면서 느꼈습니다만, 20년 동안 한국에서 매체의 변화나 인터넷의 영향 때문인지 사람들이 책을 읽는 능력이 많이 떨어졌더라구요. 가능하면 이미지로 설명을 해줘야 하고, 문장도 아주 짧게 끊어줘야 하고, 예화도 많이 넣어줘야 하더라구요. 그런 시대의 변화를 무조건 되돌릴 수는 없는 것 아닙니까? 사람들의 수준에 맞춘 상태에서 어떻게 새로운 이론을 얘기하고 설명을 해야 할지 고민을 많이 해야 되겠더라구요.

김 조금 어려운 이야기를 하면 이해를 못 하니까요. 그런 점에서 《88만원 세대》는 상당히 좋은 책이죠. (웃음)

우 그 책은 일본에서 번역해 출간할 예정입니다. 정치경제학이 지금까지 살아남은 것은 시대가 요구하는 통찰력을 줬기 때문이거든요. 《국부론》은 왕국이 사라지고 뭔가 오고 있는데 그게 도대체 뭔가 하고 의문이 생기니까 이런 것이라는 설명을 해준 거잖아요. 《자본론》도 마찬가지였어요. 케인스도 보면 그렇구요. 어떻게 보면 경제학적인 통찰력이라는 게 아주 어려운 수학이나 그런 것은 아닙니다. 몇 단어로 설명해줄 수 있는 것을 그 시기에 줬기 때문에 학문이 된 게 아닌가 싶어요. 우리는 지금 그렇게 못 하고 있잖아요.

김 자꾸 노력을 해야죠. 경제학의 고전이 된 것, 가령《국부론》을 보면 그 당시의 화두를 완전히 잡고 있거든요. 우리도 그런 식으로 해야죠. 지금 체제에서 무엇이 나쁘고, 다른 체제로 간다면 어떤 형태가 될 거라고 이야기하는 것은 꼭 필요하다고 생각해요.

우 최근에 마르크스의 책을 다시 한 번 생각할 기회가 있었습니다. 표현법에 관한 건데,《공산당 선언》에서는 셰익스피어를 인용하거든요. 유령 얘기는《햄릿》에 나오구요. 생각해보면 마르크스도 그 당시에 유럽에서 가장 많이 팔리고 유명한 사람이 누군지를 생각해서 셰익스피어를 인용하고 쓴 거예요.《자본론》은 1장을 열 때 단테의《신곡》얘기가 나옵니다. 그때 사람들이 제일 좋아한 게 누군가 생각해보니 단테가 나온 거죠. 사실 마르크스도 요즘 식으로 얘기하면 굉장히 인기 있는 것을 끼워 넣으려고 했습니다. 문학적 장치도 굉장히 많이 썼어요. 철학을 했던 사람이라 워낙 그런 것을 좋아하기도 했으니까요. 그런데 최근 한국에서 나온 경제학 책들을 보면 너무 딱딱하게 써서 독자들이 어떻게 수용할지에 대해서 고민을 안 하는 게 아닌가 하는 생각도 들더라구요.

지 지금 물에 이어서 원자력 발전소도 민영화한다는 얘기가 나오고 있습니다. 영국처럼 사회보장제도가 안 되어 있는 상태에서 민영화를 진행하면 서민들의 삶은 돌이키기 힘들 정도로 어려워지지 않겠습니까?

김　영국도 원자력을 민영화했는데 굉장히 큰 문제에 시달리고 있어요.

우　파산 직전까지 갔다고 하던데요.

김　원자력은 잘못하면 폭발해서 모두 다 죽는 거잖아요.

우　칠거미 같은 짓을 생각하면 회사가 운영이 안 되죠.

김　자본가들은 그것을 살 때는 돈을 벌려고 산거잖아요. 하지만 원자력 발전소를 유지하고 보수하려면 얼마나 많은 돈이 들어가겠어요? 개인 기업이 그것을 할 수 있겠어요? 못 하죠. 그런 딜레마에 빠져 있는 겁니다.

우　원자력 발전소를 폐기할 때 그 비용을 감가상각하듯이 회사 장부에 반영했거든요. 그러니까 잔존가치가 마이너스가 나왔어요. 한국은 한전을 통해서 한수원에서 하는데, 비용을 전부 안는다고 하니까 시장원리대로 따져보면 가치가 플러스가 아닐 수도 있다는 겁니다.

김　큰 문제죠. 철도를 다시 국영화했던 것도 마찬가지예요.

지　저항해서 막아야 할 텐데요. 저렇게 밀어붙이면 막기 힘들지 않습니까? 언론을 장악해나가는 것을 봐도 그렇구요.

김　사실 가장 쉬운 방법은 선거할 때마다 표를 안 줘서 혼을 내는 건데요. 앞으로 보궐 선거나 뭐 그런 거 없어요? 저항을 해서 깜짝 놀라게 해야 합니다.

우　10월 보궐에 나오려면 국회의원 중에서 한 명이 문제가 생겨서 잘려야 되는데요. (웃음) 기초 위원이나 구청장 쪽에서는 좀 올라갈 것 같더라구요.

김 민영화해서 요금은 올라가고, 서비스 질이 낮아지면 국민이 어떻게 해야 할까요? 그 앞에서 데모만 하고 있겠어요? 그놈들은 꼼짝도 안 할 텐데…….

우 최근에 한전 관련된 인사하고, 에너지 쪽을 좀 보고 있는데요. 걱정이 생깁니다. 인사를 엉망으로 하고 관리도 잘 안 되고 있어서 블랙아웃이라고 부르는 대규모 정전 사태가 한국에서는 아직 한 번도 없었지만 지금 같으면 올 수도 있겠다는 겁니다. 미국은 두 번이나 크게 있었고, 영국에서도 한 번 있었고, 가스 쪽의 블랙아웃도 있었어요. 한국은 현재까지 공공서비스가 굉장히 튼튼한 나라거든요. 대규모 정전 사태라는 것은 상상해본 적이 없는데, 지금처럼 이렇게 나갔다가 대규모 정전 사태 같은 게 나면 정권에 위기가 올 수도 있다고 생각합니다. 겨울에 한참 추운데 관리를 잘못해서 정전이 발생하면 어떻게 할 겁니까? 자본주의라는 게 결정해야 할 게 굉장히 많거든요. 꼭 있어야 할 몇 가지가 있는데 그런 것을 심각하게 생각하지 않는 것 같아요. 물 같은 경우도 매우 중요한 부분인데 기술적인 결정을 정치적인 것으로 넘기는 것 같아 문제라고 생각합니다. TV는 봐도 되고 안 봐도 된다고 할 수 있지만 전기, 가스, 물, 우체국의 경우는 생활에 필수적인 거거든요.

지 물 같은 경우는 한정되어 있는 자원인데 요금이 싸니까 사람들이 낭비하고 있다. 그러니 요금으로 통제할 수밖에 없지 않느냐는 논리가 진보 쪽 사람들에게도 통하는 것 같습니다.

우 요금을 일부 올리는 것과 민영화는 상관이 없죠. 가격을 올려서 해결될 문제라면 그렇게 하면 되는데, 그냥 두면서 민영화를 하겠다는 건 말이 안 되죠. 사회 정의라는 측면에서 봐도 마시는 물을 차별한다는 것은 굉장히 부당한 일입니다. 경제라는 것은 정의에 기반한 정책들이 아주 많습니다. 물마저 차별한다는 것은 아무리 자원을 효율적으로 활용한다고 해도 못 받아들인다는 생각이 있어요. 특히 작은 나라에서 불균형이 생기면 회복이 안 되거든요. 특정 부문이 너무 커진다거나 하면 회복이 어렵죠.

그런데 정치경제학이라는 용어는 틀린 거 아닌가요?

김 마르크스경제학이라고 하는 게 맞아요. 그런데 예전에는 마르크스라는 말만 하면 잡혀 갔으니까 그걸 피하려고 정치경제학이라고 한 거죠.

우 비주류경제학이라는 말도 많이 쓰죠.

김 요새는 원래의 케인스경제학을 비주류경제학으로 넣기도 해요.

우 그렇게 보면 주류경제학은 많은 것 같으면서도 이론적으로 얼마 안 되는 것 같아요. 대부분의 사람들이 비주류를 많이 하죠. 한국 유학생들만 주류경제학을 하죠.

김 우리나라 학생들이 영어를 못해서 그럴 거예요. 어학이 안 되니까 자꾸 수학으로 해결하려고 하는 거죠. (웃음)

우 선생님은 기회가 되면 TV 강좌 같은 것을 해보실 생각은 없으신가요? 시민들을 위한 경제 강좌 같은 것 말입니다.

김 좋죠. 그런데 날 부르겠어요? 위험인물이잖아요. (웃음)

우 사실 DJ 정부 때나 노무현 정부 때 그런 강좌를 열어서 왼쪽 끝 얘기부터 오른쪽 끝 얘기까지 다 들어볼 수 있게 했으면 다양해졌을 텐데, 지금은 좀 어렵긴 하겠네요.

김 저는 사실은 DJ를 굉장히 싫어해요. 옛날에는 민중이다, 대중이다 떠들었지만, 사실 DJ가 IMF를 믿고 신자유주의를 도입한 거죠. 노벨 평화상 때문에 그랬을 수도 있다고 생각하는데 개인적인 욕심이 너무 심하거든요.

우 박현채 선생님이 '다시는 안 본다'고 결별한 날이 있었다고 그러더라구요.

김 결별할 수밖에 없어요.

우 최근 대학들을 보니까 정상적인 우파 수업도 폐강되는 게 많아요. 학문적 위기가 좌파한테만 온 것이 아니고, 우파도 조금만 돈이 안 되겠다 싶으면 수업 유지를 못 하더라구요. 서양 역사 이런 것도 폐강되고 언어학 쪽도 폐강되는 걸 보면 진짜 근본적인 학문의 위기가 아닌가 하는 생각이 들더라구요.

김 자꾸 그렇게 되잖아요. 요즘 서울대학교 불문학과, 독문학과 들어가려면 독어 안 하고, 불어 안 해도 되는 거 아닌가? 입학이 그럴 거예요. 그러니까 대학교 가서 독어나 불어를 처음부터 배워야 하니 이건 말이 안 되는 거죠.

우 사학계에 대한 글을 쓰려고 조사를 해봤더니, 서울대와 연대만 역사를 가르친다는 거예요. 그 정도 학교가 되어야 졸업하고 먹고살 수 있다는 겁니다. 나머지 대학에서는 해봐야 수강생이 오지도 않는다고 강의 개설도 안 한다는 거예요. 그러다 보니까 과는 줄어들고 젊은 학자들은 가르칠 기회가 없어져서 연구사가 너 줄어들어요. 80년내, 90년내 유럽이나 일본이 내학시스템을 유지하는 것을 보면 엄청나게 잘한 것이라는 생각이 듭니다. 부자가 되면 학문의 영역이 넓어질 것 같은데, 일부러라도 장치를 만들지 않으면 사실은 없어지는 것 아니냐는 거죠.

김 서울대학교에 대해서 비판하는 게 바로 그런 점입니다. 서울대학교라고 하면 국립대학이지, 나라에서도 지원 받지, 국내 최고 대학이라고 하면 각 분야를 그대로 살려서 키워놓아야 하거든요. 그걸 학문의 다양성이라고 해도 좋고, 아까 얘기한 것처럼 여러 분야에서 새로운 걸 만들어야 한다고 생각해도 좋잖아요. 그런데 그걸 안 한다구요.

우 동경대랑 비교를 해봤더니 이게 학교인가 싶더라구요. (웃음) 동경대에는 스웨덴경제사 교수가 있다니까 도대체 이건 게임이 안 되는 거 아닙니까?

김 독도 문제도 그래요. 저쪽에서는 거기에 대해서 하나의 집단이 계속 연구를 해왔는데, 우리는 그것도 없잖아요.

우 일본사 내에도 과학사의 하위 분야가 여러 개 있더라구요. 미시경제나 특수 전공들도 굉장히 많이 있구요. 스웨덴경제사 전공도 있으니 우리가 모범적 사례라고 하는 스웨덴에 대해 그 사람들은 얼마나 더 잘 알겠어요. 우리가 스웨덴경제는 뭐가 좋다고 하면 스웨덴경제사를 전공한 사람이 보면 우습겠죠.

김 신정완 선생이 돌아왔어요. 논문 쓰기 전에 1년 정도 나가 있었어요. 스웨덴에서 임노동자기금을 만든 사람하고 인터뷰도 하고, 연구를 끝내고 와서 논문을 썼죠.

우 그때만 해도 학풍이 살아 있을 때니까 그렇지 지금은 그런 사람이 나오기 힘듭니다.

김 학술진흥재단이다 뭐다 해서 돈은 많잖아요. 교육부 예산도 엄청나게 많은 모양인데 문제는 정부가 그런 것에 대한 개념이 없다는 거예요.

우 다양성이라는 게 영화 산업에서 문화다양성이라는 개념으로 시작한 거지만 학문이나 이론에도 그게 좀 필요한 게 아닌가 하는 생각이 들더라구요. 학문에도 여러 가지가 있는데 그런 부분을 무시하고 선진국이 될 길이 있느냐는 겁니다. 생물학 쪽을 예로 들어볼까요? 미국이 돈 되는 것만 할 것 같지만 고생물학이라든가 빙하기 이전에 생물이 어떻게 살았는지를 연구하는 고생태학 같은 학문도 있더라구요. 미국조차 이렇게 학문의 다양성을 지키려고 나름대로 버티고 있는데, 한국은 어떻습니까? 생물학 하면 황우석식으로 돈 되는 쪽으로 다 몰리잖아요.

저한테 좌파경제학이 뭐냐고 정의하라고 하면 이렇게 얘기하겠습니다. 소외 받은 쪽이나 소수자나 약자들을 대변하는 것이라구요. 쉽게 말해 강자 편에 서는 사람들은 우파고 그 반대는 좌파라는 거죠. (웃음) 특히 생태와 같은 분야는 그 정의에 잘 맞아요. 말할 수 있는 사람을 지키는 것은 개발경제학이고, 우리는 말 못하는 사람을 지킬 테니까 좌파라는 거죠.

복지와 내수, 실물 경제에서 찾는 대안

지 1퍼센트의 사람들을 위한 정부는 많지만, 한국의 이명박 정부처럼 저렇게 노골적이고 뻔뻔하게 정책을 밀어붙이는 나라는 드문 것 같다는 표현도 나오던데요. 얼마 전에 어떤 장관에게 '당신 아버지 일제 시대 순사였잖아'라고 물어보니까 '직업으로 선택한 것이기 때문에 부끄럽게 생각하지 않는다'고 대답했다지 않습니까? (웃음) 과거에는 그런 식으로 대답하지 못하고 정치적 발언으로라도 '유감스럽게 생각한다'는 식으로 말했던 것 같은데요. 앞으로 저런 뻔뻔한 사람들을 어떻게 상대해야 하는 걸까요? (웃음)

김 지금 집권 세력이 그런 사람들이죠. 이명박은 그런 친구들을 오히려 좋아할 거라구요.

우 1970년대에는 그런 사람들을 졸부라고 해서 사회적으로 경계하고 경멸하면서 나름대로 긴장 관계를 형성했는데, 지금은 졸부들이 나라를 잠식한 게 아닌가 하는 생각이 들어요. 미국 사회가 상속세를 없애거나 줄이려고 하니까 빌게이츠나 워런 버핏 같은 미국내 지배층이 나서서 '그건 아니다'라고 분명하게 말하잖아요. 한국은 그런 목소리가 거의 없는 것 같더라구요.

지　김수행 선생님은 복지에 대한 예산을 늘리고 내수를 진작시켜서 경제를 살리는 방법도 생각해봐야 한다고 하셨는데요. 대규모 감세안은 그것과 반대로 가는 것 아닙니까? 감세를 통해 투자와 고용, 소비를 증대시켜 성장을 꾀한다는 건데요. 그 얘기의 모순은 일전에 지적하셨는데요. 이대로라면 상위계급에게만 혜택이 돌아가잖아요.

김　소득세는 등급을 많이 나눠서 위로 올라갈수록 누진율을 높여서 많이 거둘 수 있는 체제가 되어야 하는 건데요. 감세안은 밑에서도 2퍼센트 깎았다는 거잖아요. 위에서 2퍼센트를 깎으면 10억이 되지만 밑에서는 2000원도 안 되는 거잖아요.

우　그 밑에는 면세점도 많습니다. (웃음)

김　그게 말이 되는 소리냐구요. 제가 자꾸 얘기하지만, 우리는 수출에 너무 매달린다는 생각이 많이 든다니까요. 우리가 뭐 대단한 기술을 가지고 있는 것도 아닌데 수출에 목숨을 걸면 결국 노동자 임금을 깎자는 얘기가 제일 먼저 나온다니까요. 수출을 증가시키려고 하면 어떻게든 비용을 줄여야 하니까요. 과학 기술에 투자해서 효율을 높이는 게 아니라 손쉽게 임금을 깎아버리니까 내수 시장은 오히려 줄어들어요. 그러니까 수출을 더 해야 한다고 임금을 또 깎고 하는 식으로 내수 시장을 줄이는 악순환을 계속하고 있다구요. 이러다가 세계적인 공황이 와버리면 우리나라는 망하는 겁니다. 산업이 단번에 날아가 버린다구요.

지 우 박사님도 강만수 장관이 환율에만 매달리고 있다고 비판하셨잖아요.

우 그렇죠. 3월부터 그 얘기를 했어요.

김 수출하는 중소기업과 은행이 환헤지 거래를 해서 환율이 올라가면 손해를 배상해야 하는 조건 때문에 수출을 해봐야 남는 것도 없고 오히려 엄청나게 손해를 봤잖아요.

우 중소기업까지 얘기하지 않더라도 현대 중공업도 지금 환헤지를 잘못해서 손해를 봤잖아요. 조선 산업은 수주해서 배를 완성하기까지 기간이 길잖아요. 그래서 환헤지 계약을 여러 가지 했는데, 환율의 변동 폭이 크니까 손해가 굉장히 큰가 보더라구요. 중공업이나 조선업계 사람들이 손해를 보면 국민경제가 왔다갔다하잖아요. 싱가포르나 도시 국가들은 유통이나 거래만 가지고도 움직일 수 있거든요. 그나마 한국경제의 장점이 1차 산업부터 3차 산업까지 다 있다는 것 아닙니까? 나름대로 일괄 시스템을 갖춘 나라를 운영하는 사람들이 가져야 할 마인드는 지금 이명박식의 유통방식은 아닌 것 같거든요. 어떻게 해야 생산이 튼튼해지고 건실해지는가에 대한 고민이 전혀 없는 것 같아요.

김 금융 중심으로 가자고 하지만 금융이라고 하는 것은 부가가치를 창출하는 생산업이 받쳐주지 않으면 아무 소용도 없는 겁니다. 금융은 심하게 말하면 노름하는 거나 똑같아요. 갈라먹거나 한쪽으로 부가 집중되는 건데, 그걸 세계적으로 한다고 해도 결과는 마찬가지라구요.

우 클린턴 정부 때 미국의 금융 산업이 활황이었어요. 그때도 말로는 뉴 이코노미라고 하면서 US 스틸이나 자동차 산업을 살리려고 엄청 노력한 거거든요. 부시도 금융만 할 것 같지만 쇠고기 협상 때 봤잖아요. 축산업을 보호하기 위해서 얼마나 노력합니까? 결국 그런 게 뒤에 있어야 금융 시스템이 돌아갈 수 있다는 겁니다.

김 한국경제는 정부가 투기를 조장하고 있어요. 지금도 보면 중산층 노동자한테 펀드에 가입하라고 해서 다 몰락시키잖아요. 그 돈을 부자들이 다 가져가는 거죠.

우 제가 최근에 스위스와 덴마크를 비교하는 담론 분석 같은 것을 좀 해봤거든요. 두 나라 모두 국민소득이 4만 달러가 넘는 잘사는 나란데, 경제라는 단어를 쓰는 국민이 별로 없어요. 신문에서도 스포츠, 문화, 예술 이런 얘기만 잔뜩 하지 경제라는 얘기는 거의 안 하거든요. 못사는 나라로 넘어갈수록 경제 얘기를 많이 하는 특징이 있는 것 같아요.

김 제가 《한겨레》의 위원이 되기 직전에 《한겨레》가 주식가격 동향을 지면에 올리기 시작했어요. 저는 쓸데없는 짓 하지 말라고 했습니다. 사람들에게 투기하는 것만 가르친다고 했더니 그걸 안 하면 독자가 없다는 거예요. 우리 사회에는 노름이 너무 많아요. 로또부터 시작해서 경마, 경륜, 카지노 같은 노름 센터도 다 만들어놨잖아요. 사실 이런 것은 다 없애야 한다고 생각합니다.

우 부산은 아시안 게임을 하고 나서 만들어 놓은 시설을 유지할 돈이 없으니까 그 주변에 경륜장을 만들었어요. 경륜장에서 나오는 돈을 가지고 그 시설을 유지하는 겁니다. 작년부터 경륜장이 공격적인 경영을 해서 수익이 많이 생겼어요. 그러니까 시에서는 공공시설을 가지고 돈을 많이 번다고 하는데, 과연 그 돈이 어디서 나오는 걸까요? 결국 부산 시민들 주머니에서 나오는 거잖아요. 시설을 유지하기 위해서 부산 시민들한테 경륜장에 오라고 해서 흑자 경영을 하는 게 좋은 겁니까? 그러니까 경제가 죽잖아요. 카지노 자본주의라는 말이 장기적인 의미가 있는 말이거든요. 가만히 내버려두면 그리로 가게 되어 있는데 막지 않으면 더 커지죠. 노무현 정부 때도 바다이야기 때문에 크게 흔들렸잖아요. 그런 점에서 보면 자본주의일수록 윤리나 도덕성이라는 게 더 중요한 것 아니냐는 겁니다. 이윤만 추구하다 보면 점점 이윤을 얻기 어려운 쪽으로 가게 되어 있습니다. 아까 말씀하신 것처럼 사교육이나 비생산적인 투기적 요소들에 대해 할 얘기는 참 많아요. 그런데 아쉬운 것은 뭘 하지 말자는 말은 많이 했는데 그러려면 도대체 뭘 해야 하느냐에 대한 얘기는 못 한 것 같아요. 네거티브가 쎘다고 할까요? (웃음)

김 미국도 지금 자동차 산업이 망하고 있다고 포드나 GM 등 전부 야단이거든요. 기술 개발을 해서 자동차를 잘 만들 생각을 해야 하는데, 금융에 투자해서 돈을 쉽게 벌려고 하다 보니 자꾸 문제가 생기는 거잖아요.

우 포드가 사모펀드한테 먹힐 줄은 몇 년 전에는 아무도 생각 못 했죠.

지 부동산정책도 민감한 문제일 텐데요. 지금 종부세도 개편해서 사실상 무력화하는 방향으로 나갈 것 같은데요. 어떻게 생각하십니까?

김 부동산을 담보로 은행 대출을 받은 사람이 많아요. 건설회사도 대부분 그렇게 많이 했어요. 부자들도 대부분 다 그렇게 했기 때문에 부동산 가격이 떨어지면 상당한 불경기가 올 거라는 생각을 하고 있겠죠. 투기하는 놈은 투기를 자꾸 해서 돈을 벌어야 괜찮지만 지금 같이 서브프라임 사태가 일어나면 경제가 망한다는 말이에요. 투기는 자꾸 투기를 낳을 수밖에 없는데 그것이 계속 성공한다는 보장이 없으니까요.

우 튤립 사건도 그렇고, 1929년 대공황도 마찬가지고, 자본주의가 투기 국면으로 갔다가 생산적으로 전환되어서 다음으로 이어진 경우가 한 번도 없거든요. 90년대 중후반 일본의 10년 공황도 투기로 갔다가 다음 단계로 넘어가지 못하고 거기서 끝났잖아요. 경제학자들이 경제사를 공부할 때 그런 것을 다 배우고서도 한국에 오면 딴 소리를 하거든요. 그걸 건전한 생산이라고 하는 식으로 말이죠.

김 노태우 때 총체적 위기라고 했던 것하고 상당히 비슷해요. 강남의 아파트와 토지 가격을 폭등시켜놓고 이게 어떻게 될지 모르니까 실제로는 아파트 투기하는 놈이나 땅 투기하는 놈들도 지친 거죠. 결국 물가와 집값이 올라가서 서민들만 못 살게 되잖아요. 불만이 터져 나오니까 처음에는 통일운동한다고 잡고, 다음엔 노동운동이나 민주화운동한다고 잡았어요. 그

한국경제, 신화는 없다

래도 경제가 살아나지 않으니까 나중에 가서는 재벌을 잡았어요. 노태우가 재벌들을 청와대에 불러서 비업무용 부동산을 팔라고 하고 야단이 났어요.

우 한국에서 토지공개념이 그때 도입된 거죠. 그 개념을 좌파들이 만든 게 아니고 우파들이 만든 겁니다. 징성적인 국민경제 관리도 중요했던 요소인데 자기들이 만들어놓고 또 자기들이 부수고 있는 거잖아요.

김 이명박이 하는 것을 보니까 그런 식으로 위기를 자꾸 만들고 있어요. 촛불시위하는 사람을 치고 사회주의노동자연합도 쳤잖아요? 이제 누구를 희생양으로 삼을 거예요? 그래봐야 경제가 살 턱이 없는데.

우 희생양을 찾는데 위기의 본질과 그 희생양이 전혀 다른 거니까요.

김 나중에 급하면 재벌도 잡을 가능성이 있어요. 조중동 때문에 그렇다고 하면 조중동을 잡으려고 할 가능성도 있는 거구요.

우 이미 징조가 있다고 봐야겠죠. '풀어줬는데, 재벌들이 투자를 안 한다'고 점잖게 얘기했잖아요. 지금은 섭섭하다고 얘기하는 수준이겠지만 한두 달 지나면 말로 안 할 수도 있겠죠. (웃음)

김 재벌들도 전전긍긍하겠네. 경제는 어렵고 이명박 정부가 앞으로 어떻게 나올지도 걱정되겠네. (웃음)

우 고용을 늘리는 시늉은 해야 하는데, 삼성 같은 대기업 몇 개 정도나 그럴 여지가 있지 아래로 내려가면 내년도 신규채용은 동결이거든요. 그러니까 아주 불만스러워 하는 거죠. 최근에 제가 사회과학 르네상스라는 표현을 몇 번 썼어요. 위기 때 르네상스가 잘 일어나니까 한국도 올지 모른다는 건데요. 실체가 없는 얘기지만 만약 그런 르네상스가 온다고 하면 어떤 역할을 하시고 싶은지 여쭤 봐도 될까요?

김 백면서생이니까 좋은 책이나 쓰고 그래야죠. (웃음) 지금 사회과학아카데미를 하고 있잖아요. 거기에 학생들이 많이 와요. 《자본론의 현대적 해석》이라는 책을 가지고 강의를 합니다. 이번에 '한국 경제론'이라는 강의도 하나 열었어요. 안현효라고 대구대학에 있는 친구가 먼저 강의하고, 나중에는 김상조가 재벌 이야기를 하고, 정태인은 한미FTA를 맡고 해서 15주간 할 거예요. 그 앞에 보니까 이영훈하고 한홍구하고 건국설과 해방설 논쟁을 하던데, 그런 것을 자꾸 해야 합니다. 그래야 보통 사람들이 뭔가 배우지 않겠어요. 그런데 당신은 학교 안 가고 뭐하고 있어?

우 받아주는 데가 없습니다. (웃음) 제가 최근에 우파들한테 학문적으로 안 지겠다고 생각하는 부분이 있습니다. 책을 내고 읽게 만드는 게 굉장히 중요하다고 생각하는데요. 원로 우파경제학자들 몇 사람은 책을 명함이라고 얘기해요. 어차피 안 팔리는 거면 자비출판 비슷하게 몇천 권 찍으면 명함보다는 책이 낫다고 하거든요. 그런 사람들한테는 지면 안 되겠다는 생각이 들더라구요. (웃음) 누군 목숨 걸고 하는데 누구는 명함이라고 생각하니까 그런 사람들한테는 안 질 것 같아요.

지　명함 2000장이면 2만 원에 찍을 수 있는데 굉장히 비싼 값으로 찍네요. (웃음)

우　실적 관리도 할겸 내는 거죠. 책은 혼을 담고 정성을 담아야 소통이 가능한 거잖아요. 그러니 책을 명함이라고 부르는 사람들힌데는 안 길 것 같아요.

김　우리가 열심히 좋은 책 만들어야죠. 그러면 사회가 조금은 나아지겠죠.

우　대학생들한테 몇 년 전부터 계속 들었던 얘긴데, 책을 읽고 싶은데 좋은 책이 없다는 거예요. 그걸 중간에서 풀어줄 사람이 많아져야겠죠.

우리는 또 얼마나 많은 촛불을 밝히고 밤을 지새워야 할 것인가

미국을 넘으면 한국경제가 보인다

지 무역 비중이 높다보니까 외교도 중요할 텐데, 이명박 정부의 전반적인 외교정책 기조에 대해서는 어떻게 생각하십니까?

김 이명박 정부가 너무 미국에 의존한다는 생각을 많이 해요. 이번에 쇠고기협상은 그냥 갖다 준 거잖아요. 그러면서 잘 봐달라고 한 거겠죠. 물론 한미FTA를 재임기간 동안에 통과시켜준다고 부시가 꾀었을 테구요. 뭔가 살 길이 날까 싶었겠지만, 완전히 굴욕적인 외교였어요. 미국의 힘과 경제를 이용해서 아제국주의적인 발상을 하는 거잖아요. 아마 거기서 오는 손해가 많을 겁니다. 미국 얘기를 계속 들어줘야 할 거 아녜요. 미군 주둔비용까지 다 물어줘야 할 가능성도 있구요. 군대를 어디 보내라고 하면 보내야 되고, 이런 식으로 해버리면 우리

경제는 죽는 거죠. 이익이 나는 게 하나도 없어요. 이명박 정부가 하는 짓을 가만히 보면 어이없는 게 많아요. 북한은 왜 자꾸 건드리냐구요. 가만히 놔두면 되지. 김대중이나 노무현이 했던 정책을 가만히 앉아서 주워가겠다고 하면 문제없이 갈 텐데 이렇게 긴장을 조성하면 미국이 금방 MD 갖다 놓으라고 하고, 자꾸 무기 팔아먹으려고 달려들 거 아니냐구요.

우   어떻게 보면 한국이 독자적인 외교체계나 경제체계가 있었던 것 같은데요. 지금은 유럽으로 보면 폴란드랑 비슷한 것 같아요. 폴란드는 경제가 어려우니까 미국한테 붙었잖아요. 폴란드에 비하면 한국은 큰 경제인데 자칫 폴란드 급으로 떨어질 수가 있거든요. 다른 사람들도 똑같이 보거든요. 폴란드랑 한국을 비교하면 좋을 게 없는데 지금 그렇게 가고 있는 게 아니냐는 겁니다. 자원외교나 이런 측면에서 보면 한국은 러시아와의 관계가 굉장히 중요하잖아요. 이명박이 초기에 가서 중요한 일을 하겠다고 했는데, 지금 러시아는 가는 방문 일자도 못 잡고 있거든요. 단교까지는 아니지만 실질적인 뭔가가 없는 상태거든요.

지   지금 러시아와 폴란드는 긴장 관계에 있는데요. 미국이 폴란드에 미사일을 설치하는 것을 보고 러시아 입장에서는 자신들을 겨냥한 것 아니냐고 항의하고 있지 않습니까?

김   그 사람들 입장에서는 그렇게 생각하는 게 당연하죠.

우   우리한테 러시아경제는 굉장히 중요한데, 그런 것을 다

닫아놓으면 어디 가서 수출을 할 겁니까?

김　시베리아에 자원이 많잖아요. 가서 개발하면 우리 경제에도 좋을 텐데 그걸 하나도 못 하는 거잖아요.

우　사실 언론도 문제라고 생각해요. 러시아와 한국 관계에 벌어지는 일들에 대해 언론이 보도를 해야 하는데 지금은 전혀 없어요. 제가 약간 충격 받은 사건이 하나 있어요. 8월 중순에 프랑스 파병군이 아프가니스탄에 가서 10명이나 죽었어요. 프랑스 파병 역사에서 처음이라는 겁니다. 재건군으로 가 있다가 죽은 거거든요. 사르코지가 방문을 하고 위로도 하는 정치적 위기 상황이었는데요, 한국 신문에는 그게 거의 안 나와요. 미국이 우리한테 아프가니스탄 파병을 요구하니까 혹시 그런 사실을 알면 여론이 나빠질까봐 그러는 겁니다. 하지만 우리 국민은 그런 내용을 모르고 있으니 이게 바로 언론 통제가 아니고 뭐냐는 거죠.

김　가만히 보면 언론이 알아서 기는 겁니다. 그루지야 사태도 엄청나게 위험한 상황이라구요. 그런데 그것도 보도가 잘 안 되잖아요. 미국이 하는 것만 보도가 된다구요. 사실 그루지야에 미국이 들어가서 로즈혁명이라고 해서 지금 대통령을 만들어낸 거잖아요. 소련을 봉쇄한다고 미국이 거기에 들어가서 영향력을 행사하려고 하고 석유 수송로도 확보하려고 하는 건데, 그런 걸 우리가 전혀 모르고 있는 거예요.

우　경제에 대한 설명을 들으면 우리 경제가 세계화로 가고 있고 무역 전체 체계로 간다고 하잖아요. 하지만 막상 현상을

보면 10년 전으로 돌아가고 블록화가 진행되면서 점점 대결구
도로 바뀌고 있는 거잖아요. 세계화는 어디 갔느냐는 거예요.
중남미는 따로 블록을 만들어 떨어지고 러시아도 그렇게 될 거
고 중국은 붙을 데가 없어서 상당히 힘들어하고 일본은 예의주
시하고 있는 중이거든요. 세계 경제 상황이 이렇게 재편되고
있는데 한국은 세계화가 대세라는 말만 하면서 넋 놓고 있는
게 아니냐는 거죠. 신냉전이라고 얘기할 때 첫 번째 전쟁이 러
시아 사태라고 많이 보거든요. 미국 중심의 세계화 프로그램을
가지고 세계를 보려고 하면 당장 전쟁이 벌어졌는데 이걸 설명
할 수가 없는 거죠.

지　미국이 진짜 우리 친구라면 위험성 있는 것을 먹으라고
강요하지는 않을 텐데요. 다른 나라에서는 전혀 수용되지 않은
조건으로 한국에 쇠고기를 수출하겠다는 것 아닙니까? 우리는
미국하고 친하다는 이유로 러시아와 사이도 안 좋고, 중국도
올림픽 기간 동안 상당한 반한反韓 감정을 드러내지 않았습니
까? 일본과도 사이가 별로 안 좋으니까 외교에 있어서 거의 왕
따가 될 처지인데요.

우　좀 비유적으로 표현하면 비자 면제 받아서 몇 사람 미국
편하게 가자고 너무 많이 내준 게 아니냐는 거죠. (웃음)

지　그분들은 가면서 '역시 편해졌어'라고 얘기하겠죠. (웃음)
우　기러기 아빠를 10만 명 정도로 추산하는데, 그 10만 명을

위해서 환율을 바꾸자는 얘기를 어떻게 할 수 있는 겁니까? (웃음) 우리나라 인구가 4000만인데요.

김　환율은 강만수가 자꾸 올렸잖아요. 올리면 기러기 아빠들은 죽는 거 아냐?

우　환율을 내리라고 할 때 기러기 아빠들의 고통이 심하니까 이것은 해줘야 한다고 했어요. 심정적 이해는 가지만 지금 정부가 10만 명을 위해서 환율정책을 바꿀 정도로 자상한 정부였냐는 거죠. (웃음)

지　국내의 교육정책을 바꿔서 교육을 제대로 받을 수 있도록 해줘야지, 여기가 개판이라고 미국 가는 사람들을 챙겨준다는 건……

우　기러기 아빠 정도 되는 사람들이라야 이명박 정부에서 국민이지 그 급이 안 되는 나머지 사람들은 국민도 아니라고 보는 거죠.

김　우리나라 사람들이 해외에서 살기가 쉽지 않다는 것을 느껴야 하는데, 그걸 잘 모르는 경향이 있어요. 제가 미국에 한 1년 가 있으면서 느낀 건데 거기는 한국 사람이 할 게 없어요. 한국에서는 좋은 대학 나왔다고 해도 미국에 가보니 할 게 없더라는 거예요. 그러니까 다들 조그만 술집이나 세탁소를 운영하고 있는 거예요. 그런데 만나면 자기 친구가 장관 누구라는 소리만 하고 앉아서 시간을 보내고 있더라구요. 그 사람들이 미국 사람들과 잘 어울리지도 못 하잖아요. 다들 외롭게 살고 있어요. 외국에서 산다는 게 말처럼 쉬운 일이 아니더라구요.

지 이명박 정부의 전반적인 경제정책 기조에 대해서 두 분은 어떻게 생각하십니까?

김 먼저도 얘기했지만 이명박 정부는 부자들을 더 질실게 하면 경제가 살아난다는 생각을 갖고 있는 것 같아요. 대기업하고 뭔가 하면 경제를 살릴 거라 생각하는데 사실은 그게 안 돼요. 한미FTA 비준 문제만 하더라도 오바마가 당선되면 그거 좀 고치자고 나올 텐데.

우 꽤 고치자고 나오겠죠. (웃음)

김 우리는 지난번에 위생이나 노동도 절대로 안 된다고 했다가 나중엔 아무 소리 안 하고 다 넣어줬잖아요. 저는 한미FTA가 되면 안 된다고 생각합니다. 우리나라 경제를 망친다구요. 미국에서 압력이 들어왔어요? 애초에 왜 시작한 겁니까?

우 노무현 쪽에서 먼저 얘기를 한 것으로 알고 있습니다.

김 한 건 하려고 그랬나?

우 정치적 이벤트 같은 거라고 생각한 것 같습니다. 표준 해석은 정권에서 뭘 하나 남겨야 하는데 그것을 한미FTA라고 생각했겠죠.

김 이런 생각도 들어요. 노무현이 농업이나 어업은 해봐야 안 되니까 끊으려고 해도 자기 손으로는 끊기 어려우니 '한미FTA 때문에 이제 어쩔 수 없다'는 식으로 하려고 그랬던 게 아닐까 싶어요.

우 사회적 저항이 생길 것은 당연했거든요. 정권 임기 내에 할 수 없는 일이라고 생각했는데, 계산을 잘못한 것 같아요. 정권 내에 진행하면 자기가 있을 때 효과가 바로 나올 거라고 생각해서 서두른 게 아닌가 하는 생각도 듭니다.

김 서두르면 자꾸 내주는 수밖에 없죠.

우 아무리 서둘러도 정권 내에는 하기 힘든 일이었는데, 그걸 할 수 있다고 생각한 게 결정적 오판이었죠. 처음에 막 내준 것은 일정을 빨리 잡아서 비준하고 6개월 정도 통치하고 영광스럽게 퇴임하고 싶었던 것 같습니다.

김 준비도 안 하고 있다가 갑작스럽게 나온 것 같은데…….

우 한일FTA를 4년 준비하다가 중단했거든요. 한유럽연합FTA를 검토하다가 중간에 갑자기 한미FTA가 들어왔어요. 그러니까 자료가 없죠. 반대하는 사람도 없었지만 찬성하는 사람도 없었죠. DJ, 노무현 때도 몇 사람이 다 결정을 했던 것 같구요. 밀실정치는 없어지기 힘든가 봅니다. 지금도 마찬가지잖아요.

김 노무현은 삼성하고 가까웠다죠.

우 노무현이 가까웠는지는 모르겠는데 그 측근들은 엄청나게 가까웠던 것 같더라구요.

김 노무현과 이건희가 사이가 좋았대요. 삼성경제연구소에서 뭘 연구하면 정부에서 그것을 바탕으로 해서 정책을 올리고 그랬다는 겁니다.

우 보고서까지 그대로 베껴 썼죠. 2만 달러 얘기나 샌드위치 논리도 거기서 나왔구요. 서비스 고부가가치론도 마찬가집니

다. 어떻게 보면 삼성경제연구소가 우리나라를 한 5년 통치를 했는데 사실상 통치를 잘못한 거죠. (웃음)

김 그런 생각을 가지고 있으니 뭐가 돼요?

우 무조건 다 들어줬는데 성과가 별로 좋지 못했던 것 같아요.

김 나라 경세 살리기에 관심이 있었던 게 아니라 삼성이 이익만 보면 된다고 생각한 거 아녜요?

우 삼성이 그동안 좋아졌냐 하면 그렇지도 않은 것 같아요. 정권 내에 심각한 위기가 온 거니까. 그런 점에서 경제학은 과학이라는 생각이 가끔 들 때가 있어요. 눈에 보여서 편한 데로 가면 다 좋을 것 같은데 그게 안 되거든요. 노무현 시절에 친기업정책이 정부 기조였거든요. 그래서 규제를 많이 풀어줬어요. 그래서 좋아졌느냐 하면 그건 아니거든요. 지금도 이명박이 많이 풀어주고 있는데 기업의 경영 여건이 좋아졌느냐 하면 그렇지도 않거든요.

김 앤드류 그린은《고삐 풀린 자본주의》에서 이런 얘기를 해요. 국제기구나 OECD에서 자꾸 노동시장을 유연화하라고 권고했는데, 따져보니까 유연화를 많이 한 나라의 실적이 실제로는 별로 좋지 않더라는 겁니다. 기업들은 노동시장을 유연화하면 기업가의 권력이 세져서 노동자들을 마음대로 해고도 할 수 있고 임금도 낮출 수 있기 때문에 이득이 생길 거라고 생각했는데 실제로는 그렇지 않더라는 거예요. 기업뿐만 아니라 경제 전체도 전혀 그런 식으로 안 나가더라는 거죠.

우 지금 다들 이 위기가 끝이냐 아니면 진짜 위기의 시작이냐를 고민하는 것 같아요. 한국을 움직였던 고위급 인사나 지성이나 학자들이 과연 답을 내놓을 수 있을까요? 국민은 못 내놓을 거라고 보는 것 같거든요. 학자들의 권위가 땅에 떨어지고, 지성이라는 것도 별 볼일 없다고 생각하는 거죠. 어려울 때 구원을 해줘야 뭔가 있는 것 아닙니까? 뭔가 하자는 말도 없고 저렇게 해봐야 될 것 같지도 않고, TV의 힘만 커지고 있거든요.

지 잠깐이라도 행복하게 해주니까요.

우 지금 TV가 공신력 1위거든요. 이런 나라는 한국밖에 없어요. 대부분 신문이 공신력이 앞이고 TV는 뒤거든요. 그런데 한국은 지금 TV가 맨 앞입니다. 많이 보기도 하지만 그대로 믿기도 한다는 거죠. 저 얘기가 맞을 거라고.

지 상대적으로 조중동을 비롯한 신문들의 신뢰성이 떨어지니까 그런 것 같은데요.

우 한국은 TV, 신문, 인터넷 사이에 지성인들의 공신력이 없는 거죠. 일본만 해도 원로학자들이 얘기하면 사람들이 인정해주는 경향이 있는 것 같은데, 한국은 그런 위치에 해당하는 사람이 하나도 없는 것 같더라구요.

통 큰 정치로 새로운 사회의 길 찾기

지 비정규직 문제가 심각합니다. 어떻게 해결해야 한다고 생각하십니까?

김 그 문제는 좀 풀어주지 왜 안 풀어줘. (웃음) 정부가 시시콜콜히 다른 문제에는 개입하면서 그런데는 왜 개입을 안 하는지 모르겠어요.

우 꼭 사용자 편이라고 할 수도 없는데 밀리면 죽는다고 생각하는 것 같아요. KTX 같은 경우도 민주화운동을 해서 사장이 됐던 이철 사장도 끝까지 버티고 안 해줬잖아요. 그러면 자기가 평생 살아온 게 뭐냐구요. 다른 사람들은 '이철도 해결 못 했는데, 나한테 하라고 해?'라는 식입니다. 실제로 높은 사람들 만나서 얘기를 좀 하면 '이철 선배도 그랬잖아. 근데 내가 어떻게 해결해?'라고 하거든요. KTX를 작은 작업장 하나라고 생각하지 않고, 그걸 노동운동의 최전선이라고 생각하는 것 같아요. 하나를 풀어주면 나머지도 다 풀어줘야 한다고 생각하는 거죠. 시대의 상징이 조그만 사업장 몇 개가 된 셈인데요. 그러니까 그것을 지지하는 사람들도 목숨을 거는 거겠죠.

지 어떤 면에서는 승리감을 줄 수도 있겠지만, 이게 풀린다고 하더라도 다른 문제는 별개의 사안일 수 있지 않습니까?

우 사실은 그렇죠.

지 상징적 승리만 가져오고 다른 부분에서 밀릴 수 있는 것도 고려해야 할 것 같은데요. 촛불만 하더라도 '뭔가 새로운 동력이 나왔다. 이제 이길 수 있겠다'고 생각했는데 저쪽에서 워낙 뻔뻔하게 나오니까 밀리고 있잖아요.

김 저는 오히려 이명박이 경제정책을 변경하려고 하면 비정규직이 큰 문제다 내가 해결하겠다, 이런 식으로 큰 정치를 해보는 것도 하나의 방법이라고 생각해요. 정말로 그게 큰 사회 문제잖아요.

우 이명박 주위에서 조언을 하거나 정책을 만드는 사람들 중에서 선생님처럼 생각하는 사람은 한 명도 없습니다. (웃음)

김 그러니까 그게 문제지.

우 원래 정책 집단이 크면 그 중에 좌파도 있고 우파도 있고 해서 의견을 모아 가는 건데 지금 그런 생각하는 사람이 한 명도 없거든요.

지 지금 종교 편향 논란도 많잖아요. 불교계에 대해서 기독교 인사들이 얘기하는 것을 보면 상식적으로 이해할 수 없는 발언들을 하지 않습니까? 어느 목사가 '스님들이 회개하고 기독교를 믿으라'고 했다는데요. 현실 세계에서 어떤 반대급부를 얻으려고 그렇게 말하는 것도 위험하지만, 정말 그렇게 믿고 있다고 한다면 더 위험한 것 아닙니까? 이명박 정권 주변에는 그런 확신범들이 너무 많은 것 같은데요.

김 아내가 가끔 기독교 방송을 보는데 TV에 장경동 목사가 자주 나와요. 그 친구는 심각하게 하는 이야기가 아니라 장난 삼아 웃자고 하는 이야기예요. 그런데 다른 사람들이 모든 것을 그런 식으로 장난삼아 이야기하다 보니 거기서 문제가 생기는 거죠.

지 그 사람은 장난처럼 얘기했을지 모르지만 그런 발언들과 현 정부의 정책에 대한 불신이 쌓여서 불교계의 불만이 폭발한 게 아닐까요?

김 이명박하고 저녁 먹었다고 하는 뉴라이트 김진홍 목사 같은 사람도 엉터리 같아요. 못마땅한 부분이 많아요.

우 한때 그 양반이 지리산 생명 공동체 같은 일도 하고 지금도 하고 있는데…… 불교 건은 좀 커질 것 같더라구요.

최근에 공기업 몇 군데 인사하는 것을 가까이서 지켜보고 있었어요. 불교계에서 상대적으로 그런 느낌을 받아서 인사에 관한 얘기는 그냥 해본 말이라고 생각했거든요. 진짜 무능한 사람이라 우리는 다 잘릴 줄 알았는데 교회 장로라는 이유로 살아남는 사람이 있더라니까요. 진짜로 인사를 그런 식으로 해요. 감사나 굉장히 중요한 자리는 그렇게까지는 안 한 것 같지만 조그만 곳엔 장로들을 넣더라구요. 저 자리에는 이미 알려진 사람 중 한 사람이 가야 한다고 생각하지만, 알지도 못하는 사람이 가요. 이게 도대체 어떻게 된 건지 들여다보니까 '직장 기독교협의회장'을 했다고 합니다. (웃음) 인사를 그런 식으로 하니까 일반인들이 보면 굉장히 크게 보이거든요.

김　기독교인이 자기 세력이라서 그런 사람들로 채운다는 거예요?

우　그냥 부패라는 생각이 드는데요. 고대 출신이면 못 자르고, 장로면 못 자르고 그러는 것 같아요. (웃음) 저는 종교가 없어서 불교계의 반발을 잘 못 느꼈는데요. 곰곰이 생각해보면 불교계 입장에서는 굉장히 크게 느껴질 문제인 것 같아요. 대한민국 복음화라는 것은 말이 될 수 없는 개념이고, 저 역시 실체 없이 하는 얘기일 거라고 생각했는데, 그걸 진짜 하더라니까요. (웃음) 복음화라는 것을 진짜 중요한 정책 목표로 삼고 있는 것 같아요. 불교계의 반발이 경제적으로는 무슨 의미를 가질지는 모르겠지만 심정적으로는 괜히 저러는 건 아닌 것 같다는 생각이 듭니다.

지　이명박 대통령이 네티즌과 대화한다고 해서 인터넷에 질문을 올리라고 하니까 재밌는 것들이 많더라구요. '본인은 하느님께 언제 봉헌하실 건가요?'라는 질문도 있구요. (웃음)

김　글쎄요, 점수만 깎일 것 같은데…… 질문 통제하고, 모범 답안만 가지고 나오겠죠. 공연히 애만 먹는 거 아닐까요? (웃음)

우　나올 사람들을 지정하면서 장미란도 나오라고 했는데 장미란이 거기 왜 나오겠어요?

지　안 나온다면 빨갱이라고 하겠네요. (웃음)

김　그건 무슨 얘기죠?

우　장미란이 〈화려한 휴가〉라는 영화를 봤다고 해서 뉴라이트 쪽에서 소위 '좌빨' 아니냐는 얘기를 했나 보더라구요. (웃음)

지　그분들의 상상력이란 게……. (웃음)

우　전두환 때 3S라고 해서 우민화 정책 얘기를 많이 했는데요. 요즘 그 얘기가 잘 먹히는 것 같아요. 스포츠가 쇼비니즘 쪽으로 가고 있잖아요. 과연 우민정책이라는 게 느껴질 정도로요. 사람들을 억지로 끌고 가려고 하면 한쪽에서는 공안정국으로 때려야 하고, 한쪽에서는 영화나 스포츠를 하든지 해야 하거든요.

지　이명박 정권의 경제적 전망에 대해서 정리를 해주십시오.

김　변화의 조짐이라고 하는 것은 한미FTA가 발효되면 하나의 답이 나올 거예요. 우리에게 크게 도움을 주는 건 없을 것 같고, 오히려 엄청난 혼란이 올 거라구요. 예를 들면 미국이 한국에서 법률 사무소도 열 수 있고 온갖 게 다 들어올 텐데 그러면 사람들이 놀라서 한참 동안 혼란을 겪게 되겠죠.

우　공공서비스 민영화 반대 같은 것도 방어 논리가 '한미FTA 되면 어차피 다 풀릴 거니까 막아봐야 소용이 없다, 우리 손으로 푸는 게 낫다'는 건데요.

김　그걸 다 풀어서 외국 자본이 와서 사겠다고 하면 어떻게 하려고 그래요?

우　어차피 팔릴 거고 막아봐야 소용없으니 살 길을 미리 찾으라는 거죠.

김 서비스 요금만 자꾸 올리고 그럴 텐데…… 분명히 큰 혼란이 올 거예요.

우 수치상으로 말하기는 어려운데요. 우파들도 비슷하게 생각하는 것 같은데, 이 정권이 끝날 때면 김영삼 정부가 IMF를 맞았을 때하고 비슷한 상황이 벌어진다고 예측하는 것 같더라구요. 경로만 다르다고 생각하는 것 같고 시기를 내년이나 내후년으로 다르게 보긴 하지만 공통점은 이명박 정권 내에 그런 상황이 온다는 겁니다. 굉장히 큰 경제 위기를 만나게 될 거라는 얘기죠. 저는 염려스러운 게 경제 위기가 오면 배고픈 사람들은 도덕적인 희생자를 찾거든요. 그래서 민주주의가 좋아지지 못하고 굉장히 빠르게 파시즘 형태로 가지 않을까 하는 생각도 듭니다. 예전에 호남 사람들을 내부 피해자로 만들었던 것처럼 외국인 노동자 때문에 그렇게 됐다고 할 수도 있고, 세대간 갈등이 벌어질 수도 있고, 우리 내부에서 희생자를 지목하는 불행한 일이 벌어지면 정말로 곤란하다고 생각합니다. 주머니에 뭔가 있어야 사람들이 넉넉하고 여유로운 마음을 가질 텐데 살림이 팍팍해지면 굉장히 큰 사회적 혼란이 오지 않을까 걱정됩니다. 경제가 인심하고도 굉장히 가까운 것 같아요. 안정성이 떨어지면 인심이 굉장히 안 좋아지고 사회적으로 범죄율도 높아지잖아요.

김 잘못하면 북진 통일을 하자는 그런 얘기가 나오는 건 아닐까요? 급하면 그런 얘기도 막 나올 것 같아요.

우 개성 철수부터 해야 하지 않을까요?

김 철수할 것 같아요. 그런데 북진 통일을 할 수 있을까? 북한이 핵무기를 가지고 있다는데. (웃음)

지 전쟁으로 인한 피해는 차치하고라도 재래식 무기만 가지고도 전쟁의 승패를 예측하기 어렵다는 분석도 있더라구요. 지난 1994년에도 시뮬레이션을 해보니까 주한미군한테는 엄청난 피해가 가는데 북한의 방어력이 예상보다 강해서 북한에 줄 피해가 생각보다 크지 않을 거라고 생각해서 폭격을 포기했다는 분석도 있는 것 같구요.

우 그래서 지금 용산 기지를 후방으로 뺀 거죠. 주한미군이 죽는 이유가 장사정포 때문이니까.

김 구실을 잡아서 뭐 할 때는 남북통일을 해야 한다고 나올지도 모른다니까요.

우 전쟁이 날지는 모르겠지만 공포감을 조성할 수는 있겠죠.

지 무기를 사와야 한다고 할 수도 있고.

김 미국이 우리한테 하는 정책이 사실은 무기 파는 정책이잖아요. 미국에 의존하게 만들자고 이런 정책을 쓰는 건데 거기에 우리가 자꾸 말려 들어가는 거예요. 북한이 핵무기를 폐기한다고 하는데 그 문제는 완전히 끝난 거예요?

우 샅바 싸움하고 있는 것 같은데요.

김 부시 정권 안에서 해결할 수 있어요?

우 부시가 정권 치적 사업으로 하려고 하는데 북한은 부시가 덜 내놓으려고 하는 것 같으니까 샅바 싸움을 해보자는 거겠죠.

지　서로 믿을 수 없을 테니까요.

김　북한에 대한 미국의 기본 정책이 뭔지 굉장히 의심스러워요. 핵무장을 못 하게 하는 게 정부로 인정을 해서 국제 사회에 나와서 뭘 하게 하려고 하는 건지, 아니면 공연히 이슈를 만드려고 하는 건지.

우　그 깊은 마음은 아무도 모르는 거죠. (웃음) 하여간 부시가 북한 핵 문제 해결을 정권 치적 사업으로는 우선순위를 높여서 사용하는 거죠.

김　이제 시간도 별로 없는데 악의 축인지 뭔지 그건 왜 해제시켜주지 않는 거예요?

우　미국이 생각하고 있는 명분을 북한이 만족할 만큼 채워주지 못했다는 거 같은데요. 완벽하게 검증이 된 것도 아니고 아직은 뭔가 불충분하다는 거죠.

들어라, 민중의 외침을

지　이명박 대통령의 인식도 그렇고 국방부 장관도 햇볕정책을 실패한 정책으로 몰아붙이고 있는데요. 그러다 보면 남북관계가 경색될 텐데 남북관계에서 주도권을 쥐지 못하면 우리가 얻을 게 하나도 없을 것 같습니다.

우 비판하는 사람들은 중국만 좋아졌다고 말하죠. 미국한테 북한이 모든 것을 다 받을 수는 없고 무역 체계로 들어오려면 후견 국가가 필요한데, 한국이 안 한다면 중국이 그 역할을 하겠죠. 한국이 빠지니까 정치적으로는 북한-미국 관계가 되고 경제적 관계는 중국이랑 북한이 긴밀해지겠죠.

김 옛날부터 생각한 게 있는데요, 북한 정권이 망한다고 생각을 해봐요. 그러면 누구한테 손을 내밀겠어요? 당연히 중국한테 내밀겠죠. 북한 입장에서 그걸 왜 남한한테 주겠어요?

우 한국 사람들은 당연히 그땐 우리에게 손을 내밀 거라고 막연하게 생각하는 거죠.

김 그건 도저히 가능할 것 같지 않아요.

우 우리가 북한 입장이라면 옵션이 많은 건데요. 러시아가 한동안 힘들다가 이젠 오일 머니가 많이 생겼잖아요. 러시아에서 보면 일본으로 가는 파이프라인 같은 것을 설치할 때 북한을 관통하는 게 훨씬 빠른 경로거든요. 앞으로 한국에 비하면 북한 사정이 훨씬 좋을 수도 있어요. 한국은 내세울 게 별로 없는데 괜히 힘 있는 척하는 것 같아요.

김 황당한 패권주의를 내세우는 거죠. 그게 다 미국만 믿고 그러는 건데…….

우 지금 한국의 지배층이 종합적인 의사결정 능력이 상당히 떨어지는 것 같더라구요.

김 청와대에서도 회의를 좀 자주해서 토론을 하고 해결이 안 나면 밤을 새워서라도 답을 내야할 것 아녜요? 그런데 국토부 장관은 대운하 얘기를 또 하잖아요.

우 경제 각료들과 장관들을 보면 그런 사람들만 뽑았어요. 우파 내에서도 정상적인 사람들은 다 대운하를 반대하거든요. 그런데 이 사람 빼고 저 사람 빼고 거기다 기독교까지 따지니까 쓸만한 사람이 없는 거죠.

지 지금까지 한 행태를 보면 잽을 날려보는 것 같거든요. 장관이 그런 말을 했다가 반발이 심해지면 이명박 대통령이 나서서 '그건 쟤 의견일 뿐이야. 안 하면 되지.' 이렇게 무마해온 것 같습니다.

김 대운하를 해서 정말 경제가 산다고 생각하는 거예요?

우 일반적으로 경제를 살린다고 하면 체질개선과 대외무역 이런 문제를 중요하게 다뤄야 하는데 대운하 공사를 크게 할 거냐 작게 할 거냐, 이런 문제만 생각하는 것 같아요. 새만금이나 대운하 같은 공사 몇 개 하면 경기가 금방 좋아지고 일자리도 생긴다고 생각하거든요. 고용 면에서 건설이 명목적으로 높긴 하지만 지금은 자동화된 공정도 많고 작업도 모듈화되면서 사람들이 많이 빠져서 지금은 외국인 노동자 비율이 50퍼센트가 넘는다는 거예요. 실제 작업장에 한국 사람은 별로 없고 중국인이나 동남아시아 쪽 사람들이 많은데요. 그러니까 대운하라는 게 효과가 옛날처럼 나겠냐는 의문이 들죠. 이명박 대통령이 하자고 하고서 안 한 적은 없는 스타일인 것 같아요. 임기내에 할 것 같으니까 그게 큰 문제죠.

김　나라를 다스리는 것이 뭔지 아직 잘 모르는 것 같아요.

우　아까 말씀하신 것처럼 하다가 안 되면 노태우가 했던 것처럼 크게 한번 타협이 필요하거든요. 전환이 필요할 정도로 큰 위기가 왔잖아요. 첫 번째는 촛불집회고, 두 번째는 경제 위기 기든요. 그런데 그냥 두 가지 다 돌파하겠다는 거 아닙니까? 최소한 아직까지는 타협의 여지가 없다고 얘기한 거죠. 이제 남은 게 4년 6개월인데, 글쎄요. 2010년에 지방자치 선거가 시작되고 2012년이 총선이고 대선이니까 2010년을 둘러싸고 한국 사회에 큰 변화가 올 것 같기는 합니다. 분위기를 보면 지금 상황에서는 한나라당이 자기의 텃밭 일부를 제외하고는 지방 선거에서 승리한다는 보장이 없거든요. 충청도도 어렵고 수도권도 예전 같지 않잖아요.

지　경상도 일부에서도 상당히 민심이 안 좋은 것 같은데요. '우리가 이렇게 밀어주고 그랬는데, 이럴 수가 있느냐' 하는 배신감을 느끼는 것 같아요. 불교계도 그렇고 부산 쪽에서 어청수 경찰청장 사퇴 서명도 굉장히 많이 했다고 그러구요.

우　당장은 큰 선거가 없으니까 바뀔 게 없다고 생각해서 밀어붙일 텐데 변화가 일어난다면 2010년쯤이 되겠죠. 지금 상태로는 지방 선거를 못 치른다고 하더라구요.

김　아까 파시즘 이야기도 나왔는데 혹시 군부에서 나서서 계엄령이 터질 가능성은 없을까요?

우　촛불집회 한참 커질 때는 경찰력으로 못 막으니까 그런 얘기가 조금 있었던 것 같은데요. 사실 한국만한 경제에서 군부의 도움을 빌린다고 문제가 해결되지는 않거든요.

김　그러면 안 되는데, 이 정부의 사고가 거기까지 가냐는 게 문제죠.

우　듣기로는 군부에서도 별 지지를 못 받고 있는 것 같아요. 대표적인 사례가 우리나라 군인들이 성남에 있는 공항을 중요하게 생각하고 있는데 그걸 없애라고 하고 있잖아요. 롯데월드 건물을 올려야 하는데 그게 걸려서 못 올리거든요. 그래서 치우라고 하니까 군인들이 상처를 받았어요.

지　도대체 그럼 누가 지지를 하는 건가요? (웃음) 이명박은 조중동 기자들 사이에서도 인기가 없다는 얘기가 있는데.

우　군인들이 지난 대선에서 이명박을 찍기는 했을 텐데 지나고 보니까 좋은 것만은 아니라는 생각을 하는 것 같아요. 지금은 경찰력 하나 가지고서 통치를 하고 있다고 봐야 할 것 같습니다. 군인들이 직접 움직이지는 않더라도 지지를 하느냐 그렇지 않느냐 하는 부분이 정권의 성격에 영향을 준다고 보거든요. 건설회사 일부, 경찰과 행정관료 이 정도만으로는 국가 전체의 통치가 안 되다 보니까 지금 사방에서 터져나오는 거죠.

김　그게 총체적 위기라고 하는 건데…….

우　9월 위기설의 수치를 보니까 10조 미만의 돈 때문에 한국이 디폴트가 된다고 하는 것은 상상이 불가능한 규모 아닙니까? 절대로 그런 일이 없을 텐데 대통령이 이명박이고 장관이 강만수라고 생각하니까 시장에서는 못 믿겠다는 반응인 거죠. 불신감이 아주 팽배해있는 것 같아요.

김 외환 보유고로 2000억 달러가 있다는 것은 사실 아무 것도 아녜요. 환율이 올라가고 엄청난 투기 세력이 들어오고 한국에 들어와 있는 펀드나 외국게 은행들이 일을 시작하면 2000억 달러는 금방 날아가 버려요. 그게 지금 현금으로 있는 것도 아니고 미국 재무성 증권 등을 팔아야 하는 상황이다 보니까 엄청난 손해가 발생한다구요. 이번에 또 외평채(외국환평형기금채권. 우리나라 환율 등 외환시장의 수급조절을 위해 조성하는 외국환평형기금 재원을 마련하려고 발행하는 채권 _편집자) 발행한다고 난리던데, 결국 돈이 없다는 얘기잖아요.

우 외평채 발행하면서 로드쇼 한다고 하던데요. 정부 얘기로는 우리가 튼튼하다는 것을 보여주기 위해서 한다는 건데요. 아니, 멀쩡한 나라가 그런 걸 왜 해요? 도대체 말이 안 되는 거죠. 대대적으로 광고를 하겠다는 건데 우스운 건, 국내 언론은 못 들어오게 하겠다는 거예요. 언론을 못 오게 하는 로드쇼가 세상에 어디 있어요? 그 안에서 돌발 사태가 벌어질 수도 있으니까 KBS, MBC 같은 방송은 들어오지 못하게 한다는 건데 그게 무슨 로드쇼입니까? 이명박 정권은 큰 소리를 치면서도 불안하니까 언론에 공개하지 못하는 겁니다. 자신 있으면 전 세계에 생방송해서 보여줘야죠.

김 지금 굉장히 어려운 상황이에요.

우 지금 정치적으로 어려워진 게, 유가가 떨어지고 나니까 경제가 나쁘다는 것을 설명할 수 있는 틀이 없어졌기 때문이잖아요. 다른 나라도 경제가 어렵기는 마찬가진데 왜 유독 한국만 이러고 있느냐, 정치에서 뭔가 문제가 생긴 게 아니냐는 거죠.

김 뉴욕도 다우존스지수 엄청나게 떨어졌어요. 미국도 죽을 지경이라구요.

우 보통은 대개 좌파 쪽에서 상황을 안 좋게 보거나 비관적으로 보는 경향이 강하고, 우파들은 '다 낭설이다'라면서 희망적으로 보고 그러거든요. 그런데 최근에 증권사 중역들과 얘기를 해보니까 거기서도 비관적으로 보더라구요. 증권사 중역들은 경제가 좋다고 하지 나쁘다고 할 리가 없는데도 불구하고, 어려울 것이라고 얘기하는 것을 보니까 지금 경제 상황이 굉장히 어려운 것 같아요.

김 강만수가 처음 들어오면서부터 환율을 올리기 시작하니까 증권사 사람들이 엄청나게 욕했잖아요. 경제 망친다고.

우 묘하게 좌우통합이 되는 것 같아요. 한국경제에 대한 분석에서 지금처럼 좌우가 같은 의견을 낸 적이 없습니다. (웃음) 논리 전개 방식하고, 감세 같은 부분에 대한 몇 가지 정책에 대한 평가만 다르지 기본 골조는 똑같아요. 특이한 일이 벌어지고 있는 거죠.

지 이명박 요정설이 증명되고 있는 건가요? (웃음) 개인적으로 지지하는 정당은 있으신가요?

김 없어요. 어느 정당이라도 하나가 좀 똑똑하면 그쪽으로 힘을 몰아주고 기대를 할 텐데 그런 정당이 없는 것 같아요.

우 진보신당이나 민주노동당에 계신 분들을 만나서 그런 얘기를 하면 '힘을 좀 몰아주고 나서 얘기해야 할 것 아니냐?'고 하거든요. (웃음) 강 건너 불구경 하듯이 보면서 좋은 정당이 없다고 하면 말이 되냐는 건데 그런 얘기도 맞는 것 같습니다.

김 어제 오세철 교수가 있는 사노련하고 국보법 철폐, 촛불시위 연행에 대한 공청회에 사회를 봐달라는 부탁을 받아서 갔어요. 그런데 보니까 출석 요구서가 와서 남궁원이라는 친구가 불려갔대요. 그쪽 방침은 수사해서 다시 기소를 하겠다는 거예요. 좌파운동하는 사람들을 쭉 한번 조사해보겠다는 모양입니다. 입만 막으면 된다는 식으로 하는 건데 이렇게 공안정국을 조성해서는 절대 안 돼요.

우 80년대랑 달라져서 인터넷은 막아지지 않거든요.

김 그걸 어떻게 막을 거야?

지 이제 정리하는 말씀을 좀 해주시죠.

우 개인적인 생각으로는 마르크스경제학의 형태가 될지 아니면 연장전 형태의 비판적인 경제학이 될지, 그것은 잘 모르겠지만 경제 원론에서 가르쳐준 것이 아닌 다른 방식의 접근이 늘 필요했고 지금이야말로 절실하게 필요하다고 봐요. 경제 원론을 가지고 공부했던 사람들이 장관이 되어서 지금 문제를 못 풀고 있지 않습니까? 이럴 때 좀 비판적인 생각들을 해야 하고 그것을 이론화하거나 정형화시켜서 소통 가능한 형태로 만드는 작업이 필요하다고 생각합니다. 90년대까지 마르크스경제학을 했던 사람들과 시민들 사이에는 소통이 불가능하다고 생각하는 측면이 있는 것 같아요. 아직도 저런 얘기를 하냐고 생각할 수도 있거든요. 앞으로 이런 문제를 어떻게 풀면서 대안점을 찾아내느냐 하는 것이 숙제겠죠. 정치 쪽에서 이명박이 이상하다고 얘기하기는 쉽지만 구체적으로 무엇을 어떻게 해야 할지에 대해서 학계와 지식인이 답을 만들어내야 할 것 같습니다.

김 저도 그런 생각을 합니다. 지금 사실은 총체적 위기예요. 이를 극복하기 위해서 학자든지 지식인이든지 정치가든지 우리 사회에 적합한 새로운 발전 방향을 자꾸 제시하고 그것에 대해서 국민의 동의를 얻는 과정이 반드시 필요하다고 생각합니다. 동의를 얻는 과정에는 토론이 필요한데 그런 과정을 많이 거치는 것이 한국의 장래에 좋을 뿐만 아니라 학문의 발전이나 사상의 발전에도 큰 기여를 할 거라고 생각합니다. 저 역시 노력을 많이 하겠습니다. (웃음)

지 두 분, 수고하셨습니다.

김 하여간 당신한테 잡히면 끝장을 봐야 돼. 이제 정말 끝난 거야? (웃음)

지 네. 죄송합니다. 바쁘시니까 여러 번 뵙는 것 보다 한 번 만나면 제대로 논의하는 편이 나을 것 같아서 그랬습니다. (웃음)

독자를 먼저 생각하는 정직한 출판

시대의창이 **'좋은 원고'**와 **'참신한 기획'**을 찾습니다

쓰는 사람도 무엇을 쓰는지 모르고 쓰는,
그런 '차원 높은(?)' 원고 말고
여기저기서 한 줌씩 뜯어다가 오려 붙인,
그런 '누더기' 말고

마음의 창을 열고 읽으면
낡은 생각이 오래 묵은 껍질을 벗고 새롭게 열리는,
너와 나, 마침내 우리를 더불어 기쁘게 하는

땀으로 촉촉히 젖은 그런 정직한 원고,
그리고 그런 기획을 찾습니다.

시대의창은 모든 '정직한' 것들을 받들어 모십니다.

시대의창 분야   역사 / 문화 / 정치 / 사회
WINDOW OF TIMES

서울시 마포구 동교동 113-81 (4층) (우)121-816
Tel : 335-6125 Fax : 325-5607 Blog : sidaebooks.net
E-mail : sidaebooks@hanmail.net